AF384029

# RAPPORTS DE LA DÉLÉGATION

ENVOYÉE

## A L'EXPOSITION COLOMBIENNE

## DE CHICAGO

PAR LE MINISTÈRE DE L'INSTRUCTION PUBLIQUE

1893 -

# ENSEIGNEMENT PRIMAIRE

PAR

## BENJAMIN BUISSON

DIRECTEUR DE L'ÉCOLE NORMALE DE TUNIS

## PARIS

### LIBRAIRIE HACHETTE ET Cᵉ

79, BOULEVARD SAINT-GERMAIN, 79

1896

# RAPPORTS

## DE LA DÉLÉGATION

ENVOYÉE

## A L'EXPOSITION COLOMBIENNE

## DE CHICAGO

PAR LE MINISTÈRE

## DE L'INSTRUCTION PUBLIQUE

— 1893 —

Ces rapports forment trois parties, divisées en trois volumes :

*Enseignement primaire,* par M. B. BUISSON.
*Enseignement secondaire,* par M. G. COMPAYRÉ.
*Enseignement supérieur,* par M. G. COMPAYRÉ.

Coulommiers. — Imp. PAUL BRODARD. — 1895.

BENJAMIN BUISSON

DIRECTEUR DE L'ÉCOLE NORMALE DE TUNIS

# L'ENSEIGNEMENT

## PRIMAIRE

### AUX CONGRÈS D'ÉDUCATION

### ET A L'EXPOSITION SCOLAIRE

### DE CHICAGO

PARIS

LIBRAIRIE HACHETTE ET Cⁱᵉ

79, BOULEVARD SAINT-GERMAIN, 79

1896

# INTRODUCTION

## LES CONGRÈS SCOLAIRES DE CHICAGO

### COUP D'ŒIL GÉNÉRAL

Les congrès d'éducation tenus à Chicago en juillet 1893 ont eu
une importance considérable. Pendant deux semaines, du 17 au
27 juillet, nous avons vu se presser dans les salles de réunion
des milliers d'auditeurs, et se succéder à la tribune, sur la « plate-
forme », comme on dit là-bas, une série de professeurs et d'éducateurs, venus des quatre coins de l'Amérique et aussi de toutes
les parties du monde civilisé. Nous ne saurions plus utilement
inaugurer nos études sur les institutions scolaires des États-Unis
qu'en essayant de résumer en quelques pages les discussions et
les travaux, et de déterminer le caractère original de ces parlements scolaires improvisés, que leurs deux présidents, M. Charles
Bonney et M. William T. Harris, ont eu le mérite d'organiser et
de diriger avec un égal succès.

I

Voyons d'abord l'emplacement, le lieu des séances. C'est dans
la partie centrale de Chicago qu'il est situé, entre le lac Michigan
et l'avenue du même nom, la belle avenue des millionnaires et des
hôtels princiers. Pour y arriver, nous traversons quelques-unes

des rues les plus bruyantes et les plus animées du cœur de Chicago, celles où la vie commerciale et industrielle déborde plus qu'ailleurs, où il ne ferait pas bon philosopher et rêver, où la foule circule à pas pressés, enfiévrée et ensorcelée par le démon des affaires. Nous voilà en présence de l'édifice que les organisateurs de l'Exposition ont choisi, pour en faire le siège des dix-neuf congrès successifs qui, du 15 mai à la fin d'octobre, doivent y tenir sans interruption leurs assises internationales : depuis le premier qui, non sans intention peut-être, a eu pour objet *le Rôle social de la femme*, jusqu'à ce congrès de Babel, pour ainsi dire, où, en septembre, toutes les religions du globe ont été convoquées et ont pris séance; jusqu'au dernier enfin, celui de l'agriculture, qui, malgré sa date tardive du 16 octobre, et pour être plus pratique que les autres, n'a pas dû rester le moins fréquenté, le moins recherché par les hommes du Far-West.

C'est le *Chicago Art Institute*, ou, comme on l'appelle plutôt maintenant, le *Memorial Art Palace*, que nous avons en face de nous : construction modeste et simple, d'une architecture austère, qui semble inviter à l'étude et au travail; dont les dimensions sembleraient considérables, si l'on ne se trouvait à deux pas des bâtiments gigantesques et des maisons à vingt-deux étages qui dominent les rues avoisinantes; et qui enfin devrait paraître récente et neuve, comme elle l'est en effet, si, dans un pays où les choses vieillissent aussi vite qu'elles naissent, l'atmosphère poussiéreuse et fumeuse d'une ville d'usines ne l'avait déjà rembrunie, en donnant à sa façade un air de vétusté respectable.

Nous entrons, et, du premier coup d'œil, nous pouvons juger que le rendez-vous donné aux pédagogues de l'Amérique et de l'univers entier a été entendu. Pour traverser le vestibule, il nous faut fendre les rangs serrés d'une affluence nombreuse, dont les vives causeries révèlent tout de suite à qui l'on a affaire : à des gens qui ont l'habitude de la parole, à des congressistes qui, dans leurs conversations particulières, prennent déjà un avant-goût des grandes discussions annoncées. M. le marquis de Chasseloup-Laubat, notre très aimable introducteur officiel, en sa qualité de représentant du commissariat général, nous prend par la main, et nous conduit, à travers la foule, au cabinet du président du comité des congrès, M. Charles Bonney. Nous retrouverons plus loin M. Bonney, l'infatigable chef qui a été l'âme de tous les congrès de Chicago, qui pendant six mois est resté tout le temps sur la brèche, organisant, dirigeant le travail des autres, mais surtout travaillant par lui-même ; inépuisable orateur, à raison de plusieurs discours par jour, pendant près de deux cents jours. Pour le moment, nous constatons seulement que notre président a une physionomie grave et sévère — ne nous doutant pas encore que sur sa tête repose le poids de dix-neuf congrès, — et qu'il nous fait avec une parfaite bonne grâce l'accueil le plus courtois. A ses côtés, nous saluons plusieurs personnages qui nous sont encore inconnus, et aussi notre excellent ami M. Harris, l'éminent secrétaire du *Bureau d'éducation*, qui, il y a quelques jours, nous a fait, avec tant de prévenance et de cordialité, les honneurs des établissements d'instruction de Washington.

Quelques minutes après, nous sommes installés sur l'estrade officielle, dans le grand *Hall of Washington*, qui, comme une autre salle du même Palais des Arts, le *Hall of Columbus*, avec son amphithéâtre et ses galeries superposées, peut contenir plusieurs milliers de personnes. C'est dans l'une ou dans l'autre de ces vastes pièces que se tiendront les réunions plénières, les séances d'inauguration générale et de clôture, tandis que dans d'autres salles plus petites, situées au premier étage, s'assembleront les congrès spéciaux. Ah ! les belles salles de réunion, toutes pareilles à celles que nous avons vues dans la plupart des écoles d'Amérique, dans les écoles élémentaires aussi bien que dans les *high schools*, aérées, spacieuses et lumineuses, où, plusieurs fois par mois, pour des conférences ou des lectures, pour des exercices de chant ou des auditions musicales, pour des exhortations morales et religieuses, se rapprochent et se rejoignent les élèves et les maîtres de chaque établissement : sortes de chapelles laïques où se forme et se développe ce que dans notre phraséologie française on appellerait « l'âme » de la maison, c'est-à-dire le sentiment commun, la vie solidaire de l'école.

Nous jetons les yeux sur l'auditoire : les dames y dominent. La coéducation des sexes, commencée dans les écoles, se poursuit dans les congrès. Sur l'estrade d'ailleurs, à nos côtés, il y a aussi des dames, les patronnesses des congrès, égayant des couleurs claires de leurs toilettes nos habits noirs ou nos vestons.

L'Amérique est pour l'étranger le pays des surprises : la première séance des congrès scolaires de Chicago nous en a ménagé quelques-unes. Nous étions tout oreilles, écoutant les souhaits de bienvenue du président Bonney, puis la prière, qui ce jour-là était dite par un évêque protestant, M. Samuel Fallows (un autre jour, c'est un évêque catholique, Mgr Keane, de Washington. par exemple, qui se verra chargé d'appeler les bénédictions du ciel sur les travaux du congrès, et qui sera écouté avec le même recueillement), enfin quelques autres discours prononcés par des pédagogues américains. Mais voici que M. le président Bonney se retourne vers nous, et, le plus aimablement du monde, présente à l'assemblée la délégation française dont il signale la présence sur la plate-forme. C'est parfait, et nous voilà tout réjouis : ce qui me divertit moins, c'est que du même coup M. Bonney me donne la parole. Je m'excuse de ne savoir pas assez l'anglais pour le parler en public. Et je m'effraie surtout de l'accueil que va faire à un orateur français un auditoire qui, dans sa majeure partie, n'entend pas notre langue, et qui se montre d'ailleurs très jaloux des prérogatives de sa langue nationale. Aussi mon étonnement n'a pas de bornes quand, dès la première ou la seconde phrase de mon improvisation, j'entends les applaudissements éclater.... Je me rassieds, convaincu qu'on m'applaudit de confiance, et que l'auditoire, n'entendant rien à ce que j'ai dit, m'a attribué toute sorte de belles choses que je n'ai pas dites. Mais pas du tout : ce n'est point cela, et l'on me donne aussitôt l'explication vraie. Il se trouve que le congrès particulier de l'éducation des sourds-muets s'est ouvert précisément ce matin, et que les sourds-muets sont venus en nombre assister à notre séance solennelle d'ouverture; non pas, comme vous pourriez croire, en simples spectateurs et pour le seul plaisir des yeux. Les Américains sont gens pratiques : ils ont eu soin d'installer à côté de nous, sur l'estrade, un professeur de sourds-muets, M. Gallaudet, le président du collège national de Washington, qui a pour charge de répéter par gestes à ses élèves les discours prononcés, au fur et à mesure qu'on les débite. Or.

M. Gallaudet sait aussi bien le français que l'anglais : de sorte que, sans que je m'en doute, et tandis que je remplis tant bien que mal mon rôle de *leader* de la mission française, M. Gallaudet me traduit, comme il a traduit les orateurs qui m'ont précédé.... Et voilà comment, grâce à la présence d'une centaine de sourds-muets qui donnaient le branle au reste de l'auditoire, grâce à une double traduction instantanée de français en anglais, et d'anglais en langage mimique, un *Frenchman* et un *French speaker* a pu être applaudi par un auditoire américain!... Aussi bien, en y réfléchissant, je me rappelle que les applaudissements, de quelques secondes en retard, malgré la diligence de l'opérateur, tombaient plutôt sur le commencement de la seconde phrase que sur la fin de la première....

Nous n'aurions pas donné une idée complète du Palais des congrès, si nous n'ajoutions qu'à l'excellent aménagement de ses vingt-cinq ou trente salles de conférences, à l'agrément partout répandu par les beaux tableaux appendus aux murs, par les statues nichées dans les angles, le *Memorial Art Palace* joignait, temporairement et pour la circonstance, tout le confort dési rable : salles de restaurant, bars de rafraîchissements, et presque tout ce qu'on est habitué, en Amérique, à trouver dans un hôtel qui se respecte, le rez-de-chaussée de chaque hôtel étant une sorte de caravansérail où le voyageur peut se procurer tout ce qui est nécessaire à la vie physique et aussi à la vie intellectuelle : lire, écrire, acheter des journaux, des timbres, faire recopier et même imprimer ce qu'on a écrit, etc.

On trouvait donc à la fois à l'hôtel des congrès la nourriture de l'esprit et celle du corps : et plus d'un congressiste a dû être reconnaissant aux organisateurs de leurs soins prévoyants, grâce auxquels il était possible de prendre ses repas sur place pendant les suspensions de séances. C'est qu'elle n'était pas précisément une vie de fainéants, la vie des congressistes de Chicago : et j'ai idée que la règle des *trois huit*, si populaire en Amérique, celle qui n'accorde au travail que huit heures sur vingt-quatre, a reçu plus d'un accroc aux congrès de juillet : ouvertes à huit heures ou à neuf heures du matin, reprises dans l'après-midi, les réunions ne se sont terminées souvent qu'à onze heures du soir ou à minuit.

A quoi ont été employées ces longues et multiples séances, nous le dirons tout à l'heure; mais, dès à présent, et à ne considérer que l'aspect extérieur des choses, quiconque y a assisté peut affirmer qu'elles ont été vivantes et entraînantes. Beaucoup de monde partout; une assiduité constante et jamais lassée dans toutes les sections; un grand nombre de mémoires préparés à loisir et de lectures intéressantes; un non moins grand nombre d'improvisations; le tout suivi de discussions pleines d'entrain et qui parfois n'en finissaient pas : en un mot, une académie internationale, où étaient agitées, en pleine liberté, par des hommes de tout pays et de toute opinion, les questions qui dominent toutes les autres questions, celles « qui enveloppent toutes les autres, comme le ciel enveloppe la terre », les problèmes de l'éducation sous toutes ses formes et à tous ses degrés.

Elles resteront dans notre souvenir, ineffaçables et toujours présentes, ces heures instructives et fécondes que nous avons passées en compagnie de tant d'hommes et de femmes distingués, passionnés comme nous-mêmes pour le progrès et la réforme continue de l'instruction. A supposer d'ailleurs que notre intelligence eût la mémoire courte et qu'il lui arrivât d'oublier tout ce que nous avons appris en les écoutant, nos sens, moins oublieux, se rappelleront toujours dans quelles conditions nous les écoutions. Vous souvenez-vous, mes chers compagnons de délégation, avec quelle chaleur intolérable nous étions aux prises, apprenant à la sueur de nos fronts à mieux comprendre ce que vaut le climat tempéré de la douce France, et réduits à connaître le péché d'envie, quand, certains soirs, n'ayant pas pris les mêmes précautions, nous apercevions le président du congrès qui, sans façon, s'installait sur l'estrade, un éventail à la main? Et les bruits qui, de toutes parts, envahissaient nos salles de séances, comment nos oreilles ne s'en souviendraient-elles pas? Quiconque connaît Chicago sait bien qu'il n'y faut espérer nulle part la paix et le silence. De l'endroit où nous sommes, nous percevons le cri strident des sirènes; des steamers de toute grandeur sillonnent le grand lac, dont, par les fenêtres ouvertes, nous apercevons les flots souriants et bleus. Non loin de nous gronde, dans son roulement continu et sourd, le va-etvient des tramways, des voitures, des camions, la circulation énorme des grandes artères de la cité. Et ce n'est pas tout : entre les bords du lac Michigan et le Palais des Arts courent, tout le long de la rive, les rails d'une grande ligne de chemin de fer, l'*Illinois Central* : les trains se succèdent, les machines sifflent, et la cloche, la fameuse cloche des locomotives américaines, sonne son tintement mélancolique. Combien de fois tout ce vacarme étourdissant n'est-il pas venu couvrir la voix et couper la parole des orateurs du congrès? Et cependant, quelque désagréables que fussent ces bruits pour les oreilles sensibles ou simplement attentives, ils avaient le mérite de nous rappeler, par un saisissant contraste, en face d'un auditoire studieux, comment un grand peuple sait associer le culte de la pensée au maniement des dollars, être à la fois le plus ardent pour les choses de l'esprit et le plus possédé de la passion des affaires; ils ne nous laissaient pas oublier un instant de quelle ville nous étions les hôtes, d'un des centres les plus puissants de la production industrielle et des échanges commerciaux, de cette prodigieuse cité de Chicago, la cité « magique », comme on l'appelle en Amérique; magique, en effet, puisque au lieu des quelques centaines d'habitants qu'elle comptait en 1831, elle en possède aujourd'hui un million et demi, et que, détruite en grande partie par le terrible incendie de 1870 qui lui dévora 17 500 maisons, renaissant de ses cendres avec une merveilleuse rapidité et du même coup se transformant, la ville de bois d'il y a vingt ans est aujourd'hui une immense cité de pierre, de brique et de fer.


## II


Nous n'avons pas la prétention de présenter un compte rendu complet des congrès d'éducation tenus à Chicago : il y faudrait trois ou quatre fois plus de développements que nous ne pouvons nous en permettre dans cette introduction.

Disons d'abord qu'il y a eu deux congrès, sans que nous ayons tout à fait compris pourquoi : cette dualité présentant l'inconvénient de créer une sorte de double emploi. Le premier a duré du 17 au 24 juillet : il était organisé par le comité local de Chicago, sous la présidence générale et la direction très active de M. Charles Bonney; le second, dont M. Harris a été l'âme, s'est prolongé pendant quatre jours, du 25 au 28 juillet : il était placé sous le patronage de l'*Association nationale d'éducation*, et semblait par conséquent prétendre à une représentation plus complète, à un effort collectif de la République des États-Unis tout entière. Mais, légèrement distincts dans leurs origines et dans quelques parties de leurs programmes, les deux congrès successifs ne l'ont pas été dans leur organisation; ils nous ont paru se ressembler comme des frères, et ce que l'on peut dire des caractères généraux de l'un s'applique aussi à l'autre.

De ces caractères généraux, le plus saillant, celui qui peut-être a le plus contribué à donner aux congrès de Chicago leur physionomie propre, c'est que les programmes des questions à étudier étaient aussi larges, aussi étendus que possible. Aux congrès de l'Exposition universelle de Paris, en 1889, on s'en souvient, les sujets inscrits à l'ordre du jour étaient en tout petit nombre : trois au congrès de l'instruction primaire; cinq au congrès de l'enseignement secondaire et de l'enseignement supérieur. A Chicago, la méthode adoptée a été toute différente. On a voulu de parti pris « faire grand », poser toutes les questions, sans établir aucune limite. C'est le champ entier de l'éducation. considérée dans ses principes, dans ses fondements psychologiques, étudiée sous toutes ses formes, dans toutes ses conséquences, dans ses applications de tout ordre. qui a été ouvert aux discussions des congressistes. Le recueil des travaux des congrès, quand il sera publié, constituera une véritable encyclopédie pédagogique [1].

Il suffira. pour s'en convaincre, de parcourir les programmes

---

1. Ce recueil vient d'être publié, au moins pour le second congrès. sous les auspices de l'*Association nationale d'éducation*. C'est un gros volume très compact de 1905 pages, qui sous ce titre, *Proceedings of the international congress of education* (New York, 1894), contient la plupart des mémoires qui ont été lus, des discours qui ont été prononcés, et aussi un résumé des discussions auxquelles donnait lieu chaque communication. Nous ne saurions trop en recommander la lecture, et nous ferons plus d'une fois appel à cette précieuse encyclopédie pédagogique. dans la suite de ces études.

des deux congrès. Dans le premier, pas moins d'une douzaine de numéros, donnant lieu chacun à autant de congrès spéciaux. Nous énumérerons les principaux, dans l'ordre chronologique où ils ont été tenus : La vie des étudiants dans les collèges et les universités; — l'éducation manuelle et artistique; — les jardins d'enfants; — l'instruction des sourds-muets; — l'éducation générale; — le chant et la déclamation (*the representative youth*); — les Universités circulantes, l'Université pour tous (*University extension*); — l'éducation des aveugles; — le système américain d'éducation de Chautauqua; — la sténographie; — les associations fraternelles des collèges; — la haute éducation ou l'enseignement supérieur; et nous en oublions. Dans le second, les mêmes sujets reviennent pour la plupart, et on y en a joint d'autres, dans un plan d'ensemble beaucoup mieux coordonné. En voici la liste complète : 1° l'éducation supérieure (*higher education*); 2° l'éducation secondaire; 3° l'éducation élémentaire; 4° les jardins d'enfants; 5° l'inspection des écoles ; 6° l'instruction professionnelle des maîtres; 7° l'instruction artistique; 8° la musique vocale; 9° l'instruction technologique; 10° l'instruction industrielle et manuelle; 11° l'éducation commerciale (*business education*); 12° l'éducation physique; 13° la psychologie rationnelle dans ses rapports avec l'éducation; 14° la psychologie expérimentale; 15° la presse pédagogique.

La méthode qui, au lieu de concentrer l'attention et les efforts d'un congrès sur un petit nombre de questions méthodiquement choisies, les divise et les éparpille sur toutes les questions ou à peu près toutes, a certainement des inconvénients : il y a moins de chances alors pour qu'on puisse approfondir les matières proposées et aller jusqu'au fond des sujets traités. Un autre désavantage, que nous avons ressenti vivement à Chicago, c'est qu'au sortir des séances générales, où tout le monde était réuni, il nous fallait nous séparer pour suivre tel ou tel des congrès spéciaux, pour faire choix de celui vers lequel nous dirigeaient nos aptitudes ou nos goûts, et renoncer à profiter de tous les autres. Des congrès aussi touffus, aussi prodigues de séductions variées dans la profusion de leurs études, nous faisaient regretter de n'avoir pas le don de l'ubiquité. Nous aurions voulu être partout à la fois, et c'était impossible. Tandis que nous écoutions les orateurs de la section de l'enseignement supérieur, la faible épaisseur des cloisons de bois laissait arriver jusqu'à nos oreilles, venant de la salle voisine, l'écho des gracieux chants d'enfants, des chœurs de filles et de garçons, qu'on présentait aux membres du congrès de la déclamation et de la musique. Un autre jour, c'étaient les deux congrès de la psychologie appliquée à l'éducation, — la psychologie rationnelle d'une part, sous la présidence du vénérable Mc Cosh, un des vétérans de la pédagogie américaine [1], d'autre part la psychologie expérimentale, sous la direction de M. Stanley Hall, le président de la jeune université Clark, qui tenaient leurs séances en même temps. Il fallait bien opter, et nous sommes allés nous ranger sous la bannière de M. Stanley Hall, sacrifiant à la réunion où tant de choses intéressantes devaient être dites sur la psychologie de l'enfant celle où l'on discutait, dans un esprit de rationalisme élevé, soit la psychologie de la volonté d'après Wundt, soit même la thèse du premier principe et le onzième livre de la *Métaphysique* d'Aristote.

En revanche, la méthode adoptée à Chicago offre des avantages incontestables, et l'événement a prouvé qu'elle pouvait aboutir à des résultats heureux et féconds. En étendant, en élargissant le cercle des problèmes à discuter, il est évident qu'on excite davantage l'intérêt, qu'on sollicite le concours d'un plus grand nombre d'éducateurs. Un programme restreint ne saurait attirer qu'une affluence limitée. A Chicago, au contraire, on savait d'avance que toutes les curiosités seraient satisfaites, que chacun y trouverait son compte ; professeurs d'universités ou de collèges, maîtres et maîtresses des écoles secondaires, des écoles normales, des écoles de grammaire ou des écoles élémentaires, professeurs de spécialités, telles que le travail manuel, la musique ou le dessin, instructeurs des aveugles et des sourds-muets ; tout le monde était prévenu que, dans l'une ou dans l'autre des différentes sections d'un congrès réellement universel, chacun aurait quelque chose à dire, ou tout au moins quelque chose à apprendre. De là, l'extraordinaire animation des congrès de Chicago. Nous ne pensons pas qu'on ait jamais vu un aussi

_______________

1. M. James Mc Cosh est mort en 1894.

grand concours de pédagogues de tout ordre [1], et le président Angell, de l'université du Michigan, qui a été un des *leaders* les plus brillants du congrès, avait raison de s'écrier : « Jamais jusqu'ici on n'avait assisté dans ce pays à un tel spectacle, à une manifestation aussi imposante de l'intérêt qu'excitent les choses de l'éducation! » S'il est vrai, comme nous le pensons, que le succès d'un congrès doit se mesurer au nombre des adhérents qu'il réunit, nous pouvons affirmer dès à présent que les congrès de Chicago ont merveilleusement réussi. Les résultats immédiats, positifs, d'un congrès quelconque, quelle que soit la valeur de ses membres, sont toujours incertains. On n'y fait pas de découvertes; il n'est pas question d'y trouver la solution définitive des problèmes qui y sont soulevés. Ce qui importe, c'est qu'un grand nombre d'idées y soient échangées, que la réflexion fécondera plus tard; c'est que des relations y soient nouées, que la correspondance entretiendra : et, à ces divers points de vue, nous estimons que la première question à poser, quand on s'enquiert des destinées d'un congrès, c'est : « Combien y avait-il de personnes? »

Il y avait foule à ceux de Chicago, et dans cette foule — c'est un des points caractéristiques que nous tenons le plus à relever — les femmes dominaient par le nombre. Elles étaient partout : dans l'auditoire, sur l'estrade, dans le cabinet du président, dans les couloirs, empressées et aimables. Et ce n'est pas seulement comme auditrices, comme spectatrices ou comme curieuses, qu'elles nous prodiguaient leur agréable et souriante présence; c'était aussi pour intervenir, à leur heure, dans les discussions savantes, et pour y rivaliser avec les hommes, soit par leur compétence technique, soit par l'éloquence de leur langage. On paraît assez disposé à se plaindre de la femme, en Amérique, et nous avons entendu mainte doléance, d'où il résulterait que les *misses* et les *ladies* négligent trop les soins du ménage, laissant aux maris le soin de porter les enfants dans leurs bras, s'ou-

---

1. Dans la préface qu'il a placée en tête des *Proceedings*, etc., M. Harris écrit : So *far as known, this is the largest international educational congress that has yet been held. The civilized countries of the world were more generally and fully represended and the total of attendance was larger than at previous congresses.*

bliant dans la nonchalance et la paresse, et que, insoucieuses enfin des devoirs de leur sexe, elles se virilisent trop et singent les hommes. Quant à nous, qui n'avons guère fréquenté que des femmes enseignantes. nous n'avons rien vu qui justifiât ces critiques. C'est à nos yeux un des mérites des Américaines d'avoir conquis, mieux que les Européennes, le rôle prépondérant qu'il convient à la femme de prendre dans l'éducation des enfants; c'est l'honneur des femmes américaines de justifier la confiance qu'on attribue là-bas à leurs qualités éducatrices.

L'élément féminin des congrès ne comprenait pas d'ailleurs que des institutrices, répondant à l'appel de leur devoir professionnel : il y avait aussi des femmes du monde, désireuses de témoigner l'intérêt qu'elles portent au développement de l'éducation. Nous avons regretté sans doute que Mrs. Potter Parmer. dont tout le monde parlait à Chicago, l'organisatrice du Palais des femmes à l'Exposition, la présidente générale des congrès. dont le nom était inscrit à la première page de tous nos programmes de travail, n'ait pas trouvé le temps, au milieu de ses nombreuses occupations, de faire au moins une apparition dans nos meetings scolaires. Les délégués étrangers surtout avaient le vif désir de rencontrer et de voir la femme distinguée qui leur paraissait être, en ce moment-là, comme la souveraine, la reine de Chicago. A défaut de la présidente, nous avons du moins entendu la vice-présidente. Mrs. Charles Henrotin, femme du consul de Belgique. Nous l'avons applaudie, quand elle a dit, entre autres choses excellentes : « La femme est le lien naturel entre l'enfant et l'Université »; et quand elle a proclamé comme un fait accompli « l'avènement de la femme dans le royaume de l'éducation ». Un des effets les plus heureux des congrès de Chicago aura été de manifester et de mettre en lumière cette participation de la femme américaine, non seulement à la pratique, mais à la théorie, à la discussion publique des principes de l'éducation. « Il y a cinquante ans, disait avec enthousiasme une des congressistes, Miss Suzan B. Anthony, les femmes n'étaient pas autorisées à parler en public. Aujourd'hui, ajoutait-elle, les femmes sont en train de s'affirmer et de prendre leur place dans toutes les parties de l'œuvre du monde. Le monde est transformé! C'est une révolution complète!... » Heureuse révolution, qui, pour être plus avancée en Amérique que partout ailleurs, ne s'en accomplit pas moins en Europe, au grand profit des femmes, qui trouvent dans l'enseignement des emplois honorés, au grand profit des enfants, dont les âmes s'épanouissent peut-être plus librement sous la douce pression d'une main féminine.

Les femmes ont beaucoup parlé et bien parlé, à Chicago comme partout; les hommes, nous a-t-il semblé, mieux qu'ailleurs. C'est une des qualités générales que j'ai eu le plaisir de constater chez les pédagogues améri⋯ins, qu'ils ont le don de la parole, qu'ils s'expriment avec une extraordinaire facilité, avec une remarquable abondance de mots. Chez nous, il n'est pas rare de rencontrer des hommes très distingués, écrivains ou savants renommés, dont l'élocution est pénible, qui s'expriment difficilement, par timidité ou pour toute autre cause. Rien de semblable en Amérique. Le plus modeste instituteur, aussi bien que le plus éminent président d'Université, se présente à la tribune avec aisance et y expose ses idées avec netteté toujours, avec éloquence souvent. Il semble que dans ce pays le don de la parole soit inné. Les médisants hasarderont peut-être que cela tient à ce que le *speaker* américain se contente généralement de développer des idées très générales, très simples et même superficielles; qu'il n'a point, comme l'orateur français, le souci d'être original et neuf, subtil et profond, ni cette préoccupation de l'élégance dans la forme qui chez nous paralyse tant de dispositions oratoires. Nous croyons plutôt que l'éloquence très réelle des Américains procède de leur éducation. Dès le collège, dès l'Université, ils sont accoutumés à affronter un auditoire. Le talent oratoire suppose certaines qualités de courage; or il n'y a pas une nation au monde où la vie universitaire soit au même degré une école de courage. L'éducation américaine est essentiellement une éducation du caractère : l'intelligence n'y est pas au premier plan, et, dans l'intelligence elle-même, ce qu'on s'attache à développer, c'est moins cet esprit d'analyse qui peut parfois, par sa finesse même, gêner l'essor de la parole et en retarder le mouvement, que cette vigueur, cette promptitude de conception qui favorise et prépare un débit net, une élocution rapide et facile. Et voilà comment l'Américain va droit devant lui, marche carrément au but, sans s'inquiéter des obstacles, dans ses discours comme en toutes choses, intrépide en paroles, comme il l'est en actions, dans les manœuvres du sport athlétique ou dans l'exécution des entreprises industriel'es.

J'ai été particulièrement frappé de cette aptitude à exprimer fortement et vivement sa pensée, dans les discussions improvisées qui suivaient la lecture de tel ou tel mémoire préparé à loisir : discussions qui n'étaient pas seulement des passes d'armes brillantes, mais où les objections se pressaient, où les observations personnelles de divers auditeurs venaient contredire ou corroborer la thèse de l'orateur. D'ordinaire, dans les réunions de ce genre, quand un congressiste a fini de lire son manuscrit, l'auditoire se contente d'applaudir, et on passe à une autre lecture. A Chicago, la discussion était toujours ouverte, et plus d'une fois elle s'est prolongée plus longtemps que l'exposé qui lui avait donné naissance. Au congrès de la psychologie expérimentale, par exemple, le professeur Earl Barnes, de l'Université Leland Stanford, avait donné communication d'une très intéressante étude *sur la Théologie des enfants* [1], où il montrait, en s'appuyant sur une multitude de faits, comment l'imagination puérile se représente le ciel, la divinité, et les autres incarnations de la religion. Tout aussitôt a commencé un débat des plus animés, auquel plus de dix personnes ont pris part : c'était un feu croisé d'observations et de répliques, M. Barnes revenant plusieurs fois à la charge, et ses contradicteurs ne cessant de le harceler; jusqu'à ce qu'enfin le président, M. Stanley Hall, s'est cru obligé d'intervenir et de clore, par le coup de marteau traditionnel, une discussion qui menaçait de s'éterniser. Je me rappelle encore la physionomie navrée de la brave institutrice qui pensait sans doute avoir encore quelque chose d'intéressant à nous dire, quoiqu'elle fût la dixième ou la douzième à parler sur le même sujet, et qui s'est rassise toute dépitée, le président ne lui accordant pas la parole....

De même, au congrès de la presse pédagogique, que présidait M. Henry Barnard, le fondateur du célèbre *American Journal of*

---

1. *The theological life of a California child.* publié dans les *Proceedings,* p. 765.

*Education*, l'un des hommes que l'opinion publique aux États-Unis salue avec raison et vénère comme un des maîtres de la pédagogie nationale. Là aussi, j'ai pu constater avec quelle facilité l'improvisation coulait des lèvres américaines. Je venais de lire moi-même un *papier*, comme on dit, sur le développement et l'état actuel des journaux français d'éducation; et il convient que j'ajoute que cette lecture donnée en langue française avait fait déserter une partie de mes auditeurs, ceux tout au moins qui m'avaient écouté sans me comprendre. Mais il en restait assez pour que ma peine ne fût point perdue; et en effet après moi, M. James Mac Alister, président de l'institut Drexel, de Philadelphie, M. C. C. Rounds, principal de l'école normale de Plymouth, dans l'État de New Hampshire, M. W. S. Monroe, professeur à l'Université Leland Stanford, d'autres encore, dont j'oublie les noms, prirent successivement la parole, moins pour critiquer ce que j'avais dit, que pour saisir l'occasion de rendre à la France et à la pédagogie française un hommage des plus sympathiques, dont j'ai été profondément touché[1]. Voici d'ailleurs comment un journal américain, le *School Bulletin* de Syracuse, N. Y., a rendu compte de cette partie du congrès : « M. Mac Alister se lève, et avec infiniment de tact, il exprime la gratitude de l'assemblée pour l'historique qui venait d'être présenté; il en prend texte pour insister sur les merveilleux progrès que la France a accomplis dans le domaine de l'éducation, pendant ces vingt dernières années. Ce qu'il disait était si bien dit et si vrai, que les yeux de M. Compayré brillaient, et laissaient voir le sentiment de fierté que devait éprouver un vrai *Frenchman* à entendre faire ainsi l'éloge de sa patrie.... Après lui le principal C. C. Rounds s'exprime dans le même sens, rappelant ce qu'il dev   personnellement aux travaux de M. Ferdinand Buisson, le directeur de l'enseignement primaire, et aux autres pédagogues français; il parla avec une conviction profonde, et M. Compayré dut se retirer satisfait.... » Très satisfait en effet d'avoir provoqué en faveur de la France des manifestations aussi flatteuses, et encore plus ému : surtout en entendant, quelques minutes après, M. Barnard lui-même, avec l'autorité de son grand âge, avec l'accent encore

1. Voir dans les *Proceedings*, p. 809, le résumé de cette discussion.

puissant de sa voix prophétique, s'incliner à son tour devant les progrès et les transformations de notre éducation nationale et s'écrier : « Les Français d'aujourd'hui ont eu l'honneur de réaliser et de mettre en pratique les grandes idées de leurs pères de 1789 ».

## III

Sans doute, c'est aux éducateurs américains qu'il faut attribuer la plus grande part dans le succès des congrès de Chicago : aux hommes dévoués qui les ont préparés avec tant de zèle, et qui, pendant toute la durée de la session, n'ont cessé de déployer une si utile activité, causant avec les uns, encourageant les autres à prendre la parole, enfin excitant les discussions et y prenant part à l'occasion; et aussi à tous ceux qui, par leurs nombreuses communications, nous ont permis de pénétrer par la pensée dans la vie intérieure des écoles des États-Unis, et de nous rendre compte des méthodes, des programmes qui y sont suivis, de l'esprit général qui les dirige et des réformes qui y sont tentées.

Mais, malgré la prépondérance naturelle de l'élément américain, les congrès de Chicago n'en ont pas moins été tous deux des congrès internationaux, dans la plus large acception du terme, bien qu'un seul, le second, se donnât officiellement ce nom. L'appel adressé au monde entier avait été entendu. On est venu à Chicago, malgré l'éloignement, malgré les difficultés du voyage, de tous les coins de l'univers. Et ce serait un calcul intéressant à faire, dans le goût des Américains, de rechercher combien de kilomètres parcourus et aussi combien de dollars dépensés pourrait bien représenter la venue à Chicago de délégués de tant de nationalités diverses. L'Angleterre, la Russie, l'Allemagne, l'Autriche-Hongrie, l'Italie, l'Espagne, la Suède, le Danemark, la Turquie, la France, presque tous les États européens avaient envoyé des représentants. Il serait impossible de les citer tous, encore moins d'énumérer tous les travaux dont ils ont enrichi le livre d'or des congrès. Contentons-nous de rappeler quelques noms. Le D₀ Stephan Wœtzoldt, commissaire général

de l'Exposition allemande, a pris pour sujet de sa communication
les réformes scolaires en Allemagne, et, quoiqu'il parlât dans sa
langue natale, il a su intéresser ses auditeurs, en instituant une
comparaison étudiée entre le système pédagogique allemand et
ceux des autres nations. Le prince Serge Wolkonsky, délégué
du ministère de l'instruction publique de Russie, avec une
éloquence brillante, qui lui a valu les applaudissements de l'assemblée toutes les fois qu'il a pris la parole, a fait connaître
les progrès de l'éducation supérieure des femmes dans son pays;
un autre jour, il a pris texte du mot « international », épithète
des congrès, pour souhaiter que l'œuvre de ces congrès fût une
œuvre de fraternité, d'humanité, et pour déclarer qu'il valait
mieux être un homme que simplement un Américain, un Allemand, un Italien ou un Russe. Peut-être, prononcées en France,
ces paroles, légèrement internationalistes, n'auraient-elles pas
eu le même succès qu'en Amérique : l'idée de patrie, quelque
développée qu'elle soit dans les cœurs américains, chez un
peuple qui vit en paix dans la tranquille possession incontestée
de son immense et magnifique territoire, l'idée de patrie n'éveille
pas le même frémissement intime que chez les peuples d'Europe,
toujours défiants les uns des autres, toujours sur le qui-vive.
Tout autre a été le caractère spécial et technique de l'allocution
du professeur Bela Kréczy, délégué de Hongrie, qui a discuté,
comme on ferait dans un conseil académique, la question de
savoir si c'était l'algèbre ou la géométrie qui devait être placée
au premier rang dans le cours d'études de l'enseignement secondaire. Le professeur W. Lagerstedt, délégué de Suède, a lu un
mémoire sur l'organisation de l'instruction publique suédoise.
M. Édouard Boos-Jegher, envoyé de la Confédération suisse, a
disserté sur cette question : « Les garçons et les filles doivent-ils
recevoir la même instruction industrielle et manuelle à tous les
degrés? » Mme Fanny Zampini-Salazar, envoyée de l'Italie, a
parlé, non sans quelque partialité, et avec une visible inspira-
tion germanique, du mouvement des universités italiennes. Les
Anglais avaient surtout délégué des dames : Mlle Hughes, directrice de l'école normale de Cambridge, dont les observations ont
porté sur l'éducation professionnelle des maîtres et des maîtresses dans l'enseignement secondaire; Mme Bergman Oester-

berg, Mlle Sophie Bryant, de Londres, se sont occupées, la première, du développement des écoles de gymnastique suédoise en Angleterre, la seconde « de la fonction essentielle du professeur ». M. James Sully, le célèbre psychologue, avait tenu à contribuer au congrès de psychologie expérimentale, par une étude « sur les rêves et la poésie »[1], qui, comme beaucoup d'autres mémoires, notamment ceux de Mlles Fawcet et Beale, de Londres, « sur l'éducation universitaire des femmes », ont été lus par des congressistes de bonne volonté. Rappelons enfin que Mlle Cervantès nous a entretenus des progrès de l'instruction des femmes en Turquie, et que, sous le coup de l'émotion causée par ses paroles, le congrès a décidé qu'un télégramme serait adressé par câble au sultan, pour le féliciter sur l'heure.

Mais ce n'est pas l'Europe seule qui était représentée à Chicago. Le Japon, l'Australie, y avaient aussi leurs délégués. Mlle Eliza Ruhannah Scidmore, Mlle Annie Howe, toutes deux du Japon, ont discuté, l'une, « la question de l'étude de la géographie dans les écoles élémentaires », l'autre, « l'institution des jardins d'enfants, considérée comme un facteur essentiel dans les missions étrangères ». Le Dr Hidesaburo Indo, de la Société nationale d'éducation du Japon, a analysé la pédagogie de Confucius. M. Sidney Scott, de Melbourne, a exposé les progrès de la sténographie en Australie. Mlle Catherine Spence, d'Adélaïde, a parlé de l'éducation « comme préparation aux vertus sociales et civiques ». Au congrès de l'instruction des aveugles ont figuré des éducateurs chinois et australiens. Et, enfin, une des plus curieuses communications faites au congrès de l'enseignement supérieur a été celle de M. John Fryar sur « la haute éducation en Chine ».

Les autres parties de l'Amérique du Nord et de l'Amérique du Sud ne s'étaient pas laissé oublier. Le Canada, le Canada anglais surtout (je ne sais pourquoi les Canadiens français, qui se signalaient à l'Exposition par un *exhibit* scolaire des plus soignés. n'ont pas jugé à propos de figurer aux congrès), a eu pour interprètes autorisés M. James L. Hughes, inspecteur des écoles de la ville de Toronto, et M. Ross, ministre de l'instruction

---

1. *Dreaming and poetic invention*, publié dans les *Proceedings*, p. 730.

publique de la province d'Ontario : — une grande province que l'Ontario, puisqu'elle ne compte pas moins de 9 000 professeurs de tout ordre et de 500 000 élèves. — De l'Uruguay et du Chili, étaient venus le Dr Alberto Gomez Ruano, commissaire de l'Exposition scolaire de l'Uruguay, et don J. Abelardo Nunez, inspecteur de l'instruction primaire au Chili. Il n'est pas difficile de comprendre pourquoi le Brésil et la République Argentine, qui malheureusement en ce moment ont d'autres soucis, manquaient à des congrès où, en des temps meilleurs, ces deux nations, si soucieuses de l'éducation, auraient marqué brillamment leur place.

L'Afrique elle-même, le « continent noir », n'était pas sans représentants. L'Égypte avait envoyé M. Onsi, directeur de l'Institut des aveugles du Caire ; et M. Benjamin Buisson, mon excellent compagnon de la délégation française, me pardonnera si je le compte aussi, en sa qualité de directeur de l'école normale de Tunis, du collège Alaoui, parmi les ambassadeurs de l'Afrique.

C'est donc l'universalité du globe qui avait répondu à l'invitation des États-Unis, excitée un peu sans doute par la curiosité bien naturelle de voir les merveilles de la *Wordl's Fair*, de visiter l'Exposition universelle, mais mue aussi par la double pensée de travailler au progrès de l'éducation et de manifester quelle large place la grande République américaine occupe dans l'imagination de l'humanité. Chicago a été bien réellement, pendant quelques jours, le centre de la pensée pédagogique du monde. Presque toutes les races humaines civilisées s'y étaient donné rendez-vous. Les nègres y ont eu leurs congrès spéciaux, congrès un peu trop homogènes peut-être, un peu étroits et fermés, où a été discutée avec passion la question des progrès de la condition sociale pour les hommes de couleur en Amérique, et où l'on a dit, entre autres choses, non sans quelque esprit de défiance sectaire, que « pas un blanc n'était capable de traiter sensément la question » (*no white person could discuss the negro question intelligently*). Si des congrès doivent être avant tout des bureaux de renseignements, des ateliers de documents rassemblés, d'informations abondantes recueillies de toute main, nul doute que ceux de Chicago n'aient satisfait aux lois du genre. Quiconque y a participé en est revenu avec une provision énorme de faits et d'idées. Et le profit eût été plus grand encore, si, par impossible, au lieu de se produire simultanément, les réunions des vingt-cinq ou trente congrès distincts s'étaient succédé l'une après l'autre. C'est alors que, devant ce défilé et cette longue théorie de pédagogues, s'ingéniant chacun à sa façon pour expliquer la nature et le mécanisme des institutions scolaires de son pays, on aurait pu, sans dérangement, même sans quitter son fauteuil, faire pédagogiquement le tour du monde!

## IV

Dans tout ce vaste étalage, ce que nous avions le plus à cœur de reconnaître et de distinguer, c'était, on s'en doute bien, tout ce qui intéresse la pédagogie américaine elle-même : d'abord, bien entendu, le détail positif des choses, mais surtout, ce qu'il est beaucoup plus difficile de découvrir, les principes généraux qui président à l'enseignement, les tendances qui orientent l'éducation dans un sens ou dans un autre, en un mot l'esprit pédagogique américain. Ce n'est pas en quelques lignes que nous pourrions même esquisser une pareille étude : nous noterons seulement quelques points.

En premier lieu, les Américains nous ont paru très convaincus de la nécessité de se perfectionner eux-mêmes, d'aller toujours plus loin et plus haut, dans la voie des réformes, vers l'idéal de l'éducation. Rien chez eux qui ressemble à un contentement superbe, satisfait de son œuvre et ne voyant rien au delà. « En avant » est leur devise en pédagogie comme pour tout le reste. Il suffit de voir à quel point ils sont curieux de ce qui se fait à l'étranger, pour deviner qu'ils ne demandent qu'à faire mieux encore qu'ils n'ont fait jusqu'ici, en s'inspirant des exemples donnés par d'autres nations. De cette curiosité, de ce besoin de voir et de savoir, nous avons eu la preuve dans les visites empressées qu'ils rendaient à notre Exposition scolaire. Comme tous les hommes dont l'esprit est actif et en éveil, les Américains questionnent beaucoup. Ils ne conversent pas, comme nous le faisons souvent, pour le plaisir de briller, de montrer quelque esprit : non, mais uniquement pour s'enquérir, pour apprendre, pour extraire, par la conversation, de l'esprit de leurs interlocuteurs, tout ce qu'il peut leur fournir de renseignements utiles et appropriés à leurs fins. Ils n'attendent pas qu'on les critique. Je ne voudrais pas sans doute les faire plus modestes qu'ils ne sont : ils ne le sont pas du tout; et plus d'une fois, par leurs réclames, par leur jactance naïve, ils m'ont rappelé mes chers compatriotes, les Gascons, ces aimables vantards. Cela n'empêche pas qu'ils se rendent compte de leurs défauts, de leurs imperfections. Précisément parce qu'ils aspirent à être les premiers en tout, et que leur ambition est de surpasser tout le monde, ils ont, grâce à leur clairvoyance, le sentiment de ce qui leur manque encore, et, par suite, ils éprouvent le besoin de chercher ailleurs des modèles plus parfaits. De même que dans l'architecture composite des palais magnifiques qui servaient à la fois de décor et d'abri à l'Exposition colombienne apparaissait beaucoup moins l'originalité, le génie inventif, que l'imitation habile de tous les styles; de même, dans leur système d'éducation, quelque droit qu'ils aient déjà d'en être fiers, ils sont prêts à introduire, à agencer toutes les pièces nouvelles, dont une étude consciencieuse des systèmes étrangers leur aura démontré la supériorité. Aussi n'hésitent-ils pas à faire spontanément, sans qu'on les y provoque, l'aveu de ce qu'il peut y avoir de dangereux ou de répréhensible dans les méthodes, dans les procédés qu'ils ont adoptés jusqu'ici. En cela, nombre de lectures faites aux congrès ont été des plus significatives. C'est ainsi que nous avons entendu un mémoire, où l'on faisait valoir les avantages de la coéducation des sexes, mais où l'on en signalait aussi les dangers (allocution de Mme Johnston, professeur de l'Université d'Oberlin); un autre, où l'on célébrait avec raison la prospérité des Universités américaines, mais où l'on s'inquiétait des tendances trop utilitaires de leur enseignement (allocution de M. Charles Little, professeur de l'Université du Nord-Ouest). Combien d'autres confessions intéressantes n'avons-nous pas recueillies, qui témoignaient de la plus complète franchise! C'est ainsi que le président Angell déclare que « la demi-science et le charlatanisme (*sciolism and humbug*) triomphent partout ». Le président Blanchard, de Wheaton, s'écrie : « Tous les efforts pour l'éducation seront vains, tant qu'on laissera ouverts dans la seule ville de Chicago 7 000 cabarets (*whiskey shops*) ». Le surintendant Lane constate qu'il y a peu de citoyens des États-Unis qui ne sachent pas lire et écrire; mais que d'autre part « le nombre est considérablement grand de ceux dont l'éducation morale est absolument négligée ». Le professeur Hale, de l'Université de Chicago, se plaint que « les grades de docteur en philosophie et de docteur ès sciences soient conférés légèrement par des établissements de très médiocre valeur ». Dans un autre ordre de faits, l'évêque Samuel Fallows, tout en faisant remarquer que le mal qu'il constate provient de l'accroissement incessant et prodigieux de la population, avoue que « dans les écoles élémentaires de Chicago il manque, à l'heure qu'il est, 60 000 places pour les enfants d'âge scolaire ».

Un peuple qui fait publiquement cet examen de conscience ne saurait passer pour infatué de lui-même. Il est visible qu'on a, en Amérique, un sentiment profond de l'insuffisance des efforts déjà accomplis, quelque grands qu'ils aient été, et que, se mettant en quête de perfectionnements nouveaux, on regarde du côté de l'étranger, non par vaine badauderie, mais pour s'instruire et se corriger soi-même.

En second lieu, il nous a paru que, dans cette recherche de la perfection, les États-Unis inclinaient parfois à prendre pour modèle et à suivre plutôt l'Allemagne que l'Angleterre ou la France. Nous savions déjà que les étudiants américains préféraient les Universités allemandes aux Facultés françaises, et que ceux d'entre eux qui viennent sur le continent sautaient volontiers par-dessus Paris, pour aller à Berlin ou à Vienne. Mais les congrès, en quelques-unes de leurs parties, ont achevé de nous démontrer la force de l'influence de l'Allemagne dans un pays où l'immigration a établi tant de colonies puissantes d'Allemands : 100 000, dit-on, à Chicago, 200 000 et peut-être plus à New York, autant à Brooklyn. Une séance tout entière du congrès de l'éducation générale a été consacrée à l'étude des principes pédagogiques de Herbart; et le nombre, comme la qualité, des participants à ce congrès spécial nous a révélé qu'il y avait toute une école de pédagogues américains qui ne jurent que par Herbart, qui considèrent le philosophe allemand comme le maître par excellence. Il nous eût suffi d'ailleurs, pour nous en convaincre, de parcourir le programme de l'histoire de l'éducation, tel qu'il est établi, par exemple, à l'école normale d'instituteurs de Cook County, dans les faubourgs même de Chicago : les éducateurs français y sont à peine mentionnés; Rousseau est même le seul, je crois, qui y fasse figure; et c'est à Herbart, à Ziller, à Stoy, à Rein, qu'est attribué le mérite d'avoir fondé une théorie de l'éducation. Je sais bien, et j'ai des raisons personnelles de le savoir, que cette prédilection exclusive pour la pédagogie allemande n'est pas générale en Amérique, que les auteurs français y trouvent bon accueil et qu'on les traduit volontiers. Et, à vrai dire, par ses défauts comme par ses qualités, l'intelligence américaine me paraît avoir bien plus d'affinités avec la clarté, la simplicité, le caractère social et pratique du génie français, qu'avec la profondeur obscure du génie allemand. Mais il n'en est pas moins vrai que notre influence, en fait de science, en matière d'éducation, est contre-balancée, sinon compromise. Sans doute, les romans de Zola, comme ceux de Balzac, sont dans toutes les mains; les danseuses françaises font fureur à New York, à Chicago; les modes parisiennes aussi. Mais il ne faudrait pas borner là notre ambition; et il n'y a rien à négliger, si nous voulons maintenir aussi l'action de la pensée française et, par le rayonnement de nos œuvre philosophiques et scientifiques, consolider les sympathies de la vieille France et de la jeune Amérique.

En troisième lieu...; mais il nous est en vérité impossible d'aller jusqu'au bout de cette analyse. Bornons-nous à indiquer un peu pêle-mêle quelques-unes de nos impressions. Et peut-être ce « pêle-mêle » même correspondra plus exactement à la réalité des choses. La pédagogie américaine nous a paru, en effet, présenter les plus étonnants contrastes : elle oscille entre les tendances les plus contradictoires. D'une part, on sait de quel crédit y jouit le sport athlétique, combien on y encourage les exercices physiques, quel enthousiasme soulèvent les parties de *foot ball* ou de *base ball*, auxquelles se livrent, dans des assauts mémorables, les équipes rivales des diverses Universités, de Yale et de Harvard, surtout. On a rappelé, au congrès de l'éducation physique, tout ce qui peut être dit en faveur du développement

musculaire, considéré comme un élément de la santé du corps
et aussi comme une des sources de l'énergie morale. Mais voici
qu'un des membres du congrès, le Rév. C. H. Payne, de New
York, prend la parole et signale, non sans indignation, les mauvais côtés des fêtes annuelles de l'athlétisme; il dénonce les
écarts, les excès, la « conduite fâcheuse » (*disgraceful conduct*) des
milliers de jeunes gens qui célèbrent chaque année ce que nous
appellerions le *Lendit* de New York. « Leurs actes, s'écrie-t-il,
son· absolument outrageants (*simply outrageous*). Ils font rougir
la ville témoin de leurs ébats. J'en appelle à tous les présidents
des collèges, pour qu'ils mettent un terme à ces façons de pratiquer le sport athlétique.... »

Vous pensez, comme tout le monde, que l'éducation américaine, éducation de commerçants, d'industriels, d'hommes pratiques, doit avoir pour principe, et cela dès le début, les études
positives, les éléments des sciences, tout ce qui prépare des
intelligences modernes. Cela est certainement exact dans l'ensemble, mais les tendances mystiques, les réminiscences frœbeliennes ne sont pourtant pas étrangères à l'âme américaine. Dans
cette grande société d'hommes d'affaires, d'hommes de gain,
l'idée religieuse a des poussées subites. Voici, par exemple, au
congrès des Jardins d'enfants, Mlle Marion Forster Washburn,
de l'Illinois, qui ne veut pas qu'on enseigne à lire à l'enfant,
avant de lui avoir appris à regarder, à écouter, à sentir, dans le
grand livre de la nature, « avant qu'on lui ait parlé le langage
universel, le langage du symbolisme, qui va directement du cœur
de Dieu au cœur de l'homme ».

Autre contraste. Les tendances utilitaires de l'enseignement
supérieur en Amérique sont connues ; elles ont été signalées aux
congrès, nous l'avons déjà dit. Et cependant, en aucun pays du
monde, on n'a défendu la cause des études grecques, c'est-à-dire
de celles qui sont au plus haut degré des études désintéressées
et de luxe, aussi bien qu'on l'a fait dans une des séances tenues
à Chicago, où, contre deux ou trois opposants à peine, plus de
vingt professeurs d'Universités ont énergiquement maintenu les
droits pédagogiques de l'hellénisme, au nom de la tradition
d'abord, et aussi à raison de la valeur historique et intrinsèque,
de la beauté de la littérature et de la langue grecques.

La conclusion à tirer de ces oppositions, de ces diversités d'opinion, ne serait-elle pas que l'esprit de la pédagogie américaine est avant tout un esprit de liberté, qui laisse la carrière ouverte à toutes les tendances, qui n'impose aucune routine et, débarrassé de toute formule impérative, cherche sans cesse et réalise souvent le progrès. La liberté, dont on salue la belle statue en entrant dans le port de New York, plane et règne partout aux États-Unis. C'est la liberté qui explique la multiplicité des écoles entre lesquelles se divisent les pédagogues transatlantiques, aussi bien que la surabondance des sectes religieuses, dans un pays où le protestantisme, sous tant de formes et de confessions distinctes, coudoie avec respect le catholicisme; où, dans le catholicisme lui-même, l'unité immuable de la doctrine n'est pas observée; et qui voit grandir, à côté d'Universités fidèles à l'esprit jésuitique, des Universités catholiques animées d'un tout autre esprit : par exemple, cette belle Université catholique de Washington, récemment organisée avec tant d'éclat par Mgr Keane, qui a été un des orateurs les plus écoutés des congrès de Chicago.

V

Nous ne voudrions pas terminer ce compte rendu, quelque nécessairement incomplet qu'il soit, sans remplir un devoir qui nous est doux : celui de faire connaître succinctement quelle a été la participation des membres de la délégation française aux congrès d'Amérique, participation qui a été remarquée, et qui faisait dire à M. Harris, dans un compliment où nous savons d'ailleurs faire la part de l'exagération et de la politesse extrême : « Si les congrès de Chicago ont aussi bien réussi, c'est aux Français que nous le devons [1] »

M. Chevrillon, chargé du cours de langue et de littérature anglaise à la Faculté des lettres de Lille, a pris plusieurs fois la

---

1. Dans une lettre privée qu'il m'adressait récemment, après m'avoir rappelé la visite que nous lui avions faite à Washington, M. B. Buisson, M. Chevrillon et moi, M. Harris voulait bien me répéter : « *You did more than any other to make the educational congress a success.* »

parole, s'exprimant en anglais en homme qui l'enseigne, et avec le talent dont ses articles de la *Revue des Deux Mondes* sur l'Inde et la Palestine — que suivront, nous l'espérons bien, des articles non moins intéressants sur l'Amérique — ont déjà donné la preuve à ses lecteurs. De ses diverses communications, celle qui a été le plus goûtée, c'est le mémoire qu'il a lu sur un sujet qu'il connaît à fond : « L'enseignement de la littérature dans les Universités françaises [1] ». Il a particulièrement insisté dans ce travail sur l'importance de l'étude de la langue et de la littérature anglaises; il a déclaré que l'anglais plus que l'allemand convenait au génie de notre race. Les Américains de l'auditoire applaudissaient bruyamment une déclaration qui ne pouvait leur être désagréable, tandis que les délégués d'Allemagne, présents en assez grand nombre, avaient le bon goût de sourire de tout ce que l'orateur disait de sévère à l'adresse de leur langue nationale.

M. Benjamin Buisson — qui n'est pas, tant s'en faut, un inconnu en Amérique, où le nom de son frère est populaire parmi les pédagogues, et où lui-même s'est créé de nombreuses relations lors de l'Exposition de la Nouvelle-Orléans, où il était chargé d'organiser l'exhibition scolaire française — a trouvé au congrès l'accueil le plus sympathique. Une des séances où il est le plus intervenu est celle où, sous la présidence du général Eaton, le prédécesseur de M. Harris au *Bureau d'éducation*, il était traité des progrès de l'instruction élémentaire. M. Benjamin Buisson y a présenté un tableau complet de la situation de l'enseignement primaire français, s'attachant à montrer que notre programme d'études est aussi complet que possible, puisqu'il comprend toutes les branches essentielles et même les branches accessoires d'enseignement, que les éducateurs américains en sont encore à souhaiter de voir introduire dans le *curriculum* des écoles publiques des États-Unis [2]. Il a eu soin d'ailleurs d'ajouter qu'il désirait que la France profitât de plus en plus des bons exemples donnés par l'Amérique dans ses lois et dans ses réformes scolaires. Nous ne saurions mieux définir l'impression

---

1. Publié dans les *Proceedings*, p. 168.
2. Publié dans les *Proceedings*, p. 102.

produite sur son auditoire par notre excellent collègue qu'en citant une phrase d'un journal américain, le *Texas Journal of Education*, qui, dans son numéro du 16 septembre 1893, disait : « M. B. Buisson a vécu à Londres de longues années, et c'est ce qui explique peut-être cette teinte de dignité anglaise qui s'ajoute chez lui aux allures courtoises d'un diplomate français ».

Une faveur particulière nous a paru s'attacher à la personne et aux discours de Mlle Dugard. Professeur au lycée Molière, Mlle Dugard était tout à fait qualifiée pour rendre compte des progrès accomplis depuis douze ans dans notre enseignement secondaire des filles. Le sujet était neuf pour la plupart des pédagogues américains, qui ont visiblement pris un grand intérêt aux explications que Mlle Dugard leur a fournies sur nos lycées de filles, sur les programmes, sur la durée et la division des études, et aussi sur l'esprit général de l'éducation féminine dans notre jeune démocratie[1]. Les Américaines présentes aux congrès étaient particulièrement attentives, en voyant se dresser devant elles, grâce à l'exposé détaillé de Mlle Dugard, l'image de la femme française, de plus en plus initiée, comme elles le sont elles-mêmes, aux choses de la pensée, à la science, et de plus en plus mêlée à la vie sociale. La curiosité excitée était si grande que, la séance close, les institutrices d'Amérique poursuivaient encore Mlle Dugard dans les couloirs pour l'accabler de leurs questions.

M. Eugène Martin, directeur de l'école primaire supérieure de Hirson, représentait un enseignement qui n'est pas moins en faveur auprès des Américains. On a prêté une attention soutenue aux mémoires qu'il a communiqués, soit sur l'enseignement du travail manuel, sur son histoire et ses progrès, sur les méthodes suivies en France pour le travail du fer et du bois; soit sur l'organisation de nos écoles professionnelles d'éducation, de nos écoles normales de tout ordre[2]. L'accueil engageant qu'il a trouvé dans toutes les parties des États-Unis, depuis New York jusqu'à San Francisco, auprès des spécialistes de l'instruction manuelle, lui a prouvé avec quelle gratitude ses collègues d'Amérique

---

1. Publié dans les *Proceedings*, p. 211.
2. Publié dans les *Proceedings*. p. 415.

avaient recueilli ses informations compétentes sur les côtés techniques de notre enseignement primaire.

Enfin M. Serrurier, directeur d'une école primaire au Havre, outre une communication appréciée sur les « caisses d'épargne scolaires », s'est fait, comme il l'est en France, l'apôtre de l'enseignement par l'aspect. Secrétaire de la société fondée au Havre, en 1850, pour la propagation de l'enseignement scientifique par les projections lumineuses, il a trouvé, tout de suite, dans le pays des leçons de choses, des auditeurs disposés à le comprendre, et déjà des adeptes qui s'inspireront des renseignements qu'il leur a fournis.

Je ne saurais mieux terminer cette trop rapide esquisse des travaux de la délégation dont j'avais l'honneur d'être le président, qu'en empruntant encore un extrait au journal américain que je citais tout à l'heure : « Il est à noter que les délégués français aux congrès de Chicago se conciliaient d'une façon toute particulière les sympathies de leur auditoire, probablement à cause de l'affinité intellectuelle qui existe entre la nation française et la nation américaine ».

A ces « sympathies » nous répondrons, de cette « affinité intellectuelle » nous tâcherons de donner de nouvelles preuves, en étudiant avec plus de passion que jamais les œuvres et les efforts pédagogiques de la grande République américaine. Nous ne nous sommes séparés qu'à regret des amis qui nous ont témoigné là-bas une si cordiale bienveillance. Nous espérons les revoir en France, et les y payer de retour, à l'Exposition universelle de Paris, en 1900, où je me suis permis, dans une dernière allocution, à la séance de clôture, de leur donner rendez-vous. En attendant, la correspondance entretiendra les relations, les liaisons nouées dans les congrès de Chicago; la lecture et la méditation des documents de toute espèce qu'on a mis si généreusement à notre disposition achèvera de nous faire connaître tout ce qu'il y a de bon, d'excellent, dans les méthodes américaines. Mais dès à présent nous sommes heureux de pouvoir dire que les quelques semaines que nous avons passées en Amérique compteront parmi les meilleurs souvenirs de notre vie, que nous sommes revenu de notre trop rapide voyage émerveillé de tous les beaux spectacles scolaires qui nous ont été présentés, animé sur plus d'un point d'une sincère émulation, ravi d'avoir constaté avec quelle largeur d'idées, avec quel esprit de tolérance, avec quel sentiment profond de leur importance sociale les questions d'éducation étaient examinées et résolues.... Et tout en écrivant ces lignes, nous revoyons en imagination, comme si nous y étions encore, la grande salle de Christophe Colomb ou celle de Washington, toute remplie d'auditeurs religieusement attentifs, malgré les bruits du dehors, malgré les grincements des locomotives; nous revoyons l'éternel président Charles Bonney, prononçant son centième ou deux centième discours, sans compter, bien entendu, tous ceux qu'il a prononcés depuis : impassible et digne, mais toujours actif, toujours prêt à prendre la parole, à la prendre sur tous les sujets, et de façon à dire, en toute occasion, ce qui était le mieux approprié à la circonstance; l'homme enfin qui s'est trouvé à la hauteur de la situation, qui a su mener à bonne fin l'énorme tâche de l'organisation et de la direction d'une vingtaine de parlements ou d'académies, successivement occupés à délibérer sur toutes les questions vitales de la civilisation, et qui, plus que tout autre, a contribué à justifier le pressant appel que les initiateurs des congrès de Chicago adressaient à l'univers, quand ils disaient : « Établir des relations fraternelles entre les hommes qui sont les chefs de l'humanité (*the leaders of manking*); passer en revue les progrès déjà accomplis; déterminer quels sont les problèmes à l'ordre du jour (*the living problems*), qui attendent une solution, et rechercher les moyens d'assurer de nouveaux progrès : telle est la caractéristique, tel est le but (nous ajoutons, tel aura été le résultat) des Congrès de la *Foire du Monde* ».

# L'ENSEIGNEMENT PRIMAIRE

## AUX CONGRÈS D'ÉDUCATION
## ET A L'EXPOSITION SCOLAIRE
## DE CHICAGO

---

## CHAPITRE I

### Les congrès scolaires.

On a déjà souvent décrit cette grande réunion d'éducateurs que les États-Unis avaient convoquée à l'occasion de l'Exposition.

Il y avait des précédents célèbres, et l'idée de faire coïncider un Congrès d'éducation avec l'exposition scolaire était toute naturelle. Rappelons principalement le Congrès d'éducation qui avait été tenu à l'occasion de l'exposition de Philadelphie (1876), celui de l'exposition internationale d'hygiène et d'éducation de Londres (1884), et dont il est resté un compte rendu monumental en quatre volumes imprimés aux frais des corporations de la cité de Londres, puis le congrès très animé et très représentatif qui a eu lieu lors de l'exposition de la Nouvelle-Orleans (1885), et surtout le Congrès d'éducation tenu à l'Exposition universelle de Paris en 1889, comme cela avait eu lieu aussi en 1878.

A Chicago le Congrès d'enseignement n'était qu'une fraction dans une imposante série de dix-neuf congrès qui ont attiré des foules nombreuses au *Memorial Art Palace* du 15 mai au 20 octobre.

Le titre seul donné à l'ensemble de ces réunions indiquait l'importance de l'événement : *Congrès universel, auxiliaire de l'exposition colombienne universelle*, avec la devise : *Not things, but men*, « des hommes et non des choses ».

Ces grandes assises internationales étaient organisées par un double comité : 1° un comité masculin ayant pour président le vénérable et infatigable Charles C. Bonney, également prêt et inspiré sur tous les sujets, un des plus éminents citoyens de Chicago, et pour vice-président M. Thomas B. Bryan; 2° un comité féminin, pour affirmer, comme à l'exposition même, l'indépendance féminine et la légitime ambition des Américaines de révendiquer leur part à la peine et à l'honneur en tout ce qui peut toucher au progrès de la civilisation. Mme Potter Palmer était la présidente de cette *Woman's Branch of the Auxiliary* (l'adjectif *auxiliary* étant devenu substantif par manie américaine d'abréviation). Mme Potter Palmer est la femme d'un des principaux millionnaires et politiciens de Chicago. Elle présidait, non seulement le comité féminin des Congrès, mais surtout, et par élection à l'unanimité, le Comité des *Lady managers* de l'exposition, organisatrices du fameux Palais de la Femme, *Woman's building*, et ces fonctions n'étaient pas une sinécure.

Voici d'après le *Woman's Journal* de Boston, 29 avril 1893, quelques notes biographiques sur cette présidente invisible, mais dont la charmante photographie est universellement connue en Amérique. Cette photographie, reproduite dans le journal que nous citons, la représente en toilette de soirée, avec un collier de grosses perles blanches à cinq rangs et d'autres parures de grand prix, mais qui, pour une femme de son opulence, ne sont pas de l'ostentation. « Bertha Honore (la future Mme Potter Palmer) est née à Louisville (Kentucky) d'une ancienne famille du Sud par sa mère, et de descendance française par son père. Elle commença son éducation à Louisville et la compléta dans un couvent près de Baltimore (Maryland). Miss Honore, de même que sa sœur qui a épousé le fils aîné du feu président Grant, le colonel Fred. Grant, avait reçu de la nature cet héritage de beauté, de grâce et de haute race qui fait vite conquérir la distinction sociale. En 1871, Bertha Honore épousa Potter Palmer, un des grands millionnaires de Chicago, et elle a toujours résidé depuis dans cette grande ville. Ce fut M. Palmer, soit dit en passant, qui choisit il y a dix ans une femme pour caissière principale de son immense hôtel : *Palmer House*; on n'avait jamais encore donné à une femme un poste de cette importance dans un établissement de ce genre. Mme Palmer a beaucoup voyagé; elle appartient à la congrégation du professeur Swing et est une des lumières du *Fortnightly Club*. Elle pratique une généreuse hospitalité dans un des palais des bords du lac Michigan, s'intéresse à un grand nombre d'œuvres philanthropiques et dirige personnellement l'éducation de ses deux fils. »

Les questions d'enseignement primaire tenaient une place importante dans les *deux* Congrès de l'enseignement de Chicago.

Nous disons *deux* Congrès, car il y a eu en effet deux groupes successifs de réunions pédagogiques : le premier, du 17 au 24 juillet, le second, du 25 au 28 juillet. Pourquoi deux congrès, demandera-t-on? La réponse n'est pas facile et nous n'avons nous-même obtenu des principaux éducateurs américains, quand nous les consultions sur ce point, que des explications évasives et évidemment un peu embarrassées. Il y a tous les ans en Amérique un Congrès d'éducation convoqué par la grande et très estimée *National educational Association*; il était naturel qu'elle choisît cette année-là Chicago pour y tenir sa réunion annuelle : c'est ce qu'elle fit, et il semblait que ce congrès annoncé pour les 25, 26, 27 et 28 juillet eût dû suffire. Mais Chicago était chez elle et voulait faire son congrès elle-même. Tout le monde connaît la statue représentant la merveilleuse cité sous les traits d'une jeune femme, debout, fermement campée, une sorte de Jeanne d'Arc du nouveau monde, ayant un diadème de flammes d'où s'élève un phénix, et portant sur son corset d'écailles d'acier, en guise de devise, ces mots significatifs : *I will!* « Je veux! » Il a donc fallu se soumettre, et, avant le Congrès organisé par la *National educational Association*, sous la direction de l'éminent Dr Harris, directeur du

Bureau national d'Éducation, traverser un premier Congrès, celui des Dames, organisé sous les auspices de la *Woman's Auxiliary*, le plus long même des deux, et qui menaçait de faire double emploi avec l'autre, mais qui, hâtons-nous de le dire, a parfaitement réussi, quoique la presse pédagogique des anciens États de l'Union en ait en général beaucoup moins parlé que du suivant.

## I. — LE PREMIER CONGRÈS D'ÉDUCATION.

### (Du 17 au 24 juillet.)

Sur ce premier Congrès, nous n'avons malheureusement que nos souvenirs et quelques notes; le compte rendu officiel des séances ne nous est pas encore parvenu; c'était du reste un congrès où l'on étudiait des questions moins générales que dans le suivant : par exemple l'extension de l'enseignement supérieur (*University extension movement*) et l'université de Chatauqua par correspondance, ainsi que les *College Fraternities*, l'introduction du travail manuel dans l'enseignement primaire et secondaire, les doctrines de Herbart, l'enseignement artistique et les *Jardins d'enfants*; on discutait ces sujets en même temps qu'avaient lieu dans d'autres salles un gigantesque congrès de sourds-muets, un congrès des éducateurs d'aveugles et un congrès de sténographes des deux sexes.

Presque toutes ces questions tenaient par quelque lien à l'enseignement primaire et nous ne pouvions pas nous en désintéresser.

Nous avons surtout remarqué la ferveur avec laquelle les organisatrices du Congrès, les dames de Chicago principalement, entamaient la discussion et *entraînaient* en quelque sorte les orateurs; comme les plus ardentes et les plus éloquentes à plaider la cause de la *new education*, de l'éducation progressive, il faut citer d'abord Mme Henrotin, vice-présidente de la *Woman's Branch*, et femme du sympathique consul de Belgique; Mme H. C. Brainard, professeur de littérature de la *high school*; Miss Joséphine Locke, inspectrice du dessin dans les écoles de Chicago, une véritable prêtresse de l'art, qui se levait souvent, gracieuse et inspirée, ranimait la discussion, invitait les délégués étrangers à prendre part au débat et prononçait elle-même des discours pleins de poésie et de foi en l'influence purifiante et civilisante du beau; Miss Martha Foote Growe, de l'université de Chicago; Mistress H. M. Wilmarth, présidente du Comité général des Dames.

Parmi les orateurs les plus entourés, nous avons été heureux de retrouver plusieurs de nos anciennes connaissances de l'Exposition de la Nouvelle-Orléans, par exemple :

M. C. M. Woodward, de la Washington University à Saint-Louis (Missouri), le grand avocat du travail manuel comme auxiliaire du travail mental : il le tient en haute estime à cause de sa précieuse influence hygiénique pour le développement harmonique de l'esprit et du corps, et sans préoccupation utilitaire;

M. le prof. John M. Ordway, de l'université Tulane à la Nouvelle-Orléans;

M. le Dr E. A. Sheldon, principal de l'École normale d'État d'Oswego (État de New York);

M. le prof. William N. Hailmann [1], surintendant des écoles de La Porte (Indiana), le fervent apôtre du frœbelianisme, dont Mistress Hailmann applique et enseigne elle-même les méthodes dans une sorte d'école normale privée pour *teachers* de Kindergarten;

M. C. C. Rounds, directeur de l'École normale d'État de Plymouth (New Hampshire), sincère et chaleureux partisan de la pédagogie française, à qui nous avions été heureux de montrer notre Section scolaire à Paris en 1889, et qui s'y était inspiré de plusieurs de nos méthodes.

Mais nous avons surtout été heureux de trouver sur la plateforme le vénérable Dr Barnard, le « Nestor de la presse pédagogique [2] », le premier directeur du Bureau national d'éduca-

1. Nous apprenons que cet éminent pédagogue vient d'être appelé par le gouvernement des États-Unis à la direction de l'importante École nationale de Carlisle, pour l'éducation des enfants indiens.

2. Henry Barnard, né à Hartford, Connecticut, 1811; auteur de nombreuses publications pédagogiques et principalement, depuis 1856, du célèbre *American journal of Education*.

tion, à présent chancelier de l'université de Wisconsin; et à côté de lui, son successeur, notre très respecté ami, le général John Eaton; et enfin le directeur actuel du Bureau, c'est-à-dire le successeur des deux précédents, le Dr W. T. Harris [1], qui nous avait fait si courtoisement les honneurs de Washington et que nous avions été si honorés de voir aussi déjà en 1889 à Paris.

Parmi les éducateurs que nous ne connaissions pas encore personnellement et dont nous avons admiré les idées et le talent de parole au Congrès de Chicago, citons [2] :

L'honorable M. Albert G. Lane, surintendant des écoles de la ville de Chicago, dont nous aurons souvent à parler, surtout à propos de la visite si intéressante que nous avons faite avec lui dans plusieurs des plus récentes constructions scolaires de la ville;

Le Dr Emerson E. White, ancien surintendant des écoles de Cincinnati, un des maîtres esprits d'Amérique en matière de pédagogie, que nous avons eu la bonne fortune de retrouver chez les Mormons, au Lac Salé, où il présidait une intéressante session de *Teachers, institute*;

M. le colonel F. W. Parker, descendant du célèbre Théodore Parker, directeur de l'école normale de Cook County dans la banlieue de Chicago, riche d'expérience et d'originalité, et doué d'une facilité de parole, d'un talent oratoire peu commun même en Amérique;

M. le professeur de pédagogie Earl Barnes, une des lumières de la nouvelle et déjà si fameuse université Leland Standford

---

1. William Torrey Harris, né en 1835, a étudié à l'Université de *Yale*, fut surintendant de l'instruction publique à Saint-Louis de 1868 à 1880, dirige le Bureau d'Education depuis 1889.

2. Je ne parle pas des éminents présidents d'universités, bien que plusieurs aient aussi témoigné un grand intérêt aux questions d'enseignement primaire : l'ex-président Mc Cosh de Princeton; le Dr James B. Angell, président de la grande université de Michigan (Ann Arbour), le président Jordan de Standford University (Californie); le Dr Stanley Hall, président de la nouvelle et si originale université Clark; les Drs D. C. Gilman de Johns Hopkins; et W. R. Harper de Chicago, et aussi les autres chefs de célèbres collèges de haut enseignement, MM. Fr. A. Walker du Massachusetts, et Raymond et Smith du Connecticut, Seth Low de (Columbia college) New York, Mc Alister (Drexel Institute), De Garmo, de Pensylvanie, C. F. Thwing d'Ohio, etc.

Junior de Palo Alto (Californie), où nous l'avons retrouvé plus tard, et son aimable et sympathique collègue, M. W. S. Monroe, de la même université, jeune pédagogue plein de promesses, et dont nous ne pouvons oublier le cordial accueil;

Le Rev. Dr Frank Gunsaulus, le prédicateur le plus renommé peut-être de Chicago, esprit libéral quoique d'une piété profonde, philanthrope et ami de l'enfance avant tout, le conseiller du célèbre millionnaire Armour dans ses libéralités princières en faveur de l'enseignement populaire;

Le Right Rev. Samuel Fallows, évêque de l'église épis-copale, président du *General Committee* du Congrès d'éduca-tion, qui, à la demande du président Bonney, a prononcé la prière d'ouverture, « pour que le Congrès pût être favorisé de la paix, de l'harmonie et du succès, qui avaient marqué les congrès précédents »;

Le Très Rev. évêque J. J. Keane, recteur de la nouvelle Université catholique que nous avions visitée avec lui à Wash-ington, D. C.

Les personnes ci-dessus mentionnées ont surtout pris part aux réunions générales et ont prononcé des allocutions d'en-couragement ou de bienvenue aux congressistes et aux délégués.

Passons aux mémoires qui ont trait spécialement au sujet qui nous intéresse.

Le prof. F. C. Woodward, de South Carolina College, qu'il ne faut pas confondre avec son homonyme, le Dr C. M. Wood-ward de Saint-Louis, bien que tous deux aient la même fer-veur à parler du travail manuel, s'est plu à attester les ser-vices que ce nouvel enseignement a déjà rendus à l'école élémentaire, et a prophétisé que l'avenir verrait ses développe-ments et ses progrès se confirmer. Je n'insiste pas sur ce sujet que notre collègue, M. E. Martin, dont on trouvera plus loin le rapport, a étudié tout spécialement. Dans un même ordre d'idées on a entendu Mme H. Johnson Carter, professeur à l'Ins-titut Drexel de Philadelphie, adresser, dans une autre réunion, des conseils très pratiques aux *teachers* sur l'urgence d'encou-rager l'activité enfantine.

Mme Louisa Parsons Hopkins de Boston, qui avait envoyé un mémoire sur un sujet analogue : *Elementary manual Training in the public schools*, demande « que tout ce que l'on fait faire au jeune enfant soit adapté à ses goûts, à son état d'avancement et à ses relations avec la vie. Tout ce qu'on lui donne à faire doit contribuer à étendre ses connaissances et son habileté, à accroître sa dextérité manuelle et ses instincts créatifs, en même temps que satisfaire son naturel désir de communiquer à autrui ce qu'il a acquis et de se rendre déjà utile en quelque manière. Elle pense que les occupations du *Kindergarten* forment la meilleure base de l'exercice manuel dans les classes primaires élémentaires; dans ces classes encore il faut continuer à faire façonner aux enfants des objets avec un matériel offrant peu de résistance, tel que l'argile, la cire, le papier, la laine. Cela offre un vaste champ à ses progrès, parce que ces genres d'occupations lui permettent de concentrer son attention et ses efforts, moins sur les moyens que sur le but de son travail. »

M. Louis Block, directeur d'école à Chicago, et littérateur distingué, dont nous avons eu grand plaisir à faire aussi la connaissance personnelle, a donné lecture d'un autre mémoire sur le même ordre d'idées par l'éminent Daniel C. Gilman, président de la célèbre université Johns Hopkins de Baltimore : il est d'avis que si l'on veut encourager les exercices manuels dans l'enseignement public supérieur et secondaire, avec la même ardeur qu'on a mise à encourager les exercices physiques et la culture athlétique, on obtiendra facilement des résultats non moins satisfaisants.

Rappelons encore les communications suivantes :

*Méthode pour enseigner la morale (Ethics) dans les écoles*, par Mistress Kate Tupper Galpin, de Pasadena, Californie;

*L'éducation des filles*, par Mistress H. Thane Miller, de Mount Auburn, Cincinnati, Ohio;

*De la Décoration intérieure des classes et des bâtiments scolaires*, par Mistress Mary Thompson Chaplin, de Boston, Massachusetts;

*La philosophie de l'outil*, par le Dr Paul Carus, Chicago;

*Notes sur l'histoire de l'éducation artistique dans les écoles publiques des États-Unis (common schools)*, par M. Ch. M. Carter, directeur de l'enseignement du dessin dans les écoles publiques de Denver (Colorado);

*L'enseignement industriel dans les écoles catholiques de filles*, par Miss Lily Alice Toomy, de San Francisco;

*L'éducation des femmes en Australie*, par Miss Julia Rappiport, d'Australie, mémoire lu par une dame de Chicago;

*L'éducation des enfants de couleur en Amérique*, par Mistress Fannie Jackson Coppin, de Philadelphie. Ce chaleureux plaidoyer pour les races nègres a été prononcé à la séance générale du soir, avec beaucoup d'éloquence et de conviction par une dame de couleur.

Un des mémoires les plus remarquables était celui d'une éducatrice très compétente, Miss Sophie Bryant de Londres (Angleterre), sur la fonction essentielle de l'éducateur : ce qu'il faut avant tout que se propose le *teacher*, suivant elle, c'est de faire penser les enfants.

Le frère Ambroise des Écoles chrétiennes de l'Illinois, parlant des écoles catholiques, a exposé que l'important en éducation est ce qu'il appelait *the spiritual training*.

Un intéressant discours de Mistress A. A. F. Johnson du collège d'Oberlin, discutant le pour et le contre de la coéducation, nous a fort intéressés; mais il s'agissait surtout de la coéducation dans les établissements d'enseignement supérieur, collèges et universités. Nous renvoyons les lecteurs curieux de se renseigner sur ce sujet pour l'enseignement primaire, au tome II du récent rapport du *Commissioner of Education* pour 1891-92, chapitre XXVI, chapitre suivi d'une copieuse bibliographie de la matière. Cette étude est le résultat d'une enquête ouverte par le Bureau d'éducation de Washington, qui a reçu de 40 États et 4 territoires des réponses plus ou moins explicites au questionnaire qu'il avait envoyé aux surintendants.

Voici d'abord les États et territoires qui ont répondu *que la coéducation des sexes était en vigueur dans toutes leurs écoles publiques* : Arkansas, Connecticut, Idaho, Illinois, Indiana, Indian Territory, Iowa, Florida, Kansas, Maine, Minnesota, Missouri, Montana, Nebraska, Nevada, New Hampshire, New Jersey, New York, North Dakota, Ohio, Oklahoma, Oregon, Rhode-Island, South Dakota, Tennessie, Utah, Vermont, Washington, West Virginia, Wisconsin, Wyoming (31 sur 48 États et territoires, c'est donc la majorité).

Voici ensuite les États où la coéducation est encore la règle, mais où il y a des exceptions pour quelques grandes villes :

Californie (il y a une *high school* spéciale de filles à San Francisco); Delaware (exception pour la ville de Wilmington); Géorgie (exception pour 4 villes); Kentucky (exception pour Louisville et Russellville); Louisiane (exception pour les *high schools* de la Nouvelle-Orléans); Maryland (exception pour 2 villes); Massachusetts, exception pour deux écoles secondaires de Boston; Mississipi (exception pour 4 villes); New Mexico (exception pour 3 villes); New Carolina, Texas et Virginie (exception pour une ville dans chaque État).

De ces renseignements officiels, il résulte, ainsi que le dit le rapport, que la *common school* américaine, ou école publique, « est une école où garçons et filles sont mêlés comme dans la famille ». Et la preuve que les parents approuvent ce système, c'est que près des deux tiers des écoles privées elles-mêmes sont également mixtes quant aux sexes.

Dans un éloquent mémoire sur l'instruction des femmes en Russie, le délégué du Ministère de l'instruction publique russe, le prince Serge Volskonsky, a décrit les cours normaux organisés par le département ecclésiastique, et les écoles diocésaines pour les filles du clergé russe, qui se préparent à la rude carrière d'institutrices de village; elles n'ont guère à attendre qu'un salaire de 12 roubles (30 francs) par mois, et qu'une vie monotone de pauvres paysannes, dans laquelle les seuls événements sont la visite d'un inspecteur, d'un membre du comité scolaire ou de la commission d'examen.

Deux autres mémoires à signaler encore, sur des questions aussi peu connues : celui de Mme Magnusson sur l'éducation des filles en Islande, et celui de Mme Esmeralda Cervantès sur l'éducation des femmes en Turquie. Le libéralisme du sultan a si vivement touché les dames présentes qu'une d'elles, miss Mary Wright Sewell d'Indiana, a proposé et fait voter un message de félicitations au Grand Turc pour l'intérêt qu'il prend à l'éducation féminine!

Il faut parler avec détails de la section du Congrès qui s'occupait des *Jardins d'enfants* et du frœbelianisme. J'ai déjà nommé M. et Mme Hailmann, de La Porte (Indiana), dont j'aurai à reparler à propos de leur exposition. M. Hailmann, président de la section, a écrit sur ce sujet qui lui tient à cœur des ouvrages devenus classiques en Amérique.

Le programme comprenait presque tous les aspects les plus attrayants du problème du Kindergarten, et il était entendu qu'aucune communication ne devait dépasser une durée de vingt minutes. Voici les principaux mémoires lus dans cette section, à laquelle nous avons regretté qu'une déléguée spéciale n'ait pas assisté pour représenter la France :

*Frœbel et son œuvre,* par le prof. W. N. Hailmann, surintendant des écoles de La Porte (Indiana) ;

*Chaque mère institutrice de jardin d'enfants (every mother a Kindergartner),* par Mme Sarah B. Cooper de Californie, présidente de la *Golden Gate Free Kindergarten Association,* la dévouée fondatrice d'un grand nombre de jardins d'enfants en Californie, et dont l'œuvre, ou plutôt l'apostolat, mérite les plus grands éloges (voir plus loin, Californie) ;

*Des rapports entre le jeu et le travail,* par Miss Angeline Brooks, de New York ;

*De l'instruction des maîtresses de jardins d'enfants,* par Mme Eudora Hailmann, déjà mentionnée, directrice d'une école normale privée de Kindergarten à La Porte (Indiana) ;

*De la musique comme un des facteurs de l'éducation première,* par le prof. W. L. Tomlins, de Chicago ;

*Anecdotes et contes au jardin d'enfants,* par Mme Kate Douglas Wiggin ;

*La religion de Frœbel,* par Miss Eleonore Heerwart (Allemagne) ;

*De la formation du caractère par le travail,* par M. Ch. Dickinson de Denver (Colorado) ;

*Le symbolisme dans l'éducation première,* par Mme Marion Foster Washburne, de Chicago ;

*Frœbel en Angleterre,* par Miss Emily Shireff, de Londres ;

*L'institut Frœbel à Naples,* par Mme de Portugall (mémoire lu par une dame de Chicago) ;

*Jardins d'enfants catholiques,* par Mme Emura White ;

*L'art au Kindergarten, Rapports présentés par l'Union internationale des Kindergarten,* et suivis d'une discussion ;

*Le beau, sa nécessité dans l'éducation,* par M. Hamilton Mabie ;

*Comment cultiver les aptitudes chez les enfants?* par Mme Alice Toomey ;

*Rapports du Kindergarten et de l'École du Dimanche,* par Miss Lucy Wheelock, de Boston (Chauncy-Hall school), une de ces nombreuses *teachers* américaines qui ont l'habitude de parler pour de grands auditoires ;

*Mission du Kindergarten dans les classes indigentes ;*

*Les jeux des enfants* (conversation et discussion ouverte, conduite par Mme Mary Boomer Page);

*Quel doit être le but de l'école normale de maîtresses de jardin d'enfants?* (discussion ouverte, conduite par Miss Mary Mc Culloh de Saint-Louis, Missouri);

Enfin deux à trois discussions très intéressantes aussi, la *Musique au Kindergarten* et les *Couleurs au Kindergarten.*

La discussion sur les couleurs, conduite par Miss Joséphine Locke de Chicago, a été l'occasion de communications originales par Mme Mary Dana Hicks de Boston, M. Walter S. Perry de Brooklyn, tous deux grands partisans de la méthode Prang, et surtout par le professeur Earl Barnes de l'université Leland Standford Junior à Palo Alto, Californie.

Ce dernier est un des fervents adeptes de la psychologie expérimentale, et nous aurons l'occasion de citer au cours de ce rapport plusieurs des minutieuses, mais toujours fort instructives et intéressantes enquêtes dont il a communiqué les résultats aux Congrès d'éducation. Sur ce sujet : *Du sens de la couleur chez l'enfant,* il a entrepris et poursuivi patiemment une longue série d'observations, d'après lesquelles il croit pouvoir déjà établir que les enfants ont des couleurs favorites; que le plus grand nombre d'entre eux choisissent d'instinct, comme plus attrayants pour leurs regards, par exemple le rouge, le jaune et le bleu, et ont peu de goût pour le vert ou le bleu verdâtre, du moins en Californie. Sur 996 enfants examinés, 213 ont choisi le rouge, 178 le bleu, 101 le jaune et 21 seulement le vert; les filles surtout aiment le rouge et le jaune. Ce n'est évidemment encore là qu'un premier pas dans une voie dont on n'aperçoit pas bien l'issue. Mais il ne faut pas décourager les initiateurs.

Une seconde communication du même éducateur au premier Congrès d'éducation portait sur un autre aspect de l'intelligence enfantine. Il s'agissait de savoir comment les enfants se représentent les objets les plus usuels et quelle description ils sont capables d'en faire. Le professeur Barnes avait fait distribuer à des centaines de petits Californiens et de petites Californiennes des listes de noms d'objets connus et d'un usage journalier, chaise, table, couteau, marteau, feu, eau, etc., et ils devaient expliquer par écrit ce qu'étaient ces objets. Les uns répondaient en décrivant la configuration extérieure de l'objet, d'autres en disant son utilité, d'autres en indiquant de quoi et comment il était fait, etc. En majorité, d'après le professeur Barnes, la définition donnée était tirée de l'utilité de l'objet; exemple : *couteau, chose pour couper avec,* etc. Il en concluait que l'enfant a un instinct pratique dominant, auquel l'éducation répondrait mieux, si elle passait moins de temps à faire connaître la structure, la couleur et la forme, et consacrait plus de temps à « montrer les rapports réels des choses avec la vie de l'enfant ».

Petits sujets sans doute; mais la psychologie et la pédagogie ont le devoir de ne rien négliger.

Le premier congrès s'est clos, en ce qui nous concernait, par une matinée de discussion entièrement consacrée à la biographie et à la pédagogie de Herbart, qui compte en ce moment en Amérique plusieurs disciples ardents. N'y a-t-il pas un peu de mode dans cette recrudescence d'engouement pour un philosophe si obscur? Toujours est-il que l'on semble espérer beaucoup là-bas de son influence, et que l'on commente beaucoup ses théories sur le rôle de la volonté chez l'enfant. Le professeur Levi Seeley de l'Université de Lake Forest (Illinois) a retracé la vie de Herbart; ses doctrines, comparées à celles de Kant, dont il a occupé la chaire à Kœnigsberg, ont été exposées par M. Ch. de Garmo, président de Swathmore-College, Pensylvanie. Enfin le professeur Elmer E. Brown de l'université de Californie, à Berkeley, près d'Oakland, a discuté la théorie de l'*intérêt* dans la doctrine d'Herbart [1]. Ces discussions abstraites n'ont probablement été comprises que d'une partie restreinte de l'auditoire. Elles sont cependant à noter comme un signe des temps.

1. Voir sur ce sujet les articles érudits de notre camarade M. Dereux dans la *Revue Pédagogique*, 1893, et surtout la belle étude et traduction abrégée de M. A. Pinloche dans les Travaux et Mémoires des Facultés de Lille, t. IV, 1894. Cf. deux articles du Dr W. T. Harris dans l'*Educational Review*, New York, mai 1893 et juin 1895. Ajoutons qu'il est assez singulier de voir les Américains si épris d'un pédagogue allemand qui est si peu en faveur chez les Allemands eux-mêmes. Car le Dr Klemm, du Bureau d'Éducation de Washington, envoyé récemment en mission en

En somme le bilan de ce premier congrès scolaire des dames était, on le voit, chargé, varié, attrayant même, pour les questions d'enseignement primaire; que serait-ce si nous parlions des autres sections?

Nous ne pouvons que répéter, en finissant ce bref compte rendu, les paroles par lesquelles le correspondant du *Journal of Education* de Boston ouvrait le sien :

*All honor to the women of Chicago!*


## II. — LE SECOND CONGRÈS D'ÉDUCATION.

### (Du 25 au 28 juillet.)

De ce deuxième congrès, il y aurait trop à dire. Ce sont de ces choses trop vastes, trop touffues pour être décrites en détail.

Du moins ici nous sommes en possession de documents et de documents complets. « Le recueil des travaux des congrès, quand il sera publié, constituera une véritable encyclopédie pédagogique », disait M. Compayré. Cette prévision est justifiée.

Un gros volume de plus de mille pages vient de nous arriver : il est intitulé : *Proceedings of the International Congress of Education of the World's Colombian exposition*, Chicago, July 25-28, 1893, *under the charge of the National Educational Association.* New York, 1894. Ce rapport monumental est publié par les soins de l'Association, et lui fait honneur, ainsi qu'au secrétaire chargé de la rédaction, M. le docteur N. A. Calkins, président du comité des *Trustees* de l'Association.

Il s'ouvre par une belle préface du Dʳ W. T. Harris, commissaire fédéral de l'Éducation, directeur du Bureau d'Éducation de Washington, et qui avait été désigné par le *National Educational Association* pour présider le *Committee of arrangements*, le Comité d'organisation du Congrès.

Allemagne pour étudier les Écoles normales, raconte que la grande majorité des professeurs de pédagogie en Allemagne inclinent pour Lotze, et laissent de côté Herbart. (*Report of the Commissioner of Education for 1891-92, p. 188.)*

Rappelant ce qu'avait fait ce *Committee of Arrangements* pour répondre à l'invitation de M. Bonney, le président universel de tous les congrès, et se félicitant d'avoir rencontré une cordiale coopération de la part de tous les délégués étrangers et américains qui ont accepté avec empressement de discuter les questions proposées par le Comité, il exprime la conviction que « la collection de mémoires réunis en volume, comme résultat des Conférences, est remarquable autant par la présence de travaux de grand mérite que par l'absence de cette classe d'écrits faibles et sans portée qui encombrent si souvent les rapports des réunions pédagogiques ».

Nous nous bornerons pour le second congrès, comme pour le précédent, à glaner à travers les nombreuses discussions et les nombreux mémoires, ce qui concerne plus spécialement l'instruction primaire.

Dès la séance d'ouverture, le D<sup>r</sup> Harris avait posé, d'après les vues du comité organisateur, les jalons de la route qu'il nous conseillait de parcourir dans le vaste champ de l'enseignement primaire.

« Quelles branches de science ou quelles branches d'instruction industrielle y a-t-il lieu, demandait-il, d'introduire dans les écoles élémentaires? jusqu'à quel point l'ancien programme d'études comprenant langage, calcul, géographie, histoire, doit-il reculer pour faire place aux nouvelles branches? »

La question du programme et de la corrélation des études, si discutée encore en ce moment outre-mer, était en effet la première sur laquelle on sollicitait nos avis, à la fois dans la section du travail manuel et dans celle de l'enseignement primaire proprement dit.

La deuxième journée de notre programme avait été ensuite cédée à la Société Nationale de géographie, pour donner place à une discussion sur les défauts de l'enseignement géographique actuel et sur les moyens d'y remédier.

La troisième journée devait être consacrée à un sujet qui est aussi bien à l'ordre du jour de ce côté-ci de l'océan que de l'autre, celui de l'enseignement civique et moral. « Tous ceux, ajoutait le D<sup>r</sup> Harris en nous invitant à une passe d'armes sur ce sujet, tous ceux qui sont familiers avec l'œuvre des directeurs de l'éducation populaire à l'étranger, principalement en Angleterre, en France et en Allemagne, savent l'importance qu'on y achela à l'enseignement civique et moral, et l'intérêt que provoque la question de savoir si l'enseignement religieux doit avoir ou non sa place dans les programmes d'études. Il y a en présence deux partis de sérieux éducateurs de l'un et l'autre sexe : l'un prétend que la séparation de l'Église et de l'État doit aller jusqu'à rendre l'école entièrement neutre et séculière; l'autre maintient que l'instruction religieuse doit conserver une place dans le programme à côté de l'enseignement de la langue et des sciences. »

Nous allons voir comment le congrès a traité ces sujets que présentait avec une si sereine impartialité le calme philosophe de Washington, préoccupé surtout de renseigner ses compatriotes avec une impeccable sincérité, et habitué à voir de haut l'ensemble des problèmes et à suivre sans passion, du fond de son observatoire, je dirais mieux de son « pensoir socratique », la bataille animée des opinions pédagogiques dans l'un et l'autre hémisphère.

Dans le chapitre que nous nous proposons de consacrer à l'exposition scolaire de Chicago, nous aurons l'occasion, à propos des diverses branches d'études que nous examinerons, de citer et de discuter un certain nombre de vues exposées par les principaux orateurs du Congrès d'Éducation. Qu'il nous suffise ici de faire ressortir le tour qu'ont pris les débats dans la *Section de l'Enseignement primaire*, et de tâcher d'indiquer l'orientation actuelle de la pédagogie américaine.

1° **Question du programme d'études de l'enseignement primaire.** — C'était le général John Eaton qui présidait la section de l'enseignement primaire. On sait quelle expérience il a acquise comme un des prédécesseurs du Dr Harris au Bureau d'Éducation. Nous n'oublierons jamais les relations si agréables, si fructueuses pour nous que nous avons eues avec lui lors de l'Exposition de la Nouvelle-Orléans, où non seulement il nous a grandement facilité la tâche, mais où nous avons eu le plaisir de le retrouver si souvent dans les séances d'un congrès analogue à celui de Chicago, et dans les opérations du jury international.

Son remarquable discours d'ouverture, d'une concision défiant presque la traduction, indiquait avec beaucoup d'élévation le rôle important de l'enseignement primaire, tel que le comprennent les éducateurs modernes, et posait d'une façon saisissante le problème de l'emploi de ces huit premières années, de six à quatorze ans, qui peuvent avoir tant d'influence sur la vie ultérieure, sur la destinée de l'enfant. « Dans l'enfant, disait-il, sont tous les éléments de l'homme futur. C'est l'âge où l'esprit se dirige moins lui-même et dépend davantage de l'éducateur. Dans cette phase, l'éducateur ne doit pas seulement, comme ailleurs, posséder à fond les matières qu'il enseigne, il doit encore avoir la capacité de les simplifier, de les adapter. Il ne s'agit de rien de moins que de la totalité de la vie de l'enfant, et de ce qui doit convenir au genre humain entier. C'est le point de départ de tous, la porte par laquelle tous doivent faire entrer leurs spécialités de labeur cérébral ou manuel. Même l'aveugle, le sourd-muet, le faible d'esprit, les exceptions de la nature, ne sont pas exceptés ici. Il faut qu'on s'adapte à leurs besoins.... On a beaucoup parlé des effets du *départ* sur l'*arrivée*. Avoir bien visé est la condition première pour ne pas manquer le but; et plus le but est haut, plus lointaine est l'étoile que l'œil veut atteindre, plus il faut de précaution et de méthode en visant. »

Il montre ensuite qu'on a peut-être trop demandé jusqu'ici au *teacher* la connaissance des sujets qu'il enseigne et pas assez la capacité d'éduquer. L'abstraction, qu'on peut admettre pour les esprits adultes, a été enseignée à l'enfant, à l'âge où son activité mentale dépend le plus des sens et de la sensibilité, et alors qu'il a tant besoin que tout lui soit présenté sous la forme concrète. Des méthodes excellentes pour l'enseignement supérieur ou secondaire peuvent être fatales dans les étapes élémentaires.

Puis il se demande quelles sont, parmi les matières à enseigner, celles qui sont universelles, celles qui sont spéciales, comment il faut les modifier pour les adapter à la nature, à la race de l'enfant, à son degré de développement, à son entourage physique, social, politique ou religieux. Tous les autres degrés d'enseignement ont intérêt à ce que l'éducation primaire soit universelle, à ce que ses principes soient exempts d'erreur.

Il insiste avec raison sur la merveilleuse impressionnabilité des enfants de l'âge primaire, et sur l'importance de ne leur donner que des impressions justes et qui puissent exercer une bienfaisante influence sur leur développement futur.

Essayant ensuite de faire un peu de statistique cosmopolite, ce qui est, comme on sait, la très légitime ambition des chefs de ce Bureau National d'éducation qu'il a lui-même longtemps dirigé, le général Eaton rappelle les chiffres récemment publiés par le Dr Harris, et d'après lesquels le contingent total des enfants recevant l'instruction primaire dans le monde serait de 100 millions!... Gros effectif sans doute; mais, si la moyenne de l'assiduité était partout par rapport à la population, ce qu'elle est dans certains pays, en Europe, en Allemagne par exemple, c'est-à-dire de 18 pour cent, ce ne serait pas cent millions, ce serait 367 170 000 enfants qui devraient fréquenter l'école primaire.

C'est donc 267 170 000 enfants qui manquent encore d'instruction sur la Terre.

Et après cette constatation, dont nous ne sommes pas en mesure de discuter les données, l'orateur gémit sur l'état de ténèbres auquel est encore réduite notre race, et sur l'étendue de la tâche qui reste à accomplir. « Heureusement, ajoute-t-il, notre génération se réveille de l'indifférence antérieure; les congrès internationaux d'éducation en sont une preuve. Nous sommes ici avec nos différences de race, nos caractéristiques variées d'environnement matériel, civil, social et religieux. Chacun a son devoir patriotique, mais tous nous sommes ici pour éduquer l'homme, pour former le caractère, pour préparer la fraternité universelle. »

Après avoir remercié le Dr Harris du programme qu'il avait tracé au congrès de l'enseignement primaire, le général Eaton a conclu en se félicitant que les discussions fussent conduites « dans une langue de plus en plus en faveur et en croissance, à l'ombre d'un drapeau qui est à l'avant-garde de la civilisation chrétienne, et sur un sol que garantit la plus grande liberté de parole et d'opinion dont l'homme ait encore joui ».

Ce discours d'ouverture, qui avait surtout envisagé les grands aspects de la question, avait plané au-dessus du sujet des programmes de l'enseignement primaire plutôt qu'il ne l'avait abordé. Les orateurs qui ont suivi sont entrés davantage *in medias res*.

La question posée était celle-ci : *Faut-il considérer la morale, le langage, le calcul, la géographie, l'histoire nationale, l'écriture et le dessin comme l'essentiel des études pour les enfants de 6 à 14 ans?*

Le Dr Joseph L. Pickard, de la ville d'Iowa (État d'Iowa), répond par un exposé systématique, basé sur une étude attentive de la nature humaine; il croit découvrir trois capacités principales, que l'éducation doit satisfaire : la capacité sociale, la capacité industrielle et la capacité civique.

L'honorable M. L. H. Jones, surintendant des Écoles d'Indianapolis, a traité le même sujet sous une forme encore plus scolastique et syllogistique, procédant par thèse et antithèse, mineure et majeure, etc. Mais ses vues étaient aussi très élevées. Il ne voudrait rien retrancher au programme des études primaires formulé par le comité organisateur du congrès, mais il est préoccupé tout d'abord de cette question : Quelle est la véritable fin de l'éducation élémentaire? « Question, a-t-il dit, aussi vieille que la race et cependant aussi nouvelle, aussi fraîche que la rosée de chaque nouveau matin. » Selon lui, il faut trouver à l'éducation un but équivalent en dignité avec la nature du sujet à qui cette éducation est destinée. « D'une manière abstraite, je considère, a-t-il dit, que le but de l'éducation est de réaliser la perfection actuelle, les possibilités de chaque être humain, c'est-à-dire de développer ou d'amener à la plénitude de l'existence de fait l'être humain idéal. »

Il poursuit en demandant « l'harmonieux développement chez l'enfant des puissances qui appartiennent à l'être humain en vertu de sa ressemblance idéale avec le divin »; il veut qu'on lui enseigne, des arts et des sciences, de l'histoire et de la littérature, « ce qui suffira à le rendre capable de s'acquitter convenablement des devoirs de la vie ».

Examinant ces sujets d'études par groupes, il trouve « que le langage, l'écriture et le dessin, considérés en eux-mêmes, ne sont que des arts dont le but est de produire l'habileté (*skill*). Ce n'est que quand ces branches servent à l'expression d'idées dont l'origine se trouve dans un autre champ de pensée, qu'elles deviennent assez chargées de pensée, de sentiment et de capacité motrice pour former un facteur individuel dans le développement spirituel. » Les autres branches (la morale exceptée), la géographie et l'histoire, réduites à leur forme ordinaire, ne lui paraissent pas davantage capables de fournir « ces idées qui nourrissent et développent l'esprit en vue de sa céleste ressemblance ». Toutes ces études ne peuvent « que donner à l'enfant une armure et une épée de géant, tout en le laissant pygmée, c'est-à-dire incapable de revêtir l'une comme de porter et de brandir l'autre ».

Sont-ce donc d'autres sujets d'étude que recommande M. Jones? non, mais une manière différente d'enseigner ceux qui composent la liste proposée. Il veut, par exemple, pour l'histoire nationale, qu'elle soit enseignée « de façon à amener l'enfant à aimer son pays parce que ses institutions sont *dignes* et ses associations *sacrées*; il veut que l'histoire, outre ses catégories de temps et lieux, soit considérée comme les annales du progrès vers la liberté, que chaque institution, y compris l'origine de l'État, y apparaisse comme une instrumentalité que la race a créée et emploie pour son avancement; de cette façon l'esprit de l'enfant sera nourri et fortifié, et quelque chose de plus élevé que la simple prudence pénétrera dans le caractère de l'élève et servira à diriger sa conduite ». Il demande que les autres branches soient interprétées de même et enseignées d'après leur philosophie, leur portée élevée; et, si l'on y ajoute la musique, dont l'influence est si moralisante, il se déclare satisfait du programme proposé.

C'est dans ce débat que le représentant du Ministère de l'instruction publique, auteur du présent rapport, a été invité à exposer le programme des études primaires de France. Cela lui a donné l'occasion de dire comment notre programme avait été rédigé et de rappeler l'institution et le rôle du Conseil supérieur, ce Parlement consultatif de l'instruction publique, qui est un des traits les plus originaux et encore les moins connus de notre nouveau régime. L'auditoire a paru approuver entièrement le programme français et admirer sur tout, comme une preuve de sincère esprit républicain, l'élection de six représentants par les instituteurs primaires eux-mêmes[1].

Le Dr B. A. Hinddale, professeur de pédagogie à l'université de Michigan, à Ann Arbor, insiste aussi sur la façon d'enseigner l'histoire, pour qu'il en ressorte de grandes leçons de sagesse politique, de patriotisme, de civisme, de moralité, et même de religion au sens élevé de ce mot.

Parlant ensuite du langage, il se demande s'il faut l'enseigner comme un art ou une science. Il montre que l'on apprend à parler en parlant, à écrire en écrivant, à penser en pensant, que l'étude de la grammaire peut nous éviter quelques erreurs et solécismes, nous corriger de quelques habitudes fautives, mais non remplacer la pratique. « J'ai entendu, ajoute-t-il, des hommes faire de beaux discours, employer une langue excellente, sans avoir jamais étudié la grammaire de leur vie; j'ai connu des gens capables d'écrire de belles lettres, de beaux articles de journaux, voire même un bon livre, sans avoir de connaissance formelle et technique de la grammaire. D'autre part, j'ai vu beaucoup de gens qui travaillaient des mois, des années sur la grammaire technique, et qui ne pouvaient jamais écrire une bonne lettre, faire un discours, ni même soutenir convenablement une conversation. Que faut-il conclure de ces deux faits? C'est que le langage, parlé ou écrit, peu importe, est avant tout un art, et qu'en second lieu, considéré comme une science, il ne peut nous être utile qu'à un degré secondaire et subordonné. Et l'application pratique de ce raisonnement, c'est que nous ferions un grand pas si nous arrivions à mettre dans la tête des éducateurs que le langage est avant tout un art qui s'acquiert par imitation, tandis que l'étude réfléchie de

---

1. On trouvera notre communication telle que nous l'avons prononcée en anglais, dans le *Recueil des Proceedings* du Congrès, sous ce titre : *What should be the curriculum in public Schools? — Some aspects of the question in France,* by B. Buisson, *delegate from the Ministry of public instruction,* p. 262 à 266.

la grammaire ne peut servir que plus tard, et seulement dans un sens secondaire et subsidiaire. »

Plus importante nous paraît la communication de M. Woodward, l'organisateur si connu et si compétent de l'enseignement du travail manuel à l'université Washington de Saint-Louis, Missouri[1]. A la question suivante, qui n'était guère qu'une autre forme de la précédente : *Que faut-il ajouter aux branches essentielles du programme d'études primaires, pour satisfaire aux besoins industriels des localités?* — il répond : « Ajoutons très peu de chose, et même n'ajoutons rien, du moins en Amérique, et cela parce que l'instruction primaire doit rester large, générale, *non-professionnelle, non-occupationnelle*; donc il n'y a pas de raison suffisante pour l'addition d'éléments locaux. » Il admet toutefois qu'en Europe on ait raison de s'occuper des industries locales et de mettre les enfants, dès douze ou treize ans, dans des écoles manuelles d'apprentissage, de tissage, de teinture, de verrerie, de papeterie, de fabrication de jouets ou dans d'autres écoles analogues établies par les gouvernements. Dans une localité vouée à une certaine industrie, tout se concentre, dit-il, autour d'elle. Aussi longtemps que cette industrie prospère, on a besoin de tous les enfants de la localité pour en faire des apprentis et ensuite des ouvriers. Un Américain est toujours surpris de voir comment, dans une localité de tissage de soie par exemple, on parvient à initier les enfants aux moindres détails minutieux des procédés de la manufacture de la soie, et à tous les principes scientifiques qui s'y rattachent. Il en résulte sans doute une dextérité, un fini extraordinaire de main-d'œuvre. Le voyageur qui visite un de ces centres industriels ne peut s'empêcher d'approuver ce système... pourtant il y en a encore un meilleur. Comme je l'ai dit, tant que l'industrie prospère, la communauté, la localité qui s'y est vouée prospère aussi; mais quand l'industrie décline, soit que l'objet ne soit plus demandé, soit qu'ailleurs on ait trouvé, par l'introduction d'une machine remplaçant la main-d'œuvre, les moyens de faire une dangereuse concurrence, la communauté est

---

1. Voir plus loin, Rapport de M. Eug. Martin sur le travail manuel.

ruinée, et les ouvriers formés par un apprentissage trop étroit ont de la peine à se refaire ailleurs des moyens d'existence, et tout le raffinement qu'ils avaient acquis ne leur est d'aucune utilité. Je crois le plan américain meilleur pour plusieurs raisons. D'abord nous n'avons pas d'industries gouvernementales ou municipales, et il faudra longtemps avant que nos manufactures passent aux mains de l'État. En dépit des visions de Bellamy, le romancier célèbre, nous nous arrêterons, pour l'intervention de l'État, aux entreprises d'eau et de gaz, aux chemins de fer et aux télégraphes, pour quelque temps du moins. »

Il reproche encore à l'enseignement manuel qu'on donne aux jeunes enfants d'avoir une tendance forcément conservatrice, autoritaire, qui enraye l'esprit d'originalité et d'invention. On leur enseigne la routine, on leur fait faire, sans explication, ce qu'ont fait les ouvriers du temps passé.

Nous nous étonnons de cette objection de M. Woodward, car c'est précisément dans une école professionnelle qu'on peut dégager les apprentis de cet esprit de simple routine qui règne dans l'atelier. Du reste il semble bien que M. Woodward est partisan décidé du système de nos écoles primaires supérieures et professionnelles, plutôt que du système de l'école manuelle d'apprentissage, car il termine en recommandant que l'école ait beaucoup de portes de sortie, qu'on y apprenne largement les principes et procédés de plusieurs métiers, pour finir par se concentrer sur un, et il ajoute : « Ce système empêche un conservatisme étroit et stimule l'invention. L'âge de l'invention ne fait que poindre et le travail manuel est comme le souffle de ses narines. C'est pourquoi je n'ai pas d'inquiétude pour les industries américaines, quoique nous n'ayons pas d'apprentissage manuel dans nos écoles élémentaires. » Il proteste encore contre le danger de n'avoir qu'une corde à son arc, c'est-à-dire de n'être bon qu'à un seul métier, de faire dépendre toutes les chances d'un seul fil. « Au contraire, pour changer de métaphore, dit-il, l'enfant qui a reçu une éducation, une préparation convenable, retombe toujours sur ses pieds en temps de protection ou de libre-échange, sous le règne de bimétallisme, or ou argent, ou sous tout autre système, avec ou sans grèves. Et le plan d'instruction purement générale dans les écoles élémentaires est celui de la liberté. Très dangereuse est l'idée d'une prédestination par des conditions extérieures à une profession particulière, que ce soit celle de dessinateur, ou de prédicateur, de boulanger ou de banquier. Avant tout, développez le jeune garçon et laissez-le découvrir ensuite lui-même et d'une façon décisive les demandes, les occasions et les possibilités de son entourage. Notre devoir est de supposer que chaque enfant tirera de lui-même le meilleur parti possible, qu'il sera un facteur actif, qu'il gagnera sa vie, bâtira lui-même son *home*, achètera ses livres, ses tableaux, son piano, avec l'argent gagné par lui. Nous devons le rendre capable de « savoir gagner et de savoir dépenser son argent, et je crois que ce qui est le plus grand bien pour l'individu est aussi le plus grand bien pour l'État. Je n'ai pas discuté la nature du programme primaire : j'ai admis, bien entendu, qu'il serait large et harmonieux : tout ce que j'ai voulu établir, c'est qu'il ne fallait pas le rétrécir, l'entraver par ce qu'on appelle les exigences locales. »

L'honorable P. Marble, surintendant des Écoles Publiques de Worcester (Massachusetts), approuve aussi l'instruction qui vise uniquement la culture de l'esprit et du cœur, en n'introduisant le travail manuel que comme contribuant à cette culture générale. Sans préoccupation non plus des industries locales il recommande l'étude des forces de la nature, c'est-à-dire, non la lecture de manuels de physique, chimie et histoire naturelle, mais des conversations et des cours faits par des *teachers* connaissant à fond le sujet et sachant l'enseigner objectivement, de façon à éveiller chez les élèves un vif intérêt pour la nature, ses forces, ses moyens d'action, la vie végétative et animale, etc., et s'efforçant d'encourager l'esprit d'observation et d'invention.

**2° Question de l'enseignement civique et moral à l'école primaire.** — *Ont pris part à cette discussion* : M. W. A. Mowry, surintendant des Écoles de Salem, Massachusetts, et Miss Catherine H. Spence d'Adélaïde (South Australia); puis le Dr E. E. White de Columbus, Ohio, abordant le sujet sous une autre face, a traité de *la religion à l'école*; enfin MM. Zalmon Richards, de Washington, D. C. et George P. Brown, de l'École normale de l'État d'Illinois, l'ont suivi sur le même terrain.

Le mémoire du Dr White était un chapitre de son beau livre *School management* [1], qui vient de paraître et où il a résumé sa longue expérience. Tout en concédant que la morale est en corrélation avec l'idée de divinité, et qu'il n'y a pas de meilleure force contre la tentation que la claire conscience qui dit : « Tu me vois, ô Dieu! » et qu'enlever à l'éducation à l'école la pensée de cet *œil omniscient*, c'est comme en enlever le soleil, il ne veut admettre la religion à l'école qu'autant qu'elle est nécessaire pour rendre efficace l'éducation morale. La religion n'est pas le *but* de l'école, elle n'y est qu'un *moyen* d'éducation morale. On doit laisser « à d'autres agents que l'instituteur le soin de donner cette instruction religieuse qui a pour but le salut des âmes ».

« L'école américaine suppose, dit-il, que la famille et l'Église ont donné quelque attention à l'instruction religieuse des enfants, et qu'ils ne sont pas entièrement ignorants de l'existence de Dieu, de notre responsabilité vis-à-vis de lui, et d'autres croyances d'importance première. C'est pourquoi elle ne fournit pas formellement d'instruction dans les connaissances religieuses, mais se sert de ces connaissances pour un but moral, exactement comme l'État se sert des sanctions religieuses pour ses fins particulières. Par exemple quand un témoin se présente au tribunal pour faire une déposition on ne lui enseigne pas la croyance religieuse, mais on réveille, on fortifie l'autorité de sa conscience par un serment qui en appelle au Scrutateur omniscient des consciences et des cœurs. »

Les partisans de la morale indépendante à l'école étaient-ils

---

1. *School Management, a practical treatise for teachers and all other persons interested in the right training of the young,* by Emerson E. White. A. M., LL. D., New York. Cincinnati. Chicago. American Book C°, 1894. La principale partie de cet excellent ouvrage roule sur l'éducation morale de l'enfant. *moral training, a training that prepares him to be a self-governing being.* L'auteur insiste sur l'éducation de la volonté, sur les sept vertus scolaires : régularité, ponctualité, propreté, zèle, silence, activité, obéissance; sur la valeur morale des devoirs scolaires, les stimulants et moyens d'encouragement (*school incentives*), les punitions; puis viennent 30 excellents canevas de leçons de morale, etc.

en majorité au Congrès? Nous ne pourrions que faire des conjectures sur ce point, puisqu'il n'y a pas eu de vote; mais nous pencherions pour l'affirmative.

**3° Autres questions traitées dans la section de l'enseignement primaire.** — *Faut-il que les écoles rurales enseignent l'agriculture, la chimie, la botanique agricole ou l'arboriculture?* par Ergraff de Kovalevsky, délégué du Ministère de l'instruction publique de Russie. Rappelant ce qui se fait en certains pays, M. de Kovalevsky déconseille l'usage des leçons théoriques d'agriculture à des écoliers; il préfère qu'on leur donne de courtes notions agricoles à propos des lectures qui ont trait à la matière, ou dans les promenades et excursions, ou au moyen de jardinets qu'on les charge de cultiver. Les écoles ont contribué beaucoup à relever depuis longtemps en Allemagne le goût de l'arboriculture. Les jardins scolaires sont, dit-il, au nombre de 18 000 en Russie, de 50 000 en France, de 9 000 en Autriche, de 3 500 en Belgique, de 2 500 en Suisse. Il approuve vivement la méthode René Leblanc et la recommande pour l'enseignement des sciences physiques et naturelles qui se rapportent à l'agriculture.

*L'enseignement par les projections lumineuses*; communication par M. Gustave Serrurier du Havre, qui rappelle les services rendus par la *Société de l'enseignement par l'aspect*, si universellement connue et dont l'exemple a été suivi en Amérique.

*Adaptations de l'enseignement à certaines infirmités*[1]. Sous ce titre le général Eaton introduisit dans le Congrès un sujet des plus intéressants, celui de l'éducation d'une jeune fille américaine, privée par un accident, à l'âge de dix-huit mois, de la vue et de l'ouïe, et que l'on est parvenu cependant à instruire et à cultiver intellectuellement et moralement au plus haut degré. « Tout le monde connaît, nous a dit le général Eaton, le cas, si souvent cité par les psychologues, de Laura Bridgman, aveugle et sourde-muette, qui, grâce au toucher seul, apprit à lire, mais sans pouvoir parler. Il y avait dans la petite ville de Tuscumbia (Alabama) un enfant, la fille aînée du major Arthur Keller, qui

---

1. *Addresses and Proceedings*, p. 391. Voir aussi *Revue pédagogique*, août 1893, p. 125.

devint aveugle et sourde peu de temps après sa naissance. On appela de Boston, de l'institution Perkins pour les aveugles, une institutrice, Miss Sullivan, qui s'est dévouée à sa tâche et a réussi à apprendre à sa jeune élève à lire sur ses lèvres. Miss Sullivan et son élève Miss Helen Keller sont aujourd'hui devant nous sur cette estrade. »

Nous avons alors assisté à une scène des plus étonnantes. Miss Helen Keller, âgée d'environ quatorze ans, parlait en effet très bien et, en passant légèrement le bout de ses doigts sur les lèvres de Miss Sullivan, elle comprenait par le toucher ce que disait celle-ci. Ainsi quand nous lui faisions une question, Miss Sullivan la lui répétait; la jeune Helen la lisait sur ses lèvres et y répondait tout haut. On lui a demandé de réciter un psaume, de nommer les livres qu'elle avait lus, et de dire ceux qu'elle préférait : elle répondit avec un sourire de joie, quoique un peu embarrassée de ses souvenirs : « Je crois que j'aime le mieux *Little Lord Fauntleroy*, *Little Women*, *the Vicar of Wakefield* et *When the Ship comes home* ». Bien entendu, lire pour elle veut dire suivre avec le toucher le mouvement des lèvres de Miss Sullivan qui lui lit les jolis ouvrages qui la ravissent. Quelqu'un demanda : « Comment lui a-t-on fait comprendre l'idée de *bonté*? » — « Peu à peu, répondit son institutrice; en lui disant à propos de certaines choses : cela est bon, cela est beau. » Et elle expliqua les difficultés des premiers temps. Quelqu'un demanda encore si, au commencement, pour lui faire lire ses paroles sur ses lèvres, Miss Sullivan ne devait pas forcer ses mouvements et les exagérer. — « Oui, répondit celle-ci, c'est ce que j'ai fait, mais je le regrette; je crois qu'elle aurait aussi bien appris si j'avais parlé naturellement, comme je lui parle à présent, et elle n'aurait pas pris l'habitude d'imiter mes mouvements exagérés, habitude qui lui donne encore ce ton un peu saccadé. — A-t-elle un vocabulaire étendu? — Oui, très étendu, celui des livres. Peu d'enfants de son âge ont un vocabulaire plus étendu. »

Le général Eaton, ému comme nous l'étions tous, de ce touchant spectacle, proposa un vote de remerciements bien mérités à Miss Keller et à Miss Sullivan; cette dernière, en répondant, nous assura que l'on ne pouvait pas voir d'enfant plus douce que son élève, qui, depuis sept ans qu'elle la connaissait, n'avait jamais eu un moment d'impatience ou de colère.

On ne peut qu'admirer ce miracle de dévouement pédagogique ; comme l'a très bien dit M. Steeg dans la *Revue pédagogique*, c'est à force de patience, d'ingéniosité et d'amour, que la jeune institutrice « a pénétré dans cette forteresse qu'on pouvait croire imprenable, et y a fait entrer la lumière de l'intelligence, de l'imagination, de la raison, de la science : elle a ouvert cette âme à la vie intellectuelle et morale ».

Assurément on ne pouvait pas présenter à un Congrès d'éducation une plus intéressante, une plus encourageante preuve du pouvoir de l'éducation.

Dans une autre section du Congrès, la section spécialement chargée de discuter l'*éducation professionnelle des maîtres* (*department of professional training of teachers*), nous trouvons aussi de très précieux renseignements, soit sur les méthodes suivies en Amérique et dans d'autres pays, soit sur les modifications proposées par d'éminents éducateurs. Nous ne faisons qu'indiquer ici brièvement les principaux sujets traités à ce Congrès, en nous réservant de citer les opinions les plus dignes d'attention, au fur et à meure que nous parlerons des écoles normales, en analysant les expositions des divers États américains et étrangers.

Le président de cette section était le principal de la célèbre École normale de l'État de New York à Oswego, le Dr E. A. Sheldon. Son discours d'ouverture s'adressait d'abord aux délégués étrangers auxquels il assurait modestement que la jeune Amérique, qu'on leur représente souvent comme « se suffisant à elle-même et comme un peu « égoïste », voulait au contraire en ce jour s'asseoir à leurs pieds pour écouter, aussi prête à apprendre qu'à enseigner ». Parlant de son expérience personnelle à Oswego, il pense que cinquante est le nombre maximum d'élèves-maîtres qu'on peut former à la fois dans une École normale, même quand elle possède, comme Oswego, une École annexe très considérable de plusieurs centaines d'enfants. Il a ensuite demandé à consulter le Congrès sur trois points spéciaux : 1° sur le programme d'études des Écoles normales, qu'il croit trop chargé en Amérique ; — 2° sur l'opportunité et la possibilité de faire apprendre le travail manuel aux futurs maitres; — 3° enfin sur les moyens de les rendre aptes à l'enseignement de la gymnastique et de la culture physique.

Ce sont en effet les principales questions à l'ordre du jour de l'autre côté de l'Océan, en ce qui concerne les Écoles normales.

Voici les titres de quelques-uns des mémoires présentés à la section :

*La graduation des Écoles normales*, par Thomas Kirkland, principal of the normal School, Toronto, Canada. Il recommande cinq types gradués d'écoles normales allant jusqu'aux écoles spéciales de pédagogie et aux chaires d'éducation de l'Université.

*Valeur du stage pratique à l'École annexe (model School) et dans les Écoles normales*, par Miss Fannie S. Guptill de Minneapolis, Minnesota. Excellents conseils pratiques sur la manière d'exercer, de critiquer — sans les décourager — les jeunes débutantes.

*Comment faudrait-il initier aux méthodes d'enseignement les élèves de l'École normale?* par Signor Giacomo Oddo Bonaféde, directeur de l'École normale d'Alvellino, Italie (mémoire lu par Miss C. L. Place en l'absence de l'auteur). Celui-ci remarque que les meilleurs maitres sont ceux qui ont fait de la philosophie et souhaite qu'on fasse plus large place à la psychologie dans l'enseignement normal en Italie.

*Des méthodes pour la formation des teachers au Collège normal de Wesminster. Angleterre*, par M. Joseph Cowham, professeur d'éducation et de méthodes à l'École normale wesleyenne de Westminster (Londres) : mémoire très suggestif, suivi d'une discussion animée.

*Les besoins importants des Écoles normales actuelles*, par George A. Walton, State agent of the Board of Education, Massachusetts, qui a présenté comme modèle, au point de vue du stage pratique et de l'apprentissage professionnel, l'École normale de New Britain, Connecticut; grande école de 300 *students*, avec *model-school* de 500 enfants; nombreuses leçons-modèles faites aux enfants devant les élèves-maitresses par le professeur de méthodes et par un autre professeur spécial de pédagogie pratique appelé *critic-teacher*.

*Les Écoles normales dans l'État de New York*, par Fr. S. Cheney, principal de l'École normale de Cortland, N. Y. (Voir plus loin *État de New York*.)

*Vue sociologique et idéale des Écoles normales*, par Daniel Fulcomer, président du Michigan College, appelé aussi *Normal University*, à Grand Rapids, Michigan. C'est un fort éloquent plaidoyer pour les Écoles normales de l'avenir, purement professionnelles, enseignant la théorie, l'art et l'histoire comparée de l'éducation, la psychologie enfantine, l'*éthologie*, selon le mot de Stuart Mill, ou formation du caractère, et la méthodologie, etc.

Rapprochons de ce mémoire celui du Dr Edw. Brooks, surintendant des écoles de Philadelphie, intitulé *l'École normale idéale* [1].

*L'enseignement des Écoles normales devrait-il être entièrement professionnel?* par Francis B. Palmer, principal de l'École normale de Fredonia, New York.

*Différences entre les études à l'École normale et à l'École secondaire ou High School,* par le Dr Malcom Mc Vicar, surintendant de la Freedsman School Society (Société des missions baptistes à l'extérieur), de Brooklyn (New York).

Vint ensuite une discussion à laquelle prirent part MM. le Dr J. M. Harper, inspecteur des Écoles d'enseignement supérieur de la province de Québec, Canada; James M. Green, principal de l'École normale de Trenton (New Jersey); et surtout l'éminent Dr G. Stanley Hall, président de Clark University.

Une des communications les plus importantes et les plus remarquées a été le mémoire de notre collègue M. Eugène Martin, alors directeur d'École primaire supérieure, aujourd'hui inspecteur primaire à Montargis, qui a d'abord retracé historiquement l'origine de nos Écoles normales, y compris celles de Fontenay et Saint-Cloud, et en a ensuite expliqué le fonctionnement. La réunion a posé de nombreuses questions auxquelles M. Martin a répondu avec beaucoup d'à-propos et de précision, en excellent anglais. En somme notre organisation relative à la préparation du personnel a paru à cet auditoire expert on ne peut plus satisfaisante, bien que nous n'ayons pas encore établi comme l'ont fait certains pays, et comme l'ont réclamé plusieurs orateurs, des écoles de pédagogie proprement dites, ni octroyé à qui que soit le titre peut-être un peu ambitieux de docteur en pédagogie.

C'est de ce doctorat, sujet tout actuel, qu'ont traité M. Jérome Allen et M. Edw. R. Shaw, tous deux professeurs de pédagogie à l'Université de la Cité de New York. Le mémoire du premier était intitulé : *Que faut-il exiger pour l'examen des candidats au diplôme du doctorat en pédagogie?* Le même sujet fut encore abordé par un autre éducateur, M. Ch. M. C. Murry, de la State Normal University d'Illinois, et par MM. S. G. Williams,

<hr>

1. *Addresses and Proceedings*, p. 151.

de Cornell University, Edgar Dubs Shimer, de l'École de pédagogie de l'Université de la Cité de New York, et aussi par M. Earl Barnes, professeur d'éducation à l'université Leland Standford de Palo Alto, Californie, déjà plusieurs fois mentionné.

Enfin, après une discussion de ces mémoires par M. T. B. Stovell, Ph. D., principal de l'École normale de Potsdam (New York), la section a entendu un mémoire, plein de vues originales, sur *l'Étude ou l'observation des enfants (Child Study)* dans ses rapports avec la formation professionnelle des teachers, par Miss Margaret K. Smith de l'École normale d'État à Oswego (New York).

Il a manqué au Congrès une de ses principales attractions attendues : le rapport du *Comité des Dix* [1], comme on disait par abréviation, c'est-à-dire le Rapport sur les études des écoles secondaires, dont le Congrès de 1892 de la *National Educational Association*, tenu à Saratoga, avait chargé dix de ses membres les plus éminents. On avait espéré que les résultats de l'enquête ouverte par ce *Comité des Dix* et par les neuf sous-comités qu'il s'était adjoints seraient présentés et discutés en juillet 1893 à l'important Congrès de Chicago; mais le rapport n'a paru qu'au commencement de 1894. A ne voir que le titre de ce rapport on pourrait croire qu'il s'occupe seulement des écoles secondaires, préparant aux collèges et aux universités; mais comme les réformes demandées par les rapporteurs exigent nombre de modifications dans le programme et les méthodes d'enseignement de l'école primaire élémentaire (*primary and grammar grades*), nous ne pouvons passer entièrement sous silence cet important document, « le plus important document qui ait été jamais publié dans ce pays », dit le Dr Harris. Le président du Comité des Dix était l'éminent président de l'Université Harvard, si connu pour avoir, depuis vingt-cinq ans qu'il dirige ce grand centre d'études, relevé l'idéal du haut enseignement, et par suite de l'enseignement à tous les degrés, et exercé sur le monde enseignant en général une très heureuse influence dans le sens de la liberté.

1. Washington, 1893. Government Printing Office, 249 p.

Ce qui est surtout intéressant à retenir pour nous dans les conclusions du rapport élaboré par cette élite des éducateurs américains et par les personnes les plus compétentes pour juger des choses scolaires, c'est qu'en somme, quoique avant tout préoccupés de relever le niveau et d'augmenter l'intensité des hautes études, les rapporteurs n'hésitent pas à poser en principe que le futur étudiant d'université n'a pas besoin de commencer son instruction ailleurs que dans la *common school* populaire et la *high school* publique et démocratique. Ils reconnaissent que l'école primaire américaine, en étendant son programme, en y admettant, outre les sujets essentiels, les premières notions de science usuelle, d'histoire, de géographie, de dessin, peut suffire même à la préparation des jeunes gens qui projettent de fortes études littéraires ou scientifiques.

Parmi les vœux exprimés qui touchent à l'école primaire notons les suivants :

Le sous-comité des mathématiques voudrait qu'on enseignât dans les écoles primaires, outre l'arithmétique générale, les éléments de l'algèbre, et que l'on enseignât la géométrie concrète conjointement avec le dessin;

Le sous-comité des sciences (physique, chimie, astronomie) demande que l'étude de la nature forme une part importante du curriculum primaire;

Le sous-comité de l'histoire naturelle demande qu'on enseigne à l'école primaire les éléments de la botanique et de la zoologie;

Le sous-comité de l'histoire désire voir commencer dès l'âge de dix ans l'étude méthodique de l'histoire, en commençant par la mythologie et en continuant par des biographies préparatoires à l'histoire générale et à l'histoire nationale;

Le sous-comité de géographie demande aussi que la géographie générale du globe, la description de la terre, de son entourage et de ses habitants servent de base aux études géographiques primaires.

Nous ne croyons pas nous tromper en disant que cette tendance de la jeune Amérique à élargir le programme primaire donne raison à ce qui a été précisément la pensée dominante de notre Conseil supérieur dans l'élaboration de nos programmes, où l'on a essayé d'introduire des arrangements comme ceux que souhaite le *Comité des Dix*.

Le *Comité des Dix* [1] ne se dissimule pas que la réalisation de cet idéal nécessitera dans les écoles primaires, les *high Schools* et les Écoles normales, l'emploi de maîtres mieux préparés, *more highly trained*, possédant une instruction plus approfondie, *a higher grade of scholarship*; mais il a foi dans les ressources dont disposent déjà les Écoles normales et les Universités, pour former à bref délai le corps enseignant d'élite dont il sent que le pays a besoin.

En somme, de ce que nous avons entendu au Congrès de Chicago comme de ce que nous avons lu dans les importants documents qui l'ont complété, il semble bien ressortir que la pédagogie d'outre-mer est à peu près engagée dans les mêmes voies que la nôtre.

Ce qu'elle demande comme nous, c'est un enseignement primaire de plus en plus intuitif par la forme de plus en plus pratique et directement utile par le fond, mais à condition que l'on considère comme de première utilité l'ouverture de l'esprit, la formation du caractère, l'entraînement au bien de la volonté, l'éducation du cœur et du patriotisme. Elle souhaite aussi comme nous un corps enseignant de plus en plus préparé à sa mission spéciale, d'abord par de plus fortes études générales, puis par un apprentissage et un stage professionnal théorique et pratique de plus en plus attentif et sérieux, de plus en plus éclairé par la psychologie rationnelle et expérimentale, et ne négligeant rien de ce qui peut rendre l'instituteur plus apte à enseigner et rehausser à ses propres yeux, la dignité de l'enseignement.

---

1. A la dernière heure, nous recevons un autre rapport qui nous intéresse encore plus directement, celui du *Comité des Quinze* (*Committee of Fifteen*), élu aussi par la *National Association* en 1893, composé d'éminents surintendants de l'instruction publique aux États-Unis, et chargé d'élaborer un projet de réformes concernant l'enseignement primaire. Le questionnaire préparé par ce Comité pour être adressé à toutes les personnes les plus compétentes en matière d'éducation roulait sur trois problèmes principaux : 1° la corrélation des diverses matières d'enseignement dans le *curriculum* ou programme d'études primaires; 2° la formation professionnelle des maîtres; 3° de l'organisation administrative de l'instruction primaire, rôle des *School Boards*, des *Surintendents* et autres autorités scolaires. (Voir un article de M. Compayré, *Revue pédagogique*, juillet 1895.)

# CHAPITRE II

## Coup d'œil général sur la section scolaire.

En passant du Congrès d'éducation à l'exposition scolaire, nous continuerons à nous occuper surtout de l'enseignement primaire et de ce qui s'y rattache, c'est-à-dire des questions concernant l'organisation de l'enseignement destiné aux enfants de six à quatorze ans, et aussi à ceux des élèves des *public high schools* qui ne font que des études primaires supérieures.

C'était surtout dans la galerie supérieure du gigantesque Palais des Manufactures et des Arts libéraux que l'on avait réuni la plus grosse partie de l'exposition scolaire américaine et étrangère. Le directeur de cette colossale construction, le Dr Selim H. Peaboby, chef du département des Arts libéraux. avait eu grand'peine, il nous l'a raconté lui-même, à trouver l'emplacement nécessaire à l'exposition de l'enseignement; ce n'était qu'à la onzième heure qu'on lui avait définitivement concédé pour cet objet la galerie du Palais des Manufactures.

Mais laissons-le décrire lui-même son domaine, comme il l'a fait au Congrès d'éducation, en invitant les délégués du monde entier à venir le visiter. « Pendant que vous êtes occupés ici, nous disait-il, et retenus par cette magnifique constellation de congrès, il faut que je vous prévienne qu'il y a une annexe à cet édifice, là-bas, un peu plus au sud, sur le lac Michigan. On l'appelle quelquefois la Cité Blanche; elle est située entre

Hyde Park et Windsor Park, et c'est la merveille de l'âge présent. Quand j'ai vu pour la première fois l'emplacement de cette cité, il y a eu deux ans en février dernier, ce n'était qu'une succession de collines sablonneuses séparées par des ruisseaux, une espèce de marécage. L'ingénieur a apporté ses instruments, la drague a fait son office, on a nivelé ici, comblé là, puis est venu l'architecte, qui a couvert toute la surface de constructions dont la magnificence n'a pas été surpassée; le sculpteur a orné ces édifices, la peinture les a glorifiés; l'Acropole d'Athènes, le Dôme de Florence, le Trocadéro, les Palais du Champ de Mars de Paris, et une multitude d'autres se sont groupés sur les bords d'une nouvelle Venise, et ont produit ce que nous appelons *the White City*. Sa beauté, sa gloire ont grandi comme les visions d'un rêve, et nous déplorons d'avoir à penser que dans quelques mois nous n'aurons plus qu'un sol stérile et que toutes ces belles constructions auront disparu. »

Après un éloge non moins dithyrambique du contenu de l'exposition, le Dr Peabody s'est écrié :

« Vous me demanderez où est l'exposition d'éducation dans la Foire du monde; je vous répondrai qu'elle est partout dans Jackson Park, qu'on y voit une éducation telle qu'on en a jamais offerte aux hommes et aux femmes de ce siècle; mais il y a en particulier dans un endroit un *exhibit* spécial d'éducation, qui montre ce que font les éducateurs, quelles sont leurs méthodes et l'étendue de leurs travaux. Il couvre un espace plus que double de celui qui a jamais été consacré à l'éducation. On voulait même lui donner un palais à part. On a sérieusement essayé d'y arriver; mais je dois dire que, là où elle est, l'exposition scolaire est bien au cœur, au centre de l'Exposition. Il y a eu un moment où plusieurs de mes amis ont craint et me l'ont même écrit, que, faute de place, il n'y eût pas d'exposition d'éducation du tout. Pour ma part je n'ai pas partagé cette alarme, et j'étais sûr que nous arriverions à présenter aux *teachers* d'Amérique la collection complète et convenablement groupée qu'ils attendaient. »

Comme péroraison à son speech, l'humoristique organisateur, qui semblait tout essoufflé encore des luttes qu'il avait livrées pour obtenir la place légitime de l'enseignement au milieu de l'accaparement et de l'encombrement des produits de l'industrie universelle, nous a invités à aller passer la journée du jeudi suivant à visiter l'exposition d'éducation, au seuil de laquelle il nous attendrait pour nous souhaiter la bienvenue.

Mais qu'était-ce qu'une journée pour parcourir ce vaste domaine, cette suite interminable de salles, de sections, d'alcôves que s'étaient disputées les 48 États et territoires, les grandes cités, les universités et institutions, les sociétés d'enseignement, les éditeurs et les fabricants de matériel scolaire de tant de pays? Comment compulser tant de documents accumulés, ouvrir seulement, pour chaque État, quelques-uns des cahiers de classe, ou examiner quelques-unes de ces curieuses photographies de bâtiments ou d'intérieurs scolaires?

Avons-nous tout vu nous-mêmes, qui avons passé des semaines à Chicago, et qui avions, outre la familiarité avec la langue, l'habitude des expositions et la facilité de nous renseigner sûrement auprès des gardiens ou gardiennes des différentes sections? Non, certainement non, et malgré notre sincère désir d'examiner de près, à fond, l'ensemble et les détails, nous ne pourrons décrire que sommairement bien des choses que nous n'avons pu qu'entrevoir en passant, sous peine de n'en pas même voir du tout un grand nombre d'autres.

Heureusement, pour compléter notre étude, nous avons emporté, ou reçu d'Amérique à notre retour, un nombre considérable de documents, dont nous avons à remercier surtout les surintendants d'États et de villes, ainsi que notre excellent collègue M. Serrurier, directeur d'école au Havre, qui s'est dépouillé souvent à notre profit.

C'est surtout en revenant de l'Extrême-Ouest, après notre tournée en Californie, quand nous avons repassé à Chicago pour jeter un dernier coup d'œil d'adieu et de récapitulation à l'exposition, que nous avons éprouvé l'impression d'énormité que produisait l'étendue du domaine occupé par l'enseignement.

Parcourons d'abord l'ensemble de ce domaine. Les objets concernant l'éducation n'étaient pas tous au palais des Arts libéraux. On n'y trouvait même pas l'exposition scolaire de tous les États américains : l'Illinois, qui voulait beaucoup d'espace pour ses écoles, les avait gardées dans son gigantesque palais, où elles étaient à l'aise. Il avait même une grande salle d'école aménagée entièrement comme une classe, où se tenait une *lady-teacher* pour expliquer aux visiteurs le système d'éducation et les avantages du mobilier scolaire adopté par cet État. La Californie avait fait de même, et c'était au premier étage de son grand et original bâtiment qu'il fallait aller chercher les cahiers de classe, les dessins et les travaux de ses écoliers petits et grands.

La section scolaire de la ville de Paris était aussi dans le Pavillon de la France, et non dans le Palais des Arts libéraux.

Le Japon et la province australienne de New South-Wales avaient aussi logé leur exposition d'éducation dans leur bâtiment particulier.

Malgré ces défections, l'effet produit par la grande quantité des expositions scolaires groupées dans la galerie du Palais des Manufactures et des Arts libéraux était extrêmement imposant. On avait eu une heureuse idée en rapprochant ainsi les objets à comparer. Pour faire mieux encore, à notre avis on aurait pu imposer à l'avance aux exposants quelques conditions uniformes, qui auraient rendu la comparaison encore plus instructive et l'orientation plus facile à travers ce dédale des systèmes scolaires des 48 États et territoires. Il y aurait lieu d'étudier pour 1900 une disposition plus perfectionnée, peut-être sous forme de cercles concentriques, coupés par de nombreux rayons, qui seraient des allées de communication; une telle disposition permettrait de suivre une même branche d'enseignement successivement dans tous les pays, en faisant le tour d'une même avenue circulaire, ou au contraire d'étudier tout un pays isolément au point de vue de l'éducation, en remontant, par les rayons, du centre vers la circonférence. De plus, au lieu de laisser à chaque pays, comme on l'a fait à Chicago, pleine liberté d'exposer peu ou beaucoup, il faudrait limiter les exposants à un petit nombre d'objets typiques, dont les dimensions mêmes pourraient être suggérées à l'avance. Je sais bien que l'exposition perdrait ainsi un peu en variété, en spontanéité. M. elle gagnerait singulièrement en clarté, en valeur pédagogique.

Les États dont l'exposition était le mieux organisée au Palais des Arts libéraux sont les suivants, que nous nommons seulement ici, et dont nous reprendrons ensuite une à une les expositions particulières :

Le Massachusetts, le premier prêt, et qui avait l'exposition la plus complète, et qui était aussi le plus justement fier des résultats qu'il peut montrer ;

L'État de New York, comprenant trois subdivisions : 1° sa grande université d'État, unique en son genre en Amérique et sœur de la nôtre par les origines et l'organisation ; 2° ses écoles privées ou *academies* ; 3° l'organisation et les progrès de son système d'extension de l'enseignement supérieur ;

L'État d'Ohio, comprenant surtout les expositions particulières des trois grandes villes de Cleveland, Cincinnati et Toledo, et l'exposition collective des petites villes (*towns*) et des districts ruraux.

Puis, après les importantes expositions, décrites ailleurs, des célèbres universités d'Amérique (Harvard, Yale, Johns Hopkins, etc.), venait la gigantesque exposition catholique, aux alcôves presque sans fin et bondées de travaux d'élèves, de toute sorte, mais où dominaient les travaux d'aiguille, et les cahiers de calligraphie d'écoles primaires libres.

Au sortir de la section catholique on trouvait un lot de matériel et mobilier scolaire américain, puis les écoles de médecine, puis les collèges de commerce (*Business colleges*), puis les salles du travail manuel des écoles des races de couleur (Universités de Hampton et d'Atlanta) et le si intéressant *exhibit* de l'École industrielle fédérale des enfants indiens de Carlisle (Pensylvanie).

On rencontrait ensuite le Pratt-institute, sorte de collège industriel et artistique de Brooklyn (New York), puis les expositions d'éducation des sourds-muets, aveugles et faibles d'esprit (*feeble-minded*).

Parmi les États dont les installations scolaires étaient encore très considérables citons :

La Pensylvanie,

Le Michigan,

Le Minnesota,

L'Indiana,

Le New Jersey,

L'Iowa,

Le Rhode Island, etc.

Voici les pays étrangers dont l'exposition scolaire se trouvait dans le Palais des Arts libéraux :

L'Allemagne, qui avait une exposition complète de documents, de matériel didactique et même de résultats d'enseignement, depuis l'école primaire jusqu'aux universités ;

L'Angleterre, représentée surtout, et à juste titre, par le *School Board* de Londres et par les écoles d'art de *South Kensington* ;

Le Canada, dont les deux provinces rivales, celle d'Ontario ou Canada anglais, et celle de Québec ou Canada français, méritaient presque également les éloges pour leur exposition d'instruction ;

L'Autriche, représentée seulement par quelques envois des écoles de Vienne ;

Enfin la France, avec sa grande et si complète section du Ministère de l'Instruction publique et du Ministère du Commerce (écoles d'arts et métiers, et cours commerciaux, etc.), et sa magnifique exposition scolaire de Paris, qui était installée dans le Pavillon spécial de la France.

On trouvait encore hors du Palais des Arts libéraux les expositions suivantes se rattachant à l'éducation :

Au Palais de l'Agriculture :

Deux grandes expositions collectives de travaux provenant d'écoles d'agriculture de France et des États-Unis.

Au Palais de la Femme (*Woman's Building*) :

Une salle contenant les ouvrages d'éducation écrits par des femmes et principalement pour l'éducation féminine.

Au Bâtiment de l'Enfance (*Children's Building*) :

Un modèle de crèche en opération ;

Un modèle de Kindergarten également en action [1] ;

Un modèle de Kitchengarden, ou école de cuisine, qui donnait des démonstrations plusieurs fois par semaine ;

Un modèle d'école de travail manuel au couteau (*Sloyd system*) ;

---

1. Il y en avait aussi un dans le Palais de l'Illinois.

Un appareil de gymnastique, où avaient lieu aussi des séances d'enseignement de *physical culture*, système *Ling* ou gymnastique suédoise.

Au Palais du Gouvernement :

La belle exposition du BUREAU NATIONAL D'ÉDUCATION *de Washington*, consistant en statistiques, circulaires d'informations, documents relatifs aux bibliothèques publiques, à leur architecture (nombreuses photographies), à leur organisation intérieure, etc., et des documents sur les écoles fédérales du territoire d'Alaska.

Notons encore, près du côté sud de l'*Intermural Railway*, un modèle d'école industrielle en opération. On y voyait de jeunes Peaux-Rouges se livrant aux travaux, (menuiserie, cordonnerie, sellerie, etc.) qu'on leur enseigne dans les écoles du gouvernement, dont la principale est celle de Carlisle, exposée au Palais des Arts libéraux.

Le Canada avait aussi envoyé à Chicago, avec leur *teacher*, quelques jeunes Indiens des deux sexes, provenant de ses provinces du Nord-Ouest, et qui se livraient aussi devant le public aux travaux manuels, qu'on leur fait faire pour les civiliser et les instruire, tout en leur fournissant un gagne-pain.

N'oublions pas de mentionner encore, comme une des principales originalités de l'exposition scolaire de 1893, les auditions phonographiques de classes américaines. Plusieurs écoles de l'État d'Iowa avaient envoyé des classes phonographiées; on tournait la manivelle d'un petit meuble en forme d'harmonium, invention du Rev. T. A. Kellett, de Clayton, et on entendait la classe en action; on entendait la maîtresse questionnant les élèves qui répondaient bien ou mal, et on distinguait jusqu'au rire des camarades quand quelque écolier ou écolière avait dit une ânerie. Admirons cette ingéniosité des éducateurs américains à tirer parti des récentes inventions, pour augmenter l'attrait des choses scolaires. Il y a là encore une suggestion pour 1900.

# CHAPITRE III

## La section scolaire française.

La section française, organisée, comme on sait, sous les auspices du Ministère de l'instruction publique par M. Steeg, et décrite par lui dans la *Revue pédagogique*[1] et dans le *Rapport officiel* publié par le Ministère du commerce, avait été inaugurée le 10 juin. Elle occupait un espace considérable, mais encore insuffisant, et il est certain que si M. Steeg avait obtenu l'emplacement nécessaire et qu'il avait inutilement réclamé, notre section, si complète et si originale, aurait été encore plus appréciée et visitée par le public américain. Il n'y avait pas de comparaison entre les quelques couloirs et salles insuffisamment éclairées qu'on nous avait concédées — et cela encore, non sans débats — et les superficies étonnamment vastes que s'était fait octroyer la section scolaire catholique par exemple, qui se vante, dans son compte rendu, d'avoir occupé à elle seule un sixième de l'espace total réservé à l'enseignement! Nous ne voulons pas reprocher à nos pieux voisins les libéralités américaines, ni dire qu'on aurait dû rogner sur leur domaine, pour agrandir un peu celui du Ministère, d'autant plus que, parmi les choses qu'ils exhibaient, il y en avait une bonne part, et la plus belle à coup sûr, de provenance française. Mais il est

---

1. *Revue pédagogique*, 15 juillet 1893, p. 26 et suiv.

regrettable qu'on eût si inégalement réparti les lots. N'oublions pas que pareille mésaventure était arrivée, sans mauvaise volonté non plus de la part des organisateurs, à la section scolaire américaine en 1889, à Paris. Puisse la leçon profiter pour l'avenir; puisse-t-on se rappeler en 1900 que les grands pays, aussi bien pour l'enseignement que pour les arts et l'industrie, ont droit, en premier lieu, aux grands espaces.

Le général Eaton, qui nous avait fait obtenir à l'exposition de la Nouvelle-Orléans, pour notre section scolaire ministérielle, un espace plus que double du nôtre à Chicago, déplorait vivement de voir nos belles collections si à l'étroit, et le Dr Harris, qui venait de terminer la publication du rapport sur notre exposition scolaire et nos congrès de 1889 [1], nous rappelait à ce propos le jugement si flatteur, consigné dans le rapport officiel du Bureau d'éducation, où il allait jusqu'à dire que notre section d'éducation à la Nouvelle-Orléans valait à elle seule le voyage de la Louisiane! Et pourtant tout ce que nous avions à la Nouvelle-Orléans se retrouvait à Chicago, avec bien des perfectionnements apportés pendant la décade si importante qui sépare les deux expositions; mais, malgré la façon méthodique et lumineuse dont on avait aménagé les objets et documents envoyés de France à Chicago, il était difficile, tant ils étaient accumulés et resserrés dans les vitrines et sur les tables, d'en pouvoir apprécier toute la valeur d'ensemble, et surtout d'en examiner les détails sans un labeur infini.

Ajoutons, en le regrettant aussi, que le principal ornement de nos précédentes expositions scolaires à l'étranger, les écoles de Paris, le plus beau joyau de notre écrin, au lieu de se trouver au cœur de la galerie du Ministère, étaient dans le

1. Report of the commissioner of education for the year 1889-90, Washington, Governement printing office. 1893. Vol. I, chap. II. *Report on the educational congresses and exhibition* held in Paris in 1889, by W. H. Widgery. Nous y lisons à la première page ces lignes qui méritent nos remerciments : « The spectacle of a nation raising itself triumphantly from unexampled disaster can not fail to arouse and enlist the sympathies of every man. Education has been universally looked on as the great regenerator; during the last decade a system of education more coherent and close-knit than any other in the world, has been loyally accepted by the country from the hands of a small body of pedagogic reformers. »

Pavillon français, à un bon kilomètre du Palais des Arts libéraux, ce qui fait que bon nombre de *teachers* ne les ont pas vues. Mais là, du moins, les écoles étaient exposées avec toute la place nécessaire; aussi tous ceux qui sont allés les visiter, sont-ils revenus enchantés. Écoles primaires élémentaires, écoles primaires supérieures de garçons et de filles, enseignement professionnel, y compris le trop célèbre orphelinat Prévost, tout y était à l'aise et clairement, complètement représenté.

Nous avons été heureux de faire les honneurs de cette belle exposition parisienne, comme aussi de celle du Ministère, à plusieurs des principaux membres du Congrès d'éducation. Pendant plusieurs mois M. Steeg avait aussi montré et expliqué à l'élite des pédagogues américains les choses originales que contenaient surabondamment les vitrines des trois directions de l'Enseignement primaire, secondaire et supérieur, et les envois de nos bibliothèques populaires et du musée pédagogique. M. Eugène Martin et Mlle Dugard, et notre président lui-même, M. Compayré, et, plus longtemps que nous tous encore, M. Serrurier, ont passé de longues, mais agréables heures à faire ainsi connaître aux étrangers, notre système et nos méthodes d'éducation, et à expliquer, à l'aide des cahiers mensuels et des cahiers de roulement, le travail de nos écoliers.

De la belle exposition des écoles d'arts et métiers, qui sera probablement l'objet de rapports spéciaux, nous n'avons pas à parler ici, non plus que de notre exposition d'enseignement supérieur et secondaire.

L'exhibit d'enseignement primaire proprement dit était complet et d'une sincérité incontestable. Des statistiques murales renseignaient le public sur les grands résultats obtenus depuis la troisième république, et ces résultats éloquents étaient reproduits sur une petite feuille distribuée à profusion aux visiteurs, et qu'il n'est pas inutile de reproduire ici pour mémoire. Notre seul regret est qu'elle n'eût pas été traduite en anglais et accompagnée d'un bref résumé de notre exposition : car ces documents auraient été avidement emportés par les nombreux reporters américains, plus friands que les nôtres encore, dit-on, de trouver de la copie toute faite; grâce à ce moyen, dont nous nous étions fort bien trouvés aux expositions de la Nouvelle-Orléans et de Melbourne, on aurait connu, d'une façon précise et authentique, dans tous les points de l'Amérique, la portée de nos réformes scolaires, et des faits acquis désormais à l'histoire, et qui, en cette grande république démocratique où l'éducation est si estimée, auraient été mieux compris et mieux appréciés que nulle part ailleurs. Voici ce document :

### Progrès de l'instruction primaire en France depuis un demi-siècle.

Principales lois relatives à l'organisation de l'enseignement primaire : loi du 28 juin 1833; loi du 15 mars 1850; loi du 10 avril 1867; loi du 16 juin 1881 sur la gratuité; loi du 28 mars 1882 sur l'obligation; loi du 30 octobre 1886 sur l'organisation de l'enseignement primaire.

En comparant les résultats des années 1837 et 1887, séparées par un demi-siècle d'intervalle, on trouve :

**32 761** écoles publiques créées et, par suite, une **augmentation de 94 pour 100** dans le nombre total des écoles publiques.

Sur ce total, **18 001** sont des **écoles de filles**, dont l'augmentation a été de **330 pour 100**.

Le nombre des **élèves a plus que doublé** (2 690 035 en 1837 et 5 596 919 en 1887);

Sur ce total, l'accroissement du nombre des élèves des **écoles publiques** a été de **120 pour 100** et celui du nombre des **filles** dans les écoles publiques ou privées a été de **149 pour 100**.

Suivaient plusieurs tableaux et graphiques donnant le détail de ces progrès pour les écoles, les maîtres et les élèves des écoles primaires élémentaires et supérieures (écoles maternelles non comprises), pour les dépenses de l'enseignement primaire et pour l'instruction des conscrits et des conjoints. Les dates des renseignements contenus dans ces tableaux sont celles des statistiques du Ministère de l'instruction publique, lesquelles ne sont publiées tous les ans que depuis 1878. L'Algérie est comprise dans les trois tableaux pour les années 1885-86 et 1885-87.

## ÉCOLES

| DATE de la statistique. 1 | NOMBRE TOTAL des écoles. 2 | NOMBRE D'ÉCOLES | | NOMBRE D'ÉCOLES | | NOMBRE D'ÉCOLES | |
|---|---|---|---|---|---|---|---|
| | | DE GARÇONS et d'écoles mixtes. 3 | SPÉCIALES de filles. 4 | PUBLIQUES 5 | PRIVÉES 6 | LAÏQUES 7 | CONGRÉ-GANISTES 8 |
| 1837..... | 52 779 | 38 720 | 14 059 | 34 756 | 18 023 | » | » |
| 1840..... | 55 342 | 39 466 | 15 882 | 36 785 | 18 557 | » | » |
| 1843..... | 59 838 | 42 551 | 17 287 | 42 720 | 17 118 | 52 225 | 7 613 |
| 1847..... | » | » | 19 411 | 43 870 | » | » | » |
| 1850..... | 60 579 | 39 390 | 21 189 | 43 843 | 16 736 | 50 267 | 10 312 |
| 1863..... | 68 761 | 41 494 | 27 267 | 52 445 | 16 316 | 51 555 | 17 206 |
| 1865..... | 69 699 | 42 139 | 27 560 | 53 350 | 16 349 | 51 806 | 17 893 |
| 1866..... | 70 671 | 42 457 | 28 214 | 53 957 | 16 714 | 52 366 | 18 305 |
| 1872..... | 70 179 | 41 720 | 28 459 | 56 313 | 13 866 | 51 633 | 18 546 |
| 1875 .... | 71 690 | 42 618 | 29 072 | 60 375 | 11 315 | 51 722 | 19 968 |
| 1876-77.. | 71 547 | 42 421 | 29 126 | 59 021 | 12 526 | 51 657 | 19 890 |
| 1878-79.. | 72 860 | 43 061 | 29 799 | 60 348 | 12 512 | 52 803 | 20 057 |
| 1879-80.. | 73 764 | 43 495 | 30 269 | 60 876 | 12 888 | 53 800 | 19 964 |
| 1880-81.. | 74 441 | 44 032 | 30 409 | 61 527 | 12 914 | 54 628 | 19 813 |
| 1881-82.. | 75 635 | 44 335 | 31 300 | 62 997 | 12 638 | 56 210 | 19 425 |
| 1882-83.. | 77 302 | 45 224 | 32 078 | 64 510 | 12 792 | 57 916 | 19 386 |
| 1883-84.. | 78 456 | 45 885 | 32 571 | 65 596 | 12 860 | 59 226 | 19 230 |
| 1884-85.. | 79 145 | 46 265 | 32 880 | 66 123 | 13 022 | 60 237 | 18 908 |
| 1885-86.. | 80 651 | 47 225 | 33 426 | 67 277 | 13 374 | 61 614 | 19 037 |
| 1886-87.. | 81 130 | 47 368 | 33 762 | 67 517 | 13 613 | 62 318 | 18 812 |
| 1890-91.. | 81 990 | | | | | | |

## MAÎTRES

| DATE DE LA STATISTIQUE 1 | NOMBRE TOTAL des instituteurs et des institutrices. 2 | INSTI-TUTEURS 3 | INSTI-TUTRICES 4 | INSTITUTEURS ET INSTITUTRICES | |
|---|---|---|---|---|---|
| | | | | PUBLICS 5 | PRIVÉS 6 |
| 1837.......... | 59 735 | 39 302 | 20 433 | 38 465 | 21 270 |
| 1840.......... | 63 409 | 40 504 | 22 905 | 40 843 | 22 566 |
| 1843.......... | 75 535 | 47 301 | 28 234 | 50 446 | 25 089 |
| 1863.......... | 108 799 | 49 585 | 59 214 | 70 441 | 38 358 |
| 1872.......... | 110 338 | 50 549 | 59 689 | 75 062 | 35 176 |
| 1876-77....... | 110 709 | 51 717 | 58 992 | 80 063 | 30 646 |
| 1878-79....... | 117 451 | 53 941 | 63 510 | 82 343 | 35 168 |
| 1879-80....... | 119 870 | 55 182 | 64 688 | 83 581 | 36 289 |
| 1880-81....... | 122 760 | 56 410 | 66 350 | 85 451 | 37 309 |
| 1881-82....... | 124 965 | 58 137 | 66 828 | 88 220 | 36 745 |
| 1882-83....... | 129 657 | 60 624 | 69 033 | 92 300 | 37 357 |
| 1883-84....... | 132 580 | 61 654 | 70 926 | 94 784 | 37 796 |
| 1884-85....... | 133 900 | 62 158 | 71 742 | 95 810 | 38 090 |
| 1885-86....... | 137 000 | 63 670 | 73 330 | 97 996 | 39 004 |
| 1886-87....... | 128 655 | 64 039 | 74 616 | 98 769 | 39 886 |
| 1890-91....... | 143 750 | | | | |

ÉLÈVES

| DATE de la statistique | NOMBRE TOTAL des élèves. | GARÇONS | FILLES | ÉLÈVES DES ÉCOLES | | ÉLÈVES DES ÉCOLES | |
|---|---|---|---|---|---|---|---|
| | | | | PUBLIQUES | PRIVÉES | LAÏQUES | CONGRÉGANISTES |
| 1 | 2 | 3 | 4 | 5 | 6 | 7 | 8 |
| 1837..... | 2 690 035 | 1 579 888 | 1 110 147 | 2 046 455 | 643 580 | » | » |
| 1840..... | 2 896 934 | 1 656 662 | 1 240 272 | 2 216 767 | 680 167 | » | » |
| 1843..... | 3 164 297 | 1 812 709 | 1 351 588 | 2 407 425 | 736 872 | 2,457,380 | 706 917 |
| 1847..... | 3 530 135 | 2 176 079 | 1 354 056 | » | » | » | » |
| 1850..... | 3 322 423 | 1 796 667 | 1 528 756 | 2 601 619 | 720 804 | 2 368 627 | 953 796 |
| 1861..... | 4 286 644 | » | » | » | » | 2 711 667 | 1 544 974 |
| 1863..... | 4 336 368 | 2 265 756 | 2 070 612 | 3 413 830 | 922 538 | 2 725 694 | 1 610 674 |
| 1865..... | 4 436 470 | 2 306 792 | 2 129 678 | 3 477 542 | 958 928 | 2 763 524 | 1 672 946 |
| 1866..... | 4 515 967 | 2 343 781 | 2 172 186 | 3 537 709 | 978 258 | 2 820 670 | 1 695 297 |
| 1872..... | 4 722 754 | 2 445 216 | 2 277 538 | 3 835 991 | 886 763 | » | » |
| 1875..... | 4 809 728 | 2 450 683 | 2 359 045 | 4 049 953 | 759 775 | 2 938 709 | 1 871 019 |
| 1876-77.. | 4 716 935 | 2 400 882 | 2 316 053 | 3 823 348 | 893 587 | 2 648 562 | 2 068 373 |
| 1878-79.. | 4 869 087 | 2 478 417 | 2 390 670 | 3 982 802 | 886 285 | 3 027 560 | 1 841 527 |
| 1879-80.. | 4 949 591 | 2 518 401 | 2 431 190 | 4 015 097 | 934 494 | 3 144 938 | 1 804 653 |
| 1880-81.. | 5 049 363 | 2 568 339 | 2 481 024 | 4 079 968 | 969 395 | 3 276 982 | 1 772 381 |
| 1881-82.. | 5 341 211 | 2 708 510 | 2 632 701 | 4 359 256 | 981 955 | 3 567 861 | 1 773 350 |
| 1882-83.. | 5 432 151 | 2 743 564 | 2 688 587 | 4 409 310 | 1 022 841 | 3 655 035 | 1 777 116 |
| 1883-84.. | 5 468 681 | 2 759 050 | 2 709 631 | 4 421 212 | 1 047 469 | 3 701 596 | 1 767 085 |
| 1884-85.. | 5 531 229 | 2 790 169 | 2 741 060 | 4 463 372 | 1 067 857 | 3 778 611 | 1 752 618 |
| 1885-86.. | 5 585 838 | 2 823 964 | 2 761 874 | 4 502 059 | 1 083 779 | 3 836 826 | 1 749 012 |
| 1886-87.. | 5 596 919 | 2 829 127 | 2 767 792 | 4 505 109 | 1 091 810 | 3 877 185 | 1 719 734 |
| 1890-91.. | 4 544 775[1] | | | | | | |

1. Il faut ajouter à ce chiffre 709 579 enfants dans les écoles maternelles.

Venaient ensuite trois intéressants graphiques, savoir :

1° Un tableau figurant l'accroissement des *dépenses ordinaires des écoles publiques depuis 1855* (non compris les dépenses extraordinaires). On voyait la ligne monter constamment et de 25 millions en 1855 arriver à plus de 105 millions en 1887;

2° Un graphique montrant la décroissance de l'ignorance, c'est-à-dire montrant que le nombre des *conscrits ne sachant pas lire* diminue d'année en année :

| | | |
|---|---|---|
| Conscrits illettrés en 1827.................... | 58 p. 100 |
| —                  — en 1886.................... | 10 p. 100 |
| Conscrits lettrés en 1827.................... | 42 p. 100 |
| —                  — en 1886.................... | 90 p. 100 |

Rappelons à ce propos l'excellent système suisse de l'examen des recrues, que le jury de l'instruction primaire, à l'exposition de 1889, a recommandé comme un exemple à suivre, comme un stimulant énergique pour la continuation des études primaires et la fréquentation des cours d'adultes [1].

3° Un graphique relatif aux *conjoints ayant signé* leur acte de mariage.

```
Époux illettrés en 1854......................  32 p. 100
   —       —      en 1883......................  13 p. 100
Épouses illettrés en 1854......................  52 p. 100
   —       —      en 1885......................  20 p. 100
```

Le système scolaire français a été souvent, en Amérique, l'objet d'études détaillées. Citons par exemple la récente brochure intitulée *The School system of France* by Ernest Richard, publiée par M. Ernest Richard, sous la direction du Prof. Ed. R. Shaw de l'École de pédagogie de l'université de la Cité de New York, 1893; on y voit que les éducateurs d'outre-mer rendent justice à l'œuvre de notre troisième République.

En voici le début :

« La France possède le système scolaire le plus uniforme de toutes les grandes nations. On peut ajouter qu'elle possède aussi le plus moderne, en ce qui concerne l'instruction primaire, dont la réorganisation date de cette dernière décade. Bien que le but de ce mémoire ne soit pas de faire l'historique, mais seulement de donner un compte rendu de l'instruction publique en France, sous sa forme présente, on peut mentionner trois dates qui ressortent comme autant de victoires du patriotisme français éclairé, victoires de plus grande importance pour la saine croissance et le bonheur de la nation, que toutes celles qu'ont remportées sur les champs de bataille les Louis XIV et les Napoléon. Nous voulons parler des dates auxquelles les grands principes fondamentaux de l'école moderne ont été légalement établis et consacrés, savoir : 16 juin 1881, loi rendant l'instruction primaire gratuite; 28 mars 1882, loi

---

1. Voir Rapports du Jury international, classe VI, Rapport de M. B. Buisson, n. 68, Paris, Imprimerie nationale, 1891.

introduisant l'obligation à l'assiduité scolaire et sécularisant l'instruction; 30 octobre 1886, loi qui rendait les laïques seuls éligibles pour l'enseignement public, et qui donnait à l'enseignement primaire son organisation définitive. Les mots *gratuité, obligation, laïcité* ne résonnent pas comme des expressions aussi idéales que les trois autres fameux termes de la devise de la première République : *liberté, égalité, fraternité*, mais ils établiront les fondements sur lesquels pourra s'élever la réalisation de cet idéal. »

On trouvera aussi dans le dernier rapport du D^r Harris, publié à Washington en 1894, un élogieux chapitre (ch. III, p. 73 à 95) consacré à l'éducation en France.

# CHAPITRE IV

## Les sections étrangères.

----



I. — Angleterre et colonies anglaises.

**A. Angleterre.** — L'Angleterre, comme nous l'avons dit, avait participé à l'exposition d'éducation par l'envoi d'un grand et bel exhibit des écoles du *School Board* de Londres, consistant surtout en travaux manuels d'enfants, et par des spécimens de dessins, aquarelles, etc., provenant des célèbres écoles d'art de South Kensington, qui ont des ramifications dans le Royaume-Uni tout entier et même au dehors, et jusqu'aux Indes, et ont exercé sur le goût et sur les industries d'art de la métropole, des colonies et de l'Amérique une si utile influence [1].

Nous ne referons pas, à propos du *School Board* de Londres, un tableau historique de l'organisation de l'enseignement primaire en Angleterre. Nous renvoyons pour ce sujet à notre rapport sur l'exposition de la Nouvelle-Orléans, et à un article de M. Steeg dans la *Revue pédagogique* d'octobre 1890, analysant une étude qui venait de paraître dans le recueil trimestriel intitulé *Subjects of the Day*, sous la signature de M. Edw. M. Hance, secrétaire du *School Board* de Liverpool [2].

----

[1]. Il y avait aussi une petite exposition d'une petite école industrielle de l'Est de Londres, *the Whitechapel Craft School*.

[2]. Voir sur l'instruction primaire en Angleterre, dans les *Addresses and Proceedings of the Congress of Education*, *Chicago*, le mémoire de Miss Rosa-

Rappelons seulement les grandes dates du développement de l'instruction primaire pour l'Angleterre proprement dite.

1798. Formation de la *Society for promoting Christian Knowledge* qui en moins de vingt ans avait créé plus de mille écoles.

1798-1814. Commencements des efforts pédagogiques de la méthode Lancasterienne d'enseignement mutuel, au moyen de moniteurs; formation de la *Royal Lancasterian Institution* qui prit depuis 1814 le titre si connu de *British and Foreign School Society* [1].

1811. Formation d'une société rivale : la *National Society*, destinée à encourager spécialement les écoles se rattachant à l'église anglicane ou église officielle établie.

1833. Vote par le Parlement d'une première subvention annuelle de 500 000 francs pour l'instruction primaire, — premier pas dans la voie de l'intervention d'Etat en matière d'éducation élémentaire.

1839. Cette subvention est portée à 750 000 francs. Formation d'un Comité du Conseil privé spécialement chargé de veiller à l'emploi des crédits votés pour l'instruction primaire, et qui ordonne une série d'enquêtes scolaires et établit un système d'inspection;

mond Davenport-Hill, membre du *School Board* de Londres, p. 870 et suiv., et sur l'instruction primaire en Écosse un mémoire par Miss Flora C. Stevenson, membre du *School Board* d'Edimbourg, p. 874. — Voir aussi dans les *Proceedings* du Congrès les communications de Miss Zimmern, d'Angleterre, sur les *High School for girls* en Angleterre, p. 191. Cf. *Elementary education in Great Britain and Ireland* by Miss A. T. Smith dans le *Report of the Commissioners of Education, for 1891-1892*, Washington, ch. IV; — Miss E. P. Hughes, principal du collège pour la formation des teachers à Cambridge, Angleterre, *Mémoire sur l'éducation professionnelle des maitresses pour les écoles secondaires* (ibid., p. 217 et suiv.). Cf., sur le même sujet, Mémoire de M. Joseph H. Cowham, professeur de pédagogie à l'École normale wesleyenne de Westminster (Angleterre) sur les méthodes pour l'éducation professionnelle des instituteurs à cette école (*ibid.*, p. 404 et suiv.); — Miss Emily Schirreff, présidente de la *Froebel Society* de Londres, *Mémoire sur les principes d'éducation d'après Froebel en Angleterre* (ibid., p. 360 et suiv.). — Sur l'éducation dans les couvents catholiques en Angleterre, voir le Mémoire de F. M. L..., principal of training College (*ibid.*, p. 899 et suiv.). — Enfin, à la suite de ces mémoires, de brèves notices sur l'éducation des femmes en Nouvelle-Zélande, par Mrs. Stedman Aldis (*ibid.*, p. 883, sur l'œuvre éducationnelle pour les femmes en Australie, principalement en Nouvelles-Galles du Sud, par Louisa Macdonald, principale du *Women's College* à l'université de Sydney (*ibid.*, p. 887); sur les récents développements de l'éducation des femmes et des jeunes filles dans l'Inde, Mémoire par E. A. Manning (*ibid.*, p. 890); sur l'instruction primaire et secondaire à la Colonie du Cap (Afrique du Sud), Mémoire par Miss May Bengough (*ibid.*, p. 903).

1. Voir sur cette société, qui avait exposé en 1889, notre rapport sur la classe 6, p. 137, dans les *Rapports du Jury international à l'Exposition Universelle de 1889*, Paris, Imprimerie nationale, 1891.

même année, fondation, par l'initiative privée, du premier *Collège for training of teachers* (École normale).

1846. Abandon du système des moniteurs, remplacé par le système encore partiellement en vigueur des *pupil-teachers*, élèves-maîtres (non sortis d'Écoles normales, formés par les instituteurs et salariés par l'État). Organisation de bourses de 500 à 625 francs pour permettre aux *pupil-teachers* les plus méritants d'achever leur apprentissage professionnel dans des Écoles normales.

1853-56. Origine du système de subventions d'État ou *primes* par tête d'élève, d'où devait sortir le fameux système du *payment by results* (paiement d'après les résultats).

1858. Nomination d'une Commission royale, présidée par le duc de Newcastle, pour faire une enquête sur l'instruction primaire.

1861. Dépôt du Rapport de cette Commission, établissant que 2 millions 1/2 d'enfants d'âge scolaire ne fréquentaient aucune école, et proposant la création de Comités scolaires (*School Boards*).

1862. M. Lowe, vice-président du Comité du Conseil privé pour l'éducation, titre qui équivaut à peu près à celui de Ministre de l'instruction publique, publie son *Revised Code*, apportant de grandes modifications dans l'administration des *Government grants* (subventions) et organisant le système du paiement par les résultats qui depuis!... mais les systèmes qui paraissent aujourd'hui les plus surannés ont souvent été à leurs origines, ne l'oublions pas, de véritables hardiesses. On sait combien est ingrate et pénible en Angleterre, d'après ce système, la tâche des inspecteurs royaux, obligés d'examiner individuellement chaque élève, et de lui donner des points presque pour chaque branche, afin d'établir ainsi les bases des primes à distribuer aux écoles. De là aussi pour les maîtres la terrible nécessité du *cram* ou bourrage et surmenage en vue des succès, coûte que coûte, le jour de l'inspection.

1868-70. Efforts de la *Ligue de l'Éducation*, sous le cabinet libéral Gladstone, aboutissant au fameux bill Forster (1870) qui devient l'*Elementary Education Act*, premier pas décisif dans la voie du progrès et ordonnant l'élection de *School Boards*, comités scolaires dans tous les districts où le nombre d'écoles était jugé insuffisant, avec pouvoir de lever une taxe scolaire et de faire appliquer l'*obligation scolaire*.

1876. L'*Elementary Education Act* de 1876, présenté par lord Sandon (sous le cabinet conservateur Disraeli), est une demi-reconnaissance du principe de l'obligation, instituant dans les districts où il n'y avait pas encore de *School Board*, un comité de fréquentation scolaire (*School Attendance Committee*).

1890 [1]. Modification du code de M. Lowe sur le *payment by results*.

----

1. Ce nouveau code permet à l'inspecteur de faire des classifications d'élèves au lieu de marquer individuellement des points à chaque écolier pour chaque branche.

1891. Vote du *Free Education Act* (Gratuité de l'enseignement primaire), si longtemps repoussé par les conservateurs, et même par beaucoup d'esprits libéraux, qui ne pouvaient pas admettre que leurs concitoyens pussent jamais estimer ce qui ne leur coûtait rien. Dans la récente discussion du budget de l'éducation, M. Acland, chef du département de l'éducation, a annoncé que depuis l'entrée en vigueur de l'*Act* sur la gratuité, la fréquentation moyenne a considérablement augmenté. D'après la statistique fournie au parlement en août 1894, on voit que déjà 4 200 000 enfants ont profité de la gratuité; 890 000 continuent encore à payer la rétribution scolaire, mais ce chiffre ne tardera probablement pas à diminuer.

On le voit, malgré sa répugnance à renoncer à l'individualisme en matière d'instruction primaire, l'Angleterre a été obligée d'en venir peu à peu, comme les démocraties de l'ancien et du nouveau monde, à consacrer par des lois et règlements successifs, le principe de l'intervention d'État, et n'a pas pu s'en remettre du soin d'instruire les masses aux sociétés religieuses; car celles-ci, bien que moins hostiles outre-Manche que dans d'autres pays aux progrès des lumières, ne se seraient probablement pas beaucoup hâtées, sans l'action du Parlement, de faire sortir le peuple d'une demi-obscurité si favorable à leurs intérêts. Bon gré, mal gré, l'État en est venu à surveiller, à inspecter, à subventionner, à salarier. Le budget des crédits annuels votés pour subventions dépassait déjà en 1890 la grosse somme de 76 millions de francs, dont plus de 46 millions allaient aux écoles privées, et près de 30 aux écoles de *School Board* [1].

En effet, dans cette terre classique de la liberté et du self government, malgré l'action de l'État, les écoles privées ou confessionnelles (*Voluntary Schools*) ont continué à croître en face de celles qui correspondent le plus à nos écoles publiques, c'est-à-dire les écoles des *School Boards*. A l'époque du vote de l'*Elementary Education Act* de 1870, il y avait en Angleterre 8 381 écoles privées pour l'Angleterre et le pays de Galles, qui

1. Dépense totale pour l'instruction primaire, y compris la subvention d'État : 180 885 750 fr. pour les écoles privées, 77 254 550 fr. pour les écoles de *School Board*. Et le 21 août 1894 la chambre a voté le complément de plus de 3 millions de livres sterling nécessaire pour parfaire la somme totale des subventions annuelles d'État: 6 525 589 livres jusqu'au 31 mars 1895.

recevaient des subventions d'État (savoir 6 382 anglicanes, 1 516 dissidentes et 450 catholiques). En 1891, c'est-à-dire vingt et un ans après l'organisation du système des comités scolaires, on comptait 14 876 écoles privées, contre 4 779 écoles de School Board [1]. Est-ce une preuve que les *School Boards* sont impopulaires? Non, c'est une preuve que le principe de la concurrence est l'âme de la vie publique en Angleterre, et que l'intervention de l'État en matière d'éducation, amenée seulement par la nécessité de sauvegarder les intérêts du peuple, n'a pas paralysé, mais au contraire n'a fait que stimuler et que redoubler le zèle des associations et de l'initiative privée.

Quant à la question de la laïcité, on sait qu'elle ne s'est pas posée en Angleterre comme chez nous. L'*act* de 1870 n'accorde les subventions qu'à la condition que les enfants ne seront pas tenus, même dans les écoles privées, d'assister à une pratique religieuse contre laquelle leurs parents auraient des objections. C'est ce qu'on appelle la *conscience clause* [2], moins respectée encore en fait, qu'on ne le croit [3], et dans les écoles

---

1. Mais les écoles des *School Boards* sont généralement plus grandes et plus confortables. La moyenne des élèves qu'elles contiennent est de 597, tandis que la moyenne dans les écoles volontaires est de 242. Les écoles de *School Board* sont surtout des écoles urbaines, des groupes scolaires de grandes villes. Ajoutons que l'on estime que, depuis 1870, les souscriptions privées pour création de bâtiments scolaires se sont élevées à plus de 187 millions de francs au moins. (M. Steeg, *l. c.*)

2. Ou la *Cowper-Temple clause*. La loi permet la récitation du Symbole des Apôtres lorsqu'aucun parent n'y fait d'objection.

3. Rappelons que les instituteurs du School Board de Londres ont eu récemment à protester contre une singulière circulaire, adoptée le 15 mars dernier par une très faible majorité, et où il est dit : « Au cours de vos leçons sur la Bible, vous aurez à faire connaître aux élèves dans quelles relations ils se trouvent à l'égard de Dieu le Père, comme leur Créateur, de Dieu le Fils, comme leur Rédempteur, et de Dieu le Saint-Esprit, comme leur Sanctificateur. Le *Board* ne saurait approuver aucun enseignement qui nierait soit la nature divine, soit la nature humaine de Notre-Seigneur Jésus-Christ, ou qui ne laisserait pas dans l'esprit des enfants cette impression que leur devoir est de croire en lui et de le servir comme leur Dieu et leur Seigneur. »

Dans un dernier alinéa, la circulaire ajoute que si quelques-uns, parmi les membres du personnel enseignant, ne pouvaient donner en conscience l'enseignement religieux dans l'esprit indiqué, des mesures seraient prises pour les dispenser de l'obligation de faire des leçons sur la Bible. Voir, sur ce sujet, un article de M. J. Guillaume, *Correspondance générale*, 1er décembre 1894, p. 40.

publiques ou de School Board, il est interdit (article 14) d'enseigner aucun catéchisme ou formulaire religieux distinctif d'une confession religieuse particulière. En outre, « le temps réservé soit à des pratiques religieuses, soit à un enseignement religieux, doit être placé au commencement ou à la fin des classes, et indiqué dans un tableau d'emploi du temps approuvé par l'*Education Department* et affiché dans la salle de classe; tout élève pourra être dispensé par ses parents de ces pratiques ou de cet enseignement, sans que cette circonstance puisse porter atteinte à son droit de profiter de tous les avantages offerts par l'école. » L'article 97 dit en outre expressément que « aucune subvention ne sera accordée pour l'enseignement religieux ». Telle est la loi, mais en fait, tant est forte encore l'influence du clergé local, il n'y a encore que 57 écoles de School Board, sur 2 225, qui aient osé rayer du programme scolaire l'enseignement religieux.

L'exposition du *School Board* de Londres, sans nous paraître tout à fait aussi complète que celle que nous avions vue à Londres même, à l'exposition d'hygiène de 1884 et en 1888 à l'exposition de Melbourne, était cependant très originale. On sait que le School Board de Londres possède actuellement dans l'immense métropole anglaise plus de 400 écoles, dont on voyait à Chicago des types et plans, avec des spécimens de leur joli mobilier scolaire et de leur matériel didactique perfectionné. Pour le dessin et l'enseignement de la couture surtout, le School Board est très bien outillé.

Le modèle d'école en relief exposé par le School Board était celui de l'école de Halford road, division de Chelsea; école à trois étages (c'est le défaut des écoles de Londres d'être trop grandes et trop compactes) — pour 1 438 élèves, savoir :

| | | | |
|---|---|---|---|
| *Infants* (élèves au-dessous de l'âge scolaire) | | | 478 |
| Filles | — | — | 480 |
| Garçons | — | — | 480 |
| | | | 1 438 |

C'est trop d'enfants accumulés. On tremble à l'idée d'un incendie ou d'une épidémie. Combien nos écoles de Paris, à

un étage, souvent même à simple rez-de-chaussée et se limi-
tant à un groupement de 500 enfants, nous paraissent préférables [1].

L'exposition de travaux d'élèves consistait moins en spécimens de travaux écrits qu'en dessin [2] et en travail manuel de
filles et garçons. Cependant le travail manuel n'est pas enseigné
dans toutes les écoles de la métropole.

Dès le Kindergarten nous trouvons de jolis travaux de modelage en argile, finement exécutés : le pliage, le tissage, le découpage de papier, le tricot, les travaux de perles (un délicieux éventail), de vannerie, ressemblent à ce qui se fait chez nous, mais
paraissent particulièrement bien exécutés, bien choisis et
soignés de formes. Les objets de modelage surtout dépassent
un peu la moyenne de ce qu'on voit ordinairement dans les
expositions scolaires.

De bons travaux de cartonnage aussi dans les écoles primaires proprement dites, travaux d'enfants de sept à treize.
Le School Board semble s'être fait une spécialité de ces carton-
nages : cubes, prismes et autres solides géométriques, décou-
pés sur un dessin précis, boîtes, vases et jusqu'à un service
à thé en carton, etc. Le pliage de papier est continué aussi
dans les cours supérieurs, et les enfants atteignent une dextérité
rare, et font des combinaisons aussi ingénieuses que gracieuses.
Ces exercices semblent profiter au dessin, qui se ressent de
l'habileté acquise au modelage et aux travaux de découpage,
plissage et cartonnage. Beaucoup d'encouragement donné
aussi au dessin d'invention (*original drawing*) avec couleur,
notamment des projets de décoration pour papier peint par un
pupil teacher de Chelsea ; mais tout cela est pratiqué avec non
moins de succès dans nos écoles primaires supérieures, dans
celles de Paris, Vierzon, Voiron, par exemple. On exerce les
élèves à Londres, non seulement à copier d'après le modèle en
relief, mais d'après des objets artistement groupés ; l'arrange-

---

1. Il est vrai qu'à Londres les classes enfantines sont toujours au rez-
de-chaussée.

2. Excellente méthode pour enseignement simultané, comme chez nous.
Modèles, genre Charvet-Pillet. Série très pratique pour les commencements.
Dessin d'après le relief et les objets groupés. J'ai noté un bel album de
fleurs (Heber Road School), travail d'après nature : E. Harris, teacher.

ment du modèle est une leçon de goût qui précède la leçon de dessin et en rehausse l'intérêt.

Les spécimens de travaux manuels de bois indiquaient des séries graduées d'exercices qui rappellent les nôtres [1].

Pour les travaux de fer, cuivre repoussé, serrurerie, ce n'est pas à l'atelier scolaire que l'enseignement est donné. On a créé des ateliers de district (*special centres*), entretenus par un comité mixte organisé par le School Board, et par le célèbre Institute ou Collège technique de Kensington, fondé par les corporations de la City (*City and Guilds of London Institute*) et que dirige sir Philip Magnus. J'ai noté encore des travaux de cuivre repoussé fort jolis, provenant de l'école St Thomas Limehouse (M. Ashton Gill, teacher).

Notons aussi les spécimens de couture tout à fait remarquables (poupées habillées) par les pupil-teachers et en particulier un joli triptyque intitulé : *Requirements of the Code*, c.-à-d. ce qui est exigé par le règlement pour la couture. D'un côté les règles, et de l'autre l'exécution : excellente façon d'exposer. Les albums de couture parisiens, si méthodiques, exposés à Londres, Paris, Melbourne, et si admirés partout, ont peut-être contribué à suggérer au School Board de Londres cette jolie disposition.

Notons encore une intéressante photographie de l'école de lessivage et repassage (*Laundry School*).

N'oublions pas les types d'instruments et de modèles employés par le School Board de Londres pour l'enseignement élémentaire des sciences physiques et naturelles. J'ai déjà eu l'occasion de décrire ailleurs ce système de *matériel circulant*. Ce n'est évidemment qu'un pis-aller, mais dont les Anglais ont tiré tout le parti possible, si bien qu'on se demande si cette méthode, qui ne laisse les objets et instruments de démonstration que pendant un certain temps dans chaque école, obligeant ainsi les maîtres à en faire usage sans délai, n'est pas, après tout, préférable à la possession d'un cabinet permanent, dont ils ne se hâtent pas toujours assez de se servir.

1. Voir les ouvrages et modèles de S. Barter, Londres.

Pour l'exposition des spécimens de dessins et peintures provenant des Écoles d'art de South Kensington, voir plus loin, aux conclusions, la notice spéciale à l'enseignement artistique.

Mentionnons, avant de passer outre, de très bonnes études à l'huile — objets groupés, nature morte, par exemple un excellent groupe de gibier, un pot de cuivre et des légumes d'un dessin très correct et d'un coloris très ferme. N'oublions pas qu'en 1892, il n'y avait pas moins de 115 848 élèves suivant les classes d'art du Department of South Kensington, dans le Royaume-Uni, sans compter les élèves (572) sortis de la National Art Training School de South Kensington, École normale pour la formation du personnel enseignant, maîtres et maîtresses de dessin, analogue à celle de Boston.

L'Angleterre, qui est si éveillée au point de vue des débouchés commerciaux, n'avait pas envoyé beaucoup de matériel scolaire à la galerie d'éducation. Sauf les spécimens de matériel de Kindergarten, et d'autres objets exposés par le School Board, je n'ai guère remarqué que les Cartes géographiques murales de G. W. Bacon, qui ont joui longtemps d'une grande vogue outre-Manche, mais qui, depuis le relèvement de notre librairie éducative, ne nous paraissent plus des rivales bien inquiétantes. On s'étonne même que nos voisins d'outre-Rhin, d'outre-Manche ou d'outre-mer, n'aient pas encore adopté ou imité nos cartes murales simplifiées (genre Vidal-Lablache), si précieuses pour l'enseignement collectif de la Géographie élémentaire.

*B.* **Canada.** — L'enseignement canadien était largement représenté à Chicago au Palais des Arts libéraux, par des envois de matériel et de travaux d'élèves, provenant des provinces d'Ontario et de Québec. La dualité religieuse s'accusait vivement dans l'école, et chacune des deux confessions rivales avait ses alcôves à part.

Nous avouons ingénument notre embarras à parler de l'enseignement au Canada. Comment nous défendre d'une naturelle partialité en faveur des Canadiens français, restés si fidèles à nos vieilles mœurs, à notre langue? D'autre part, comment ne pas rendre justice aux progrès rapides de l'éducation chez les Canadiens anglais, surtout dans la province d'Ontario qui avait envoyé au Congrès d'Éducation deux éminents représentants : M. Ross, Ministre de l'Éducation à Toronto, et M. Hughes, Inspecteur des écoles dans la même ville? « J'ai foi que le sentiment qui ressortira de ce congrès d'éducation, nous a dit M. Ross, c'est que la public School *is the citadel of the intelligence of the age*. Nous avions des Universités avant d'avoir des Écoles publiques, mais le mot d'ordre du XIX<sup>e</sup> siècle est : Instruisez les masses! Nous espérons que de ces congrès internationaux partira plus haut, plus fort que jamais ce cri : « Instruisez les masses, instruisez ceux qui vont bientôt avoir à voter ». Voilà certes un vrai langage républicain.

Les autorités scolaires des écoles catholiques du Canada ont évidemment moins d'ardeur pour la diffusion de l'enseignement et surtout pour l'éducation progressive des masses; c'est du reste pour le plus grand bien des populations, tel qu'il l'entend, que le clergé ne se presse pas trop de les pousser vers la pleine lumière; les Canadiens français sont si heureux, pense-t-il, dans leur sainte ignorance, leur vie patriarcale, leur prospérité agricole, leurs plantureuses familles! Ils continuent si volontiers à payer la dime, à faire passer le catéchisme avant tous les livres scolaires! En revenant du Canada en Europe. j'ai eu l'occasion d'avoir pour compagnon de cabine un ecclésiastique français, qui revenait d'une visite prolongée aux établissements agricoles et pédagogiques du Canada central, et j'ai eu toutes facilités pour causer avec lui et avec d'autres ecclésiastiques canadiens et français de ce régime semi-théocratique que la France dévote envie au Canada. Ces pieux pèlerins ne tarissaient pas d'admiration pour cet âge d'or qu'ils venaient de retrouver, ou plutôt pour cette résurrection de leur cher *ancien régime*. Heureux pays où le clergé n'a presque rien perdu de ses droits ni de ses privilèges, et où l'on fait à la science sa part, c'est-à-dire où la raison est réduite à la portion congrue! Mais quoique nos Canadiens de la province de Québec n'avancent que *claudo pede* dans la voie des réformes scolaires, il leur sera beaucoup pardonné, parce qu'ils ont beaucoup aimé; oui, beaucoup aimé la France et la langue française; et d'ailleurs n'exagérons rien; en somme l'enseignement est loin d'être négligé dans le

Canada français[1]. Nous en prenons à témoin d'abord le beau rapport de l'hon. M. Gédéon Ouimet, surintendant de l'Instruction publique[2] de la province de Québec pour l'année 1892-93, que nous avons sous les yeux, et ensuite les très nombreux et intéressants spécimens de travaux scolaires que nous avons vus examinés dans la section d'éducation du Canada catholique, à Chicago.

Ouvrons d'abord le document ci-dessus mentionné. Nous y voyons qu'il existe un Conseil de l'Instruction publique, subdivisé en deux Comités, présidés l'un et l'autre *ex officio* par M. Ouimet, savoir : 1° le Comité catholique, composé de 11 prélats et 11 laïques[3] ; 2° le Comité protestant, composé de 18 membres, dont 8 révérends. Ces deux Comités travaillent parallèlement, et ce système entretient une louable émulation, sans trop de conflits, paraît-il, chacun restant dans son domaine, et des rapports, d'une courtoisie qui va presque jusqu'à la cordialité, s'établissent entre les deux sections de ce Conseil. On ne cache rien au public. Les minutes des séances des deux comités figurent à la fin du Rapport de M. Ouimet, avec les

1. Voir Pierre Foursin, *la Colonisation française au Canada, Manitoba, territoires du Nord-Ouest, Colombie anglaise*, Ottawa, 1891 (imprimé par ordre du Parlement).

2. *Rapport du surintendant de l'instruction publique de la province de Québec pour l'année 1892-93*, imprimé par ordre de la Législature, Québec, chez Charles-François Langlois, imprimeur de Sa Très Gracieuse Majesté la Reine, 1893, 280, in-8. M. Ouimet est lui-même un exemple que l'on cite souvent quand on parle des familles canadiennes si proverbialement prolifiques. Il est d'usage que le curé, on dirait chez nous le maire, fasse élever aux frais de la paroisse, non le 7e, mais le 21e enfant ; or M. Ouimet était le 21e enfant de sa famille ; c'est à ce titre qu'il a été instruit aux frais de sa commune, et est ainsi arrivé aux éminentes fonctions de ministre de l'Instruction publique.

3. Comité catholique : l'hon. Gédéon Ouimet, surintendant président ; Son Éminence le cardinal Taschereau, archevêque de Québec ; Mgr l'archevêque de Montréal, Mgr l'archevêque d'Ottawa, Mgr l'évêque des Trois-Rivières, Mgr l'évêque de Sainte-Hyacinthe, Mgr l'évêque de Nicolet, Mgr l'évêque de Rimouski, Mgr l'évêque de Chicoutimi, Mgr l'évêque de Valleyfield, Mgr l'évêque de Sharbrooke ; Mgr N. Z. Lorrain, évêque de Cythère, vicaire apostolique de Pontiac ; Sir N. F. Belleau, l'hon. L. F. Masson M. S. C. P., l'hon. L. A. Jetté J. S. C. ; l'hon. H. Archambault C. L., l'hon. Th. Chapais, M. P. S. Murphy, M. Eugène Crépeau, avocat, M. H. R. Gray, M. J. L. Leprohon, docteur en médecine, et M. Paul de Cazes, secrétaire.

comptes rendus des tournées des inspecteurs, et des notes, appréciant, par des chiffres — comme on fait pour les élèves, — le degré de zèle et de capacité du personnel enseignant.

STATISTIQUES (année 1892-93).

Municipalités sous contrôle des commissaires ou syndics catholiques............................................ 916
Municipalités sous contrôle des commissaires ou syndics protestants .......................................... 305

Total........................ 1221

Maisons d'école en pierre.................................. 256
— en briques.............................. 336
— en bois................................. 1805

Total........................ 5397

Maisons d'école appartenant à la municipalité............. 4693
— louées............................................ 464
— employées pour des écoles indépendantes......... 240

Total........................ 5397

## ANNÉE 1892-93.

| NOMBRE D'ÉCOLES DANS LA PROVINCE DE QUÉBEC | ÉCOLES SOUS CONTRÔLE | | ÉCOLES INDÉPENDANTES | | TOTAUX |
|---|---|---|---|---|---|
| | Catholiques. | Protestantes. | Catholiques. | Protestantes. | |
| Écoles élémentaires........... | 3 961 | 906 | 88 | 8 | 4 963 |
| Écoles modèles............... | 323 | 49 | 121 | ....... | 493 |
| Académies.................... | 32 | 21 | 85 | 3 | 141 |
| Écoles normales.............. | ....... | ....... | 2 | 1 | 3 |
| Collèges classiques catholiques. | ....... | ....... | 17 | ....... | 17 |
| Collèges protestants affiliés aux universités.................... | ....... | ....... | ....... | 6 | 6 |
| Universités .................. | ....... | ....... | 2 | 2 | 4 |
| Écoles des sourds-muets et de aveugles.................... | ....... | ....... | 3 | 1 | 4 |
| Écoles des arts et manufactures. | ....... | ....... | ....... | ....... | 9 |
| Totaux............... | 4 316 | 976 | 318 | 21 | 5 640 |

## 1892-93.

| NOMBRE D'ÉLÈVES QUI ONT FRÉQUENTÉ : | ÉLÈVES CATHOLIQUES | | ÉLÈVES PROTESTANTS | | TOTAUX |
|---|---|---|---|---|---|
| | Garçons. | Filles. | Garçons. | Filles. | |
| Les écoles élémentaires, les écoles modèles et les académies sous contrôle.................... | 106 426 | 96 375 | 16 348 | 15 714 | 234 863 |
| Les écoles élémentaires, les écoles modèles et les académies indépendantes .................... | 9 349 | 21 913 | 543 | 534 | 32 339 |
| Les collèges classiques catholiques ........................ | 5 024 | ........ | ........ | ........ | 5 024 |
| Les écoles normales et les écoles annexes..................... | 340 | 196 | 184 | 353 | 1 073 |
| Les universités Laval et Mc Gill et celle du collège Bishop.... | 152 | ........ | 834 | 123 | 1 109 |
| Les écoles des sourds-muets et des aveugles................... | 168 | 300 | 27 | 19 | 514 |
| Les écoles des arts et manufactures ........................ | ........ | ........ | ........ | ........ | 1 047 |
| Totaux................ | 121 459 | 118 784 | 17 936 | 16 743 | 275 969 |
| MOYENNE DE LA PRÉSENCE DES ÉLÈVES | | | | | |
| Dans les écoles élémentaires... | ........ | ........ | ........ | ........ | 133 183 |
| Dans les écoles supérieures.... | ........ | ........ | ........ | ........ | 73 304 |
| Totaux................ | ........ | ........ | ........ | ........ | 206 487 |

## 1892-93.

| CLASSIFICATION DES ÉLÈVES D'APRÈS LEUR LANGUE MATERNELLE | FRANÇAIS | ANGLAIS | AUTRES LANGUES | TOTAUX |
|---|---|---|---|---|
| Élèves des écoles élémentaires catholiques ..................... | 154 654 | 5 637 | 483 | 160 774 |
| Élèves des écoles élémentaires protestantes ..................... | 1 840 | 25 330 | 35 | 27 205 |
| Élèves des écoles modèles et des académies catholiques.......... | 64 888 | 6 722 | ........ | 71 610 |
| Élèves des écoles modèles et des académies protestantes ........ | 318 | 7 294 | 1 | 7 613 |
| Totaux.............. | 221 700 | 44 983 | 519 | 267 202 |

N. B. — Il y a de plus dans les écoles normales, les collèges, les universités et les écoles spéciales, 8 767 élèves dont la classification n'est pas donnée.

## 1892-93.

| ÉLÈVES DANS LES DIFFÉRENTES ANNÉES DU COURS D'ÉTUDES | Dans les écoles élémentaires catholiques. | Dans les écoles élémentaires protestantes. | Dans les écoles modèles et les académiques catholiques. | Dans les écoles modèles et académiques protestantes. | Dans les écoles élémentaires, totaux. | Dans les écoles modèles et les académiques, totaux. |
|---|---|---|---|---|---|---|
| Cours élémentaire, 1re année. | ...... | ...... | ...... | ...... | 75 612 | ...... |
| Cours élémentaire, 2e année. | ...... | ...... | ...... | ...... | 52 455 | ...... |
| Cours élémentaire, 3e année. | ...... | ...... | ...... | ...... | 36 851 | ...... |
| Cours élémentaire, 4e année. | ...... | ...... | ...... | ...... | 20 772 | ...... |
| Cours modèle. | ...... | ...... | ...... | ...... | 2 337 | ...... |
| Cours élémentaire. | ...... | ...... | ...... | ...... | ...... | 60 410 |
| Cours modèle, 1re année. | ...... | ...... | ...... | ...... | ...... | 9 397 |
| Cours modèle, 2e année. | ...... | ...... | ...... | ...... | ...... | 5 197 |
| Cours académique, 1re année. | ...... | ...... | ...... | ...... | ...... | 2 654 |
| Cours académique, 2e année. | ...... | ...... | ...... | ...... | ...... | 1 517 |
| Élèves français apprenant la langue anglaise. | 14 182 | 1 517 | 33 576 | 290 | 15 699 | 33 866 |
| Élève anglais apprenant la langue française. | 2 361 | 7 550 | 4 575 | 4 870 | 9 911 | 9 445 |

## PERSONNEL ENSEIGNANT

*Congréganistes :*

1° Dans les écoles catholiques.

### Hommes.

| | | |
|---|---|---|
| Membres du clergé catholique. | 436 | |
| Frères des écoles chrétiennes. | 281 | |
| Diverses congrégations. | | 1 128 |
| S' Viateur, Sainte-Croix, maristes. | | |
| Sacré Cœur, etc. | | |

### Femmes.

| | | |
|---|---|---|
| Sœurs de la Congrég. de N.-Dame. | 559 | |
| — de Charité. | 252 | |
| — de la Présentation de Marie. | 188 | 2 098 |
| — de Sainte-Anne. | 207 | |
| — de la Providence, etc., etc. | | |
| Total. | | 3 226 |

*Laïques :*

| INSTITUTEURS ET INSTITUTRICES | NOMBRE | TOTAL DES TRAITEMENTS | MOYENNE DES TRAITEMENTS |
|---|---|---|---|
| **INSTITUTEURS LAÏCS DANS LES ÉCOLES CATHOLIQUES** | | $ cts. | $ cts. |
| Ayant un brevet d'une école normale.. | 93 | | |
| Ayant un brevet d'un bureau d'examinateurs.......................... | 135 | 95 476 00 | 118 75 |
| Non brevetés.......................... | 64 | 12 585 90 | 196 64 |
| **INSTITUTEURS LAÏCS DANS LES ÉCOLES PROTESTANTES** | | | |
| Ayant un brevet d'une école normale.. | 41 | | |
| Ayant un brevet d'un bureau d'examinateurs.......................... | 64 | 73 896 00 | 703 77 |
| Non brevetés.......................... | 15 | 8 983 00 | 599 88 |
| **INSTITUTRICES LAÏQUES DANS LES ÉCOLES CATHOLIQUES** | | | |
| Ayant un brevet d'une école normale.. | 190 | | |
| Ayant un brevet d'un bureau d'examinateurs.......................... | 3 050 | 351 574 00 | 108 51 |
| Non brevetées.......................... | 1 003 | 73 411 00 | 73 19 |
| **INSTITUTRICES LAÏQUES DANS LES ÉCOLES PROTESTANTES** | | | |
| Ayant un brevet d'une école normale.. | 283 | | |
| Ayant un brevet d'un bureau d'examinateurs.......................... | 787 | 199 416 00 | 185 75 |
| Non brevetées.......................... | 79 | 11 108 00 | 140 61 |
| Totaux.................. | 5 806 | 826 449 00 | 142 21 |
| Professeurs laïcs enseignant dans les universités, les écoles normales, les collèges affiliés protestants et les écoles spéciales.................. | 265 | | |
| Grand total du personnel laïc.... | 6 071 | | |

Pour remédier à l'insuffisance du personnel enseignant,
M. Ouimet propose de faire faire des conférences pédagogiques de 2 jours par les inspecteurs. Cet aveu est significatif.

Rien n'est plus intéressant que la lecture des rapports des
inspecteurs d'écoles; presque tous ont de beaux vieux noms
français : Beaulieu, Bézin, Béland, Belcourt, Bellerose, Bou-
chard, Brault, Demers, Destroismaisons, Dubeau, Dupuis, Fon-
taine, Gay, Lefebvre, Lévesque, Lussier, Nantel, Paquet, Pré-

mont, Prud'homme, Roy, Ruel, Savard, Tanguay, Tétreault, Tremblay, Vien. La plupart gémissent de l'incapacité des maîtres, surtout des maîtresses non brevetées, ou brevetées sans examen sérieux. Excellente pratique que celle de ces rapports d'inspecteurs imprimés et publiés chaque année, et où les écoles sont, non seulement jugées et appréciées, mais classées par ordre de mérite, — le règlement l'exige. Voilà ce qu'on gagne à la proximité d'une grande République.

Dans beaucoup de districts, en somme, les choses semblent en progrès : à Montréal surtout et à Québec, l'émulation des écoles protestantes et catholiques produit d'excellents résultats; les locaux, le matériel et le mobilier s'améliorent; l'assiduité scolaire est encouragée, et les maîtres et maîtresses diplômés remplacent le personnel enseignant sans vocation et sans brevet [1].

A Montréal, j'ai été très frappé des relations courtoises et cordiales des écoles catholiques et protestantes. Après avoir visité la belle école du Plateau, dépendant du Comité catholique et dirigée par M. Archambault, que je connaissais de longue date, j'ai prié notre sympathique compatriote de me faire voir d'autres établissements scolaires; il m'a proposé lui-même de me conduire aux plus récentes créations du comité rival, notamment à la *high school* de garçons, dont l'aménagement et l'outillage sont de premier ordre. Le principal de cette école et son collègue catholique étaient dans les meilleurs termes, et l'on voyait qu'il n'y avait entre eux qu'une saine compétition pour le bien et le progrès.

J'ai beaucoup admiré aussi les nouvelles installations et dépendances scientifiques et technologiques de la célèbre université Mcgill, dont la description ne rentre pas dans cette partie du Rapport; mais cela ne m'empêche pas de remercier les personnes qui m'y ont si courtoisement conduit et accueilli.

1. Dans son rapport, M. l'abbé Verreau, principal de l'École normale Jacques-Cartier à Montréal, se plaint du nombre de candidats mal préparés qui se sont présentés à l'examen d'admission « depuis quelque temps, depuis que l'enseignement, dit-il, devenu une carrière plus ou moins passagère, suscite chaque année des centaines d'institutrices dont toute la préparation consiste à se rendre capables de subir un examen de quelques heures, et qui vont ensuite s'engager au rabais ».

Les trois Écoles normales d'État de la province de Québec sont : l'École normale Laval, l'École normale Mcgill et l'École normale Jacques-Cartier.

*L'École normale Laval*, que j'ai eu le plaisir de visiter à mon premier voyage à Québec, est dirigée par l'abbé Th.-G. Rouleau, qui a visité l'Europe en 1891. Il assure le gouvernement dans son rapport (septembre 1893) que le nouveau mobilier scolaire adopté par son établissement pourrait rivaliser avec ce qu'il a vu de mieux en Europe et à l'exposition de Chicago.

Il dirige une double École normale qui compte 112 élèves, savoir :

```
Élèves-maitresses.......... ............... 66
Élèves-maitres ........................... 46
```

Mais qu'on ne crie pas au scandale. L'école n'est pas mixte, comme cela a lieu presque partout en Amérique. Les élèves-maitresses sont confiées aux soins des révérendes dames Ursulines, « dont les rapports avec moi, dit le directeur, sont marqués au coin de la plus exquise délicatesse et de la plus sincère cordialité ». Il se loue beaucoup de leurs services « inappréciables » et du travail des élèves des deux sexes.

Les écoles annexes ont été fréquentées par :

```
Filles..... ...... ...................... 115
Garçons ................................ 79
        Total.................. 194
```

A Montréal, le Dr S.-P. Robins, principal de l'*École normale Mcgill*, fondation protestante ou plutôt laïque, qu'il ne faut pas confondre avec la belle université du même nom, est très satisfait aussi du travail et de la conduite de ses nombreuses élèves-maitresses et de ses élèves-maitres.

Il néglige d'en indiquer le total, mais il parle de 83 élèves-instituteurs diplômés en 1892-1893, dont 51 pour l'enseignement élémentaire, ce qui accuse un contingent considérable. Les nouvelles recrues ont été, dit-il, pour la même année, de 102 élèves-institutrices et de 3 élèves-instituteurs. C'est un externat mixte, comme aux États-Unis. Pourtant il n'a pas assez d'éloges pour leur conduite :

« Il ne s'est élevé, dit-il, absolument aucune difficulté en matière de discipline. A la fin de l'année scolaire, professeurs et élèves se sont séparés avec une sincère affection et un égal respect mutuel. Il est impossible pour le personnel de cette école de regarder ses devoirs comme une corvée. Nous sommes souvent fatigués, mais l'absence complète de jalousie et de dépits secrets sert à renouveler nos forces. Tous nos efforts tendent à assurer le progrès et le bien-être de cette école dans toutes ses branches. »

Il ne regrette que la modicité des subventions, qui empêche de donner tout le développement nécessaire à l'École normale et à ses annexes ou écoles modèles, où les élèves affluent (460, dont 260 filles).

*L'École normale catholique de Montréal* est l'école Jacques-Cartier. Elle n'avait pas pu participer à l'exposition de Chicago à cause d'un surcroît de besogne, mais je l'avais visitée en 1885.

En 1893, elle comptait 61 élèves-maîtres (savoir 36 anciens et 25 nouveaux), dont 44 pensionnaires. Il y a quatre années, dont le contingent d'élèves-maîtres était réparti comme suit :

| | |
|---|---:|
| Année préparatoire | 21 |
| Seconde année | 22 |
| Troisième année | 10 |
| Quatrième année | 8 |
| Total | 61 |

L'école annexe comptait 140 élèves.

L'abbé Verreau, principal, termine son rapport en regrettant que le Conseil de l'Instruction publique n'ait pas envoyé un délégué à Chicago pour étudier l'exposition scolaire. « Il y avait à y faire, dit-il, des observations nombreuses, qui auraient pu profiter à tous ceux qui enseignent, comme à ceux qui, sans enseigner, aiment à suivre le mouvement intellectuel dans les différents pays. » Et il ajoute : « Pour l'éducation religieuse, nous n'avons rien à emprunter ailleurs; dans l'éducation de famille, nous avons bien des réformes à opérer; nous pouvons les opérer sans nous occuper de ce qui se passe chez nos voisins; mais il n'en est pas ainsi de l'instruction. Il faut voir comment l'enseignement est entendu ailleurs : il faut étudier les systèmes et les méthodes qui paraissent donner les meilleurs résultats. Notre position politique nous oblige à nous mettre au courant de ce qui se fait dans les autres pays. »

Voilà bien parler, et on est heureux de voir que certains membres du clergé canadien prêchent eux-mêmes l'examen loyal des méthodes et se préoccupent du progrès.

L'étude de l'exposition scolaire de la province d'Ontario nous entraînerait trop loin. Cette province, on le sait, est un pays modèle pour l'enseignement à tous ses degrés. On s'en convaincra en lisant, dans les *Addresses and Proceedings* du Congrès d'éducation de Chicago, les discours de M. Milton Ross, ministre de l'instruction publique à Toronto [1].

1. Dans une allusion à la France, M. Ross disait : « Je suis heureux d'apprendre que la France, anxieuse d'établir le republicanisme, n'oublie pas que le fondement de toute démocratie est l'éducation du peuple. (*Applaudissements.*) » Parlant de la province d'Ontario, il s'est exprimé ainsi : « Dans la province que j'ai l'honneur de représenter, nous avons environ 9 000 *teachers*, et 1 demi-million d'écoliers et écolières pour une population d'environ deux fois celle de Chicago.... Notre enseignement forme un tout, depuis le Kindergarten jusqu'à l'université; c'est par examen qu'on passe de l'*elementary school* à la *high school* et de la *high school* à l'université. Nous croyons que ce système est une économie de temps, d'argent et de force éducationnelle. » — M. Ross exposait ensuite que la province d'Ontario, en cela encore en avance sur bien des pays, a séparé l'apprentissage professionnel à l'École normale de l'achèvement des études nécessaires pour l'obtention des brevets. Les Écoles normales, qui faisaient autrefois les deux préparations, sont devenues essentiellement des pépinières d'instituteurs et d'institutrices, des collèges de pédagogie. On laisse à la *high school*, dont cela rehausse beaucoup l'importance, le soin de préparer aux examens des brevets, dans des sections spéciales, les candidats à la carrière de l'enseignement, et l'on fait entrer ensuite les diplômés à l'École normale pour y faire surtout un stage d'éducateurs, pour y observer, pour y essayer en action à la *model-school* les méthodes d'enseignement, pour y étudier la psychologie et la pédagogie théoriquement et pratiquement. De plus, les *teachers* doivent tous passer un certain temps avec les tout petits, pour apprendre à étudier l'enfance, à bien commencer l'éducation; ils séjournent donc un certain temps à la classe enfantine, au *kindergarten*, qui est considéré comme une partie intégrante du système scolaire canadien.— Ce sont là certes des faits dignes de mention. En voici un autre également intéressant. Il y a dans la province d'Ontario 5s écoles modèles primaires — nous dirions, écoles d'application. — où les nouveaux teachers vont passer 4 mois, pour recevoir l'instruction sur les méthodes. On les charge ensuite pour trois ans, à l'essai, *on probation*, d'aller enseigner dans les écoles de l'intérieur, sous le contrôle et la direction des inspecteurs. Au bout de la première année, si le succès a

Rappelons à ce propos, avec les plus grands éloges, le mémoire intitulé (*ibid.*, p. 410) *The gradation in normal and training schools*, by Th. Kirkland, principal de l'École normale de Toronto.

Les documents publiés spécialement à l'occasion de l'exposition de Chicago par les autorités du Canada anglais étaient aussi de la première importance et contenaient un grand nombre de plans et élévations des récentes constructions d'enseignement public dignes d'être comparées aux plus parfaits édifices de ce genre aux États-Unis.

Rappelons enfin qu'il y avait dans la section du Canada une exposition intéressante de travaux, provenant des enfants indiens du nord-ouest du Canada. C'était le *Department of Indian affairs* à Ottawa, capitale du Canada, qui avait organisé cet exhibit. Le plus curieux était qu'on avait envoyé pour figurer à l'exposition un certain nombre de jeunes Indiens, garçons et filles, avec leurs *teachers*. Ils se livraient devant le public à leurs occupations et travaux accoutumés, comme ils le font dans les *Indian schools* du gouvernement canadien. Autour d'eux on voyait les produits du travail de l'Indien civilisé, le grain qu'il a semé et récolté, la farine qu'il a moulue, les racines et légumes qu'il a cultivés, ainsi que les objets d'industrie qu'il a manufacturés lui-même, enfin des spécimens de ses armes de guerre et de chasse.

*C*. **Jamaïque.** — M. G.-W. Hicks, inspecteur des écoles à la Jamaïque [1] (West Indies), a fait au Congrès d'enseignement primaire une intéressante communication intitulée : *Race charac-*

couronné ses efforts, le *teacher* est admis à l'École normale provinciale, pour y recevoir, pendant six mois, l'enseignement psychologique et pédagogique, tel qu'il se donne dans les meilleures Écoles normales d'Amérique et d'Allemagne, nous a dit M. Ross, qui revenait alors de visiter les Écoles normales allemandes. — Encore un trait à signaler : l'uniformité des *text-books*. « En Ontario nous croyons, a dit M. Ross, que l'éditeur est fait pour la classe et non la classe pour l'éditeur. » C'est pourquoi les livres de classe sont faits par un groupe d'instituteurs et d'éducateurs « à l'unisson du sentiment canadien, ce qui veut dire liberté et progrès », et en conformité avec ce qu'on veut qui soit enseigné et avec les méthodes d'enseignement les plus estimées. Reliure, typographie, prix, tout est fixé, après mûr examen, par le département de l'instruction publique, et le pays se trouve admirablement de ce système. »

1. Voir *Addresses and Proceedings*. p. 272.

*teristics.* Il s'agissait de l'instruction des noirs de la Jamaïque; en fait d'éducation M. Hicks croit que ce qui est bon à Chicago pour les petits blancs américains, l'est aussi à Kingtown pour les petits enfants de couleur. Les enfants de toute race ont besoin de trois choses : connaissance, capacité d'agir, et aspiration à un haut idéal. Mais l'école ne suffit pas, il faut encore « son environnement », et c'est ce que l'enfant trouve en Amérique, tandis qu'à la Jamaïque l'environnement n'est pas très sain. La famille n'y donne pas l'impulsion qu'elle donne aux enfants des fermiers du New England ou des ouvriers des États de l'Ouest. M. Hicks se plaint que ce qu'on fait surtout à la Jamaïque consiste à démolir les vieilles églises pour en rebâtir de neuves. L'instituteur est souvent chargé de surveiller les charpentiers et les maçons dans ce travail. Il y en a besoin, car les ouvriers sont souvent de la force de cet homme qui avait fait un gros trou dans sa porte pour faire passer sa chatte, et de petits trous pour les petits de la chatte; il y a grand besoin qu'on enseigne ce qui peut ouvrir l'esprit et aider à penser. Le gouvernement est sur le point d'introduire l'enseignement agricole, très nécessaire à la Jamaïque. Les écoles que M. Hicks a inspectées sont généralement très fortes pour la calligraphie, il y a aussi de bons résultats pour les autres branches, mais ce qui manque, c'est la capacité d'agir et l'aspiration au progrès.

*b.* **Australie.** — La Nouvelle-Galles du Sud avait participé, seule des provinces australiennes, à l'exposition d'Éducation. Elle avait conservé ses exhibits scolaires dans sa section industrielle.

Le département de l'Instruction publique de Sydney, la doyenne des villes australiennes, avait envoyé :

1° Dans la classe 842 (Primary schools) : des séries de grandes photographies des principaux bâtiments scolaires de la province de la Nouvelle-Galles du Sud. Nous avons eu déjà, à l'exposition de Melbourne, l'occasion d'examiner les plans et photographies de ces écoles, et nous nous rappelons avec quel soin cette province avait tenu à montrer les sacrifices si louables qu'elle a faits et continue à faire pour l'instruction. Elle sait que noblesse oblige, et comme elle est la plus ancienne colonie, elle veut donner le bon exemple; mais sa voisine et rivale, la colonie de Victoria, qui a eu longtemps pour ministre de l'Instruction publique un homme du premier mérite, le regretté professeur Pearson, qui vient de mourir à Londres, marche activement sur ses traces.

2° Le département de l'Instruction publique exposait encore un important *Rapport sur les Bâtiments scolaires*, par Edw. Combes [1].

3° Un choix de travaux d'élèves des écoles primaires, et chaque objet exposé, cahier d'élève ou pièce de couture, était catalogué à part dans le catalogue officiel de N. South Wales. Avaient surtout pris part à cet envoi de travaux d'écoliers et d'écolières les villes d'Albury, Armidale, Burwood (bons spécimens de couture), Cook's Hill, Forest Lodge, Gladstone Park, Model School de Fort Street (Sydney), Newcastle, Puddington, Parametta, Rought, Singleton, Summer Hill, Thalaba, Waverley (Travaux de jardins d'enfants, cahiers et dessins), Wickham (cahiers et couture), Windsor.

Dans la classe 847 (enseignement technique), le département de l'Instruction publique exposait, avec le *Rapport officiel* sur le sujet, par Edw. Combes [2], des photographies du nouveau collège technique ou d'arts et métiers de Sydney (façade, salles de conférence, ateliers, laboratoires de chimie, etc.), et une série de travaux d'élèves (architecture, classe de charpente, d'ébénisterie, travaux du plombier, du maçon, du marbrier, avec dessins de mécanique, fonderie, tour de bois, carrosserie, etc.), imitation visible de *Technical college* de South Kensington, à Londres, dirigé par Sir Ph. Magnus.

Venait enfin un exhibit des classes d'art, dessin d'imitation, dessin d'architecture, moulage, modelage, photo-lithographie, art industriel, peinture décorative, calligraphie, phonographie, etc.

---

1. *Report on School Buildings, 1880,* by Edward Combes C. M. G. Parmi les belles photographies, notons celles des écoles de Surrey Hills, Pyrmont, Ryde Fort Street, Burwood, Redfern. L'école australienne ressemble à l'école américaine, moins l'assembly room. Elle a généralement deux étages; elle est mixte quant aux sexes, même dans les grandes villes, et le logement du directeur n'est pas compris dans le bâtiment.

2. Voir *Reports on technical education,* by Edward Combes C. M. G. — *Reports on manual Training.*

Ce système d'enseignement technique gouvernemental (*State technical training*) ne datait que de trois années, et déjà il avait donné d'importants résultats, comme l'attestaient les exhibits ci-dessus mentionnés. Le collège technique de Sydney est situé dans Harris Street, près de la *Sydney Railway station*. Il est contigu à un important musée de technologie; les ateliers sont arrangés pour un grand nombre d'industries et métiers divers. Le collège a des annexes dans plusieurs villes de la province.

| Statistiques. | 1891 | 1892 | Augmentation. |
|---|---|---|---|
| Nombre de classes | 295 | 306 | 11 |
| — d'élèves inscrits | 8466 | 10 089 | 1623 |
| — d'élèves examinés | 2563 | 3 332 | 769 |
| — d'élèves admis aux examens. | 1704 | 2 271 | 567 |

*E*. **Nouvelle-Zélande.** — « Une des hautes autorités scolaires de Londres, dit M. Stanley Hall dans l'*University Magazine*, déclarait récemment que les écoles de la Nouvelle-Zélande étaient parmi les meilleures du monde. » On s'en convaincra en lisant le *Rapport* de sir Robert Stout, ancien ministre de l'instruction publique, *sur l'enseignement primaire et secondaire de la Nouvelle-Zélande*, document qui figure dans le *Report* du D<sup>r</sup> Harris, de Washington, *pour 1890-91*, p. 45. En voici quelques extraits :

Population de la Nouvelle-Zélande : 686 651.

Le pays est divisé en 13 « education districts », subdivisés en school districts; il y a dans chaque district un système de comités scolaires élus.

| | |
|---|---|
| Dépenses pour 1890, en subventions aux comités scolaires. | £ 107 492 |
| Nombre des écoles primaires, élémentaires, publiques | 1 272 |
| — des teachers | 3 965 |
| Age scolaire : de cinq à quinze ans | |
| Age scolaire obligatoire : de sept à treize ans | |

On ne peut nier que ce soient des chiffres éloquents.

Ce qui ressort de ce beau rapport, surtout pour les *high schools* et les établissements d'enseignement secondaire, c'est, comme le dit le D<sup>r</sup> Harris, l'habileté de l'Angleterre à unir la centralisation, en ce qui regarde la surveillance des intérêts tout à fait généraux, avec l'administration locale et le *self government*.

J'ai eu la bonne fortune de faire à sir Robert Stout les honneurs de la section française d'éducation à l'Exposition de Melbourne, en 1888, et cet éminent homme d'État, un des esprits les plus avancés de l'Australasie, libre penseur au meilleur sens du mot, s'est déclaré si enchanté de ce qu'il avait vu, si persuadé que son pays gagnerait à le voir, qu'il s'est empressé de faire adresser par le gouvernement de Nouvelle-Zélande une demande officielle au ministre de l'Instruction de France, pour obtenir l'envoi en Nouvelle-Zélande de nos exhibits scolaires. Ils auraient figuré à l'exposition qui devait avoir lieu à Dunedin ; le Ministère, flatté de cette demande, avait consenti ; malheureusement l'ordre de participer à cette exposition n'est arrivé qu'après la réexpédition en France de nos principaux exhibits. Mais, sachons-le, nous avons là-bas, en Nouvelle-Zélande, des amis, des appréciateurs chaleureux.

On a publié dans les *Addresses and Proceedings* du Congrès d'éducation de Chicago un mémoire par mistress Stedman Aldis sur l'éducation des femmes en Nouvelle-Zélande. On y voit que les femmes sont traitées en Nouvelle-Zélande sur un pied d'égalité avec les hommes, au point de vue de l'instruction. Elles sont éligibles aux comités scolaires. Les filles concourent avec les garçons aux bourses d'enseignement secondaire (*scholarships*), qui permettent aux élèves avancées des écoles primaires de continuer leurs études aux collèges de Christchurch, Dunedin et Auckland, et d'arriver jusqu'aux universités. L'enseignement primaire est généralement mixte comme en Australie. L'université de Nouvelle-Zélande est fière d'avoir conféré le degré de bachelier ès arts à une femme il y a vingt ans, et d'avoir ainsi devancé en libéralisme toutes les universités de la mère patrie. Le mémoire se clôt par une charmante conclusion, empruntée, dit-il, aux coutumes maori : « Salut, salut à tout le monde là-bas ! » Greetings ! greetings to you every one ! greetings from the little Islands to the great continent ! [1] »

_______

1. *Addresses and Proceedings*, p. 883.

## II. — ALLEMAGNE.

Parmi les organisateurs de la section d'enseignement allemande, on cite les noms de MM. les prof. Waetzoldt, de Berlin, président, Ditmar Finklar, de Bonn, Lichterfeld, de Berlin, pour l'enseignement supérieur; D<sup>r</sup> Kallen, inspecteur des écoles, pour la partie primaire, et M. l'architecte Jaffé[1].

Quatre grandes divisions avaient été adoptées pour la classification des documents : 1° écoles primaires; 2° écoles supérieures de jeunes filles (que l'on ne considère pas tout à fait en Allemagne comme faisant partie de l'enseignement secondaire); 3° écoles secondaires de garçons; 4° universités.

Est-ce illusion ou fatuité de notre part? il nous a bien semblé, en parcourant la grande et spacieuse section scolaire allemande au Palais des Arts libéraux, que le commissaire général allemand, Herr Wermuth, encore une ancienne connaissance de l'exposition de Melbourne, et qui nous y avait très fort complimenté sur la disposition et l'installation de notre section française de l'Instruction publique, avait un peu repris à Chicago cette disposition pour la section allemande. En effet, c'était à peu près, quoique avec plus de luxe, la même ordonnance pour le fond comme pour la forme, pour les choses exposées et pour le mode d'exposition. Rien de plus légitime, bien entendu, et nous n'avons pas été seuls à en faire la remarque. C'était en tout cas la première fois que nous voyions l'Allemagne faire participer à une exposition, d'une façon méthodique et complète, les divers ordres de son enseignement, depuis l'école populaire et même le Kindergarten, jusqu'aux universités les plus anciennes et les plus renommées.

Disons-le bien vite : comme les universités sont la grande originalité, le vrai secret peut-être de la force de l'Allemagne, c'était pour elles qu'on avait réservé les plus grands espaces. Ce n'est pas à nous à décrire cette partie si importante de l'expo-

---

1. Voir, dans la *Gazette de la Croix*, les impressions du D<sup>r</sup> Neubaur sur la section scolaire allemande, et le résumé de ses vues dans la *Revue Internationale de l'Enseignement*, 15 novembre 1894, p. 463, Paris, A. Colin, éditeur.

sition scolaire allemande. Bornons-nous à mentionner les exhibits concernant l'instruction primaire et primaire supérieure, si l'on peut employer cette expression en parlant de nos voisins d'outre-Rhin.

Les *gymnasia*, *progymnasia* et *real gymnasia* tenaient aussi plus de place que les écoles populaires proprement dites, bien que celles-ci fussent représentées par un nombre suffisant de travaux d'élèves, de spécimens de matériel didactique, de livres, d'images murales, de *text-books*, de plans d'écoles, de programmes, d'emplois du temps, de rapports et de statistiques.

Commençons par quelques données de statistique scolaire de Prusse, publiées sous forme de petites brochures, format de poche, à l'instar sans doute de celles qu'avait préparées en si grand nombre et avec tant de luxe l'État de New York. On pouvait obtenir assez facilement ces imprimés, en s'adressant aux gardiens de la section allemande.

On distribuait surtout quelques extraits de statistique, comme le suivant, montrant l'accroissement des traitements depuis une trentaine d'années.

## ROYAUME DE PRUSSE

### ÉCOLES POPULAIRES PUBLIQUES (OEFFENTLICHE VOLKSSCHULEN).

| Moyenne des traitements des instituteurs. | 1821 | 1861 | 1871 | 1891 |
|---|---|---|---|---|
| | Marcs. | Marcs. | Marcs. | Marcs. |
| Dans les villes.............. | 638 | 846 | 1 042 | 1 702 |
| Dans les campagnes.......... | 258 | 548 | 678 | 1 253 |
| Moyenne générale..........·... | 323 | 634 | 797 | 1 118 |

*Percentage des maîtres qui avaient un traitement :*

| a) Dans les villes. | 1821 | 1874 | 1891 |
|---|---|---|---|
| Au-dessous de 450 mares........... | 36.24 | 1,21 | 0,05 |
| —    450 à   900 mares... | 43.85 | 30,84 | 6,69 |
| —    900 à 1 200    ·  ... | 11.18 | 29,21 | 21,44 |
| 1 200 à 2 100    ·· ... | 8,66 | 34,01 | 48,43 |
| 2 100 mares ........... | 0,08 | 4,74 | 23,39 |

| b) Dans les campagnes. | | | |
|---|---|---|---|
| Au-dessous de 450 mares........... | 86,28 | 3,06 | 0,05 |
| —    450 à   900 mares... | 12,42 | 64,95 | 17,32 |

| | | | |
|---|---|---|---|
| Au-dessous de 900 à 1 200 — ... | 1,20 | 24,42 | 36,00 |
| — 1 200 à 2 100 — ... | 0,10 | 7,43 | 42,89 |
| — 2 100 marcs......... | — | 0,42 | 3,74 |

*c) Moyenne générale.*

| | | | |
|---|---|---|---|
| Au-dessous de 450 marcs........... | 77,72 | 2,46 | 0,05 |
| — 450 à 900 marcs... | 17,81 | 53,78 | 13,42 |
| — 900 à 1 200 — ... | 2,90 | 26,01 | 30,66 |
| — 1 200 à 2 100 — ... | 1,56 | 16,16 | 44,92 |
| — 2 100 marcs......... | 0,01 | 1,60 | 10,95 |

Il y avait aussi d'intéressantes statistiques relatives aux élèves des Écoles normales (Seminaristen). On sait que le mot Seminar en allemand signifie, d'après son sens étymologique, pépinière, École normale.

| | 1870 | 1892 |
|---|---|---|
| Normaliens dans les Écoles normales......... | 5 008 | 10 836 |
| Dépenses pour l'entretien des Écoles normales. | 1 607 850 m. | 4 944 481 m. |
| Part de l'État dans ces dépenses............. | 1 039 287 m. | 3 361 445 m. |
| Frais d'entretien annuel d'un normalien..... | 321 m. | 456 m. |
| Il y avait un normalien sur.................. | 4 930 hab. | 2764 hab. |

La progression est constante, mais ces chiffres n'avaient rien de surprenant pour le pays des dollars. Comme en France, les dépenses scolaires ont plus que triplé en vingt ans, en Prusse, pays qui passait déjà, il y a vingt ans, pour avoir d'excellentes écoles. Est-il si étonnant que nous, qui étions restés considérablement en arrière, nous ayons été obligés aussi de tripler notre budget de l'instruction primaire?

D'après d'autres renseignements statistiques que nous fournit le Dr Klemm, du Bureau d'éducation de Washington, voici le nombre des Écoles normales en 1891 :

| | | | | |
|---|---|---|---|---|
| Prusse, | 120 | dont | 8 | pour les femmes [1]. |
| Bavière, | 14 | — | 8 | — |
| Saxe, | 20 | — | 2 | — |
| Würtemberg, | 9 | — | 3 | — |
| Grand-Duché de Bade, | 5 | | | |
| Hesse, | 4 | — | 1 | — |

1. En 1892, le nombre des Écoles normales d'État était en Prusse de 121, dont 10 pour les femmes; la coéducation n'existe pas dans l'enseignement secondaire en Prusse. Il y en avait 77 protestantes, 40 catholiques et 4 mixtes, quant au culte. Il y avait dans ces 121 Écoles normales d'État un personnel de 121 directeurs, 120 professeurs principaux (Hauptlehrer), 570 professeurs, 128 professeurs adjoints et 31 maîtresses. La partie la plus intéressante du compte rendu du Dr Klemm est le chapitre intitulé « Symposium » (Banquet), c'est-à-dire recueil des opinions des divers péda-

| | | | |
|---|---|---|---|
| Thuringe, | 17 dont | 3 pour les femmes. | |
| Brunswick, | 4 — | 2 | — |
| Hambourg, ville libre 1, | 3 — | 2 | — |
| Brême, | 3 — | 2 | — |
| Alsace-Lorraine, | 9 — | 3 | — |
| Autriche, | 70 — | 28 | |
| Hongrie, | 25 — | 7 | — |

En somme, le D<sup>r</sup> Klemm calcule que l'Allemagne possède un total de 283 Écoles normales, 200 pour les instituteurs et 83 pour les institutrices. De ces 283 institutions, 202 sont des Écoles normales d'État, et 81 sont privées, mais sous le contrôle de l'État. Quant au nombre total des élèves-maîtres et maîtresses, l'auteur l'évalue approximativement à plus de 23 000, dont plus de 18 000 dans les Écoles normales d'État.

Cela donne pour l'ensemble de l'Empire allemand une moyenne d'environ 1 normalien par 2 110 habitants; et en Autriche, où il y a environ 9 800 élèves dans les Écoles normales, la moyenne est de 1 normalien par 2 450, tandis qu'elle est de 1 normalien par 4 018 habitants en Hongrie et de 1 par 1 457 en Suisse. Aux États-Unis, où l'on évaluait le nombre des élèves d'Écoles normales à 34 481 en 1890, la moyenne serait satisfaisante aussi, à peu près 1 normalien par 1 816 habitants. Mais le D<sup>r</sup> Klemm fait remarquer que ce calcul est basé sur une donnée trompeuse, car un grand nombre des élèves des Écoles normales d'Amérique n'a pas en vue la carrière de l'enseignement, et, de plus, la durée des études n'est souvent dans ces écoles que de deux années; il n'y a donc pas réellement 1 normalien ou normalienne par 1 816 habitants.

gogues allemands consultés par le Bureau d'éducation sur la question du vrai rôle des Écoles normales. « Doivent-elles compléter les études générales (*academic studies*) ou se borner à la formation pédagogique et professionnelle des maîtres et maîtresses? » Sur 16 seminar-directoren consultés, 13 se sont prononcés pour donner aux Écoles normales un rôle exclusivement pédagogique et professionnel. Sur la question de savoir si les Écoles normales seront non confessionnelles, 10 réponses sur 16 sont affirmatives. L'internat est rejeté d'une façon décisive par 7 des pédagogues consultés. Les autres questions portent sur la place à choisir pour les Écoles normales (petites ou grandes villes?), sur la formation du personnel enseignant des Écoles normales, etc.

1. J'ai eu l'occasion de visiter récemment la nouvelle École normale d'instituteurs de Hambourg. C'est un grand externat très bien aménagé et qui rappelle les Normal Schools d'Amérique.

STATISTIQUE RELATIVE A LA FRÉQUENTATION ET A L'ASSIDUITÉ SCOLAIRES.

*Enfants d'âge scolaire obligatoire (de 6 à 14 ans).*

En 1871...................................................  4 464 906
En 1891...................................................  5 401 566

*Enfants instruits dans les écoles publiques (öffentliche Volksschulen).*

En 1871...................................................  3 900 655
        C'est-à-dire p. 100....................  87,36
En 1891...................................................  4 916 476
        C'est-à-dire pour 100..................  91.02

*Enfants instruits dans d'autres établissements.*

En 1871...................................................  222 211
        C'est-à-dire pour 100..................  4,98
En 1891...................................................  390 500
        C'est-à-dire pour 100..................  7.28

ÉCOLES PUBLIQUES, CLASSES, ÉLÈVES, MAÎTRES.

*Écoles.*

En 1871...................................................  33 130
En 1891...................................................  34 742

*Classes.*

En 1871...................................................  52 747
En 1891...................................................  82 746

*Élèves.*

En 1871...................................................  3 900 655
En 1891...................................................  4 916 475

*Personnel enseignant de plein exercice (dont tout le temps est employé).*

En 1871...................................................  52 059
En 1891...................................................  71 731

*Personnel enseignant partiellement employé (Hülfslehr Kräfte).*

En 1891...................................................  4 376

*Maîtresses de travaux manuels.*

En 1892...................................................  37 129

Voici encore, d'après la statistique officielle prussienne pour 1891, des renseignements sur la condition des familles desquelles sont sortis les instituteurs et les institutrices de Prusse :

|  | Instituteurs. | Institutrices. |
|---|---|---|
| A. Agriculture, élevage du bétail, chasse........ | 21 787 | 1 314 |
| B. Mines, industrie, construction de bâtiments.. | 17 758 | 2 651 |
| C. Commerce ................................... | 5 640 | 1 530 |
| D. Service de l'État, professions libérales....... | 16 031 | 2 710 |

Dans la quatrième catégorie sont comprises les familles d'instituteurs; elles ont fourni 13 008 instituteurs et 874 institutrices.

DÉPENSES POUR LES ÉCOLES POPULAIRES PUBLIQUES.

|  | Marcs. |
|---|---|
| En 1871.......................................... | 55 648 398 |
| En 1891.......................................... | 146 225 312 |

*Part de l'État dans ces dépenses.*

| En 1871 ( 5,20 pour 100)......................... | 2 895 186 |
| En 1891 (31,79 pour 100)......................... | 46 495 831 |

*Rétribution scolaire.*

| En 1871 (18,87 pour 100)......................... | 10 498 794 |
| En 1891 ( 0,94 pour 100)......................... | 1 378 983 |

*Dépenses moyennes par écolier.*

| En 1871.......................................... | 11,27 |
| En 1891.......................................... | 29,74 |

*Dépenses moyennes par école.*

| En 1871.......................................... | 1 679 |
| En 1891.......................................... | 1 209 |

*Dépenses scolaires par rapport au nombre des habitants, par 1 000 habitants.*

|  | Marcs. |
|---|---|
| En 1871.......................................... | 2 262 |
| En 1891.......................................... | 4 884 |

ENSEIGNEMENT PRIMAIRE SUPÉRIEUR PUBLIC DES GARÇONS.

*Oeffentliche Knaben Mittelschulen.*

Statistiques pour 1891.

| Nombre d'écoles............................ | 184 |
| —      d'élèves............................ | 37 934 |
| —      de maîtres entièrement employés... | 1 114 |
| —      de maîtresses [1]................... | 1 |

|  | Marcs. |
|---|---|
| Dépenses totales........................... | 3 301 754 |
| Part de l'État (1,13 pour 100).............. | 37 440 |
| Somme provenant de la rétribution scolaire, c'est-à-dire 38,68 pour 100................. | 1 276 955 |
| (Le reste était couvert par des subventions des communes (57,74 pour 100) et autres ressources diverses.) | |
| Coût moyen d'un élève...................... | 87 |

1. Une seule maîtresse d'école primaire supérieure! Quel contraste frappant avec l'Amérique, où même les *high schools* remplies de garçons n'ont presque pour personnel enseignant que des *female teachers*!

ENSEIGNEMENT PRIMAIRE SUPÉRIEUR PUBLIC DES FILLES.

1° (HAUTES ÉCOLES) *Oeffentliche höhere Mädchenschulen.*

Statistique pour 1894.

Nombre des écoles.................................... 206
    ---    des élèves.................................. 11 935

*Personnel enseignant.*

Maitres ...... ............................... 973
Maitresses............................... . 866
                                            ————
                    Total........... ...... 1 839

                                            Marcs.
Dépense totale........................ 5 539 052
Part de l'État (soit 2,22 pour 100)............. 122 751
Somme provenant des rétributions scolaires
    (soit 50,90 pour 100)..................... 2 819 476
(Le reste est couvert par les subventions des
    communes (38,37 pour 100) et d'autres res-
    sources.)
Coût moyen d'une élève..................... 123

2° (ÉCOLES MOYENNES) *Oeffentliche Mädchen-Mittelschulen.*

Nombre d'écoles............................. 92
    ---    d'élèves............................. 28 702

*Personnel enseignant.*

Maitres.................................... 461
Maitresses................................ 356
                                            ————
                    Total............... 817

                                            Marcs.
Dépenses totales........................ 1 907 460
Part de l'État (soit 1,08 pour 100)............. 20 686
Somme provenant de la rétribution scolaire
    (soit 47,99 pour 100)..................... 915 426
Part des communes, etc. (49,25 pour 100).
Coût moyen d'une élève..................... 66

Total général des écoles et écoliers en Prusse (garçons et
filles), enseignement primaire et primaire supérieur, public
et privé, y compris les écoles de sourds-muets, aveugles, etc.

Nombre d'écoles............................. 37 408
    --    d'élèves............................. 5 188 363[1]

1. Ces diverses statistiques étaient réunies dans une petite brochure
intitulée *Kœnigreich Preussen : Statistiches über Volks und Mittelschulen*

Il y avait encore d'autres renseignements statistiques, documents législatifs et administratifs, etc., sous forme de Rapports provenant de la Saxe, du Wurtemberg[1], de la Bavière, etc. Mais les résumés, sous forme de tableaux muraux ou de feuilles volantes pour distribution aux visiteurs, ne figuraient que dans l'exposition prussienne proprement dite. A noter parmi les documents ou sources, les journaux de l'enseignement primaire prussien rédigés par Beckedorff, la collection de la « Feuille centrale » à l'usage des autorités scolaires (1825-93); les lois relatives aux Volkschulen, de 1817 à 1868, exposées par le ministre de l'Instruction publique.

**Exposition de matériel didactique et de travaux d'élèves d'enseignement primaire.** — Nous nous contenterons de signaler les objets qui nous ont le plus frappé. La partie réservée aux écoles primaires était un peu sombre, et il n'était pas facile de feuilleter rapidement les cahiers et cartons de devoirs, dont il fallait généralement dénouer et renouer les cordons, système excellent contre la poussière, mais qui demande au visiteur pressé de trop longs et patients efforts.

Comme devoirs scolaires, nous avons examiné principalement d'importants envois des écoles de :

Mulheim am Rhein; Paderborn, très bons dessins; bel album de calligraphie, par Agnès Meyer;
Halle, cahiers d'élèves de gymnase;
Marienburg,            id. ;
Greyswald;
Hagen;
Posen, dessin remarquable;
Düsseldorf (Luisenschule), très bons dessins des classes I et II;
Frankfort-sur-le-Mein (Elisabethenschule), bons cahiers de français; une jeune élève (Marie Lorey) avait traduit en français, comme exercice pratique, toute une pièce de Lessing, *la Fortune du soldat*: il y avait aussi de bons cahiers d'anglais;

*Berlin, 1893.* Buchdruckerei W. Korbke, Berlin., Alexandrinen Str.. 99. Il y avait aussi des tableaux relatifs à l'instruction des hommes appelés au service militaire de 1867 à 1892.

1. Wurtemberg, 1892 : nombre d'écoles à 1 classe, 1 095, dont 607 protestantes et 488 catholiques. — Nombre de *Lehrer* titulaires, 3 367, dont 2 326 protestants et 1 041 catholiques. — Nombre de sous-maîtres ou sous-maîtresses, 1 280, dont 901 protestants et 379 catholiques.

Halberstadt (École supérieure de filles);

Stuttgart (écoles primaires), nombreux cahiers journaliers; (école moyenne de filles à 8 classes) (Achtklassige Mädchenmittelschule), bons cahiers des diverses classes; composition et rédaction, exercices en langue française; bons travaux de couture et dessin à main levée; bel album de dessins très finis de l'« evangelisches Töchter Institut », mais un peu trop d'après l'estampe, à ce qu'il semble; méthode abandonnée chez nous, sauf dans les pensionnats privés et les couvents; choix de travaux de couture des écoles populaires des classes III, IV, V, VI et VII;

Feuerbach, couture;

Canstatt et Rottenburg, cahiers d'élèves d'écoles élémentaires;

Écoles rurales de Hauerz, Michelbach, Aulendorf, Ertingen (Wurtemberg), cahiers d'élèves;

Ulm, bons dessins de garçons, ornement, à l'aquarelle; album de dessins géométriques, plans, etc.; bons dessins aussi de l'école moyenne de filles;

Cologne, dessins des élèves du Realgymnasium, classe *tertia* : feuilles de plantes très finement dessinées et ombrées;

Berlin (Realschulen), cahiers; (Kœnig Wilhelm-gymnasium), bel envoi de travaux d'élèves.

Notons aussi un envoi préparé par le sénat de Brême.

Il y avait aussi des travaux manuels d'aveugles, notamment de l'institution royale de Steglitz près de Berlin, des livres imprimés pour les aveugles, envoi de la Société féminine d'Edelweiss.


Parmi les plans, on remarquait ceux de l'école royale Augusta pour les jeunes filles, à Berlin, et de l'Institut spécial de gymnastique pour femmes (*Kœniglischer Turnlehrer Bildungsanstalt*).

Le matériel didactique allemand jouit d'une légitime renommée. Depuis une vingtaine d'années, nos éditeurs et fabricants de matériel scolaire ont marché à pas de géants, et nous croyons qu'à ce point de vue nous n'avons plus grand' chose à envier aux autres pays. N'oublions pas cependant que l'Allemagne avait été initiatrice; et les belles choses qu'elle exposait prouvaient que depuis longtemps on s'était soucié outre-Rhin de rendre l'instruction élémentaire intuitive, et qu'on y avait réussi. Comme l'a remarqué le D<sup>r</sup> Neubaur, cité plus haut, une partie fort intéressante de l'exposition allemande était celle des *text-books* employés dans les écoles primaires des divers États, y compris toujours, bien entendu, les vieilles Bibles et les Psautiers. Le livre de lecture (*Volkslese-buch*) est particulièrement cher aux Allemands; il laisse dans la mémoire des gens du peuple des souvenirs ineffaçables; « il reste jusque dans la vieillesse une source, jamais tarie, d'instruction et de plaisir ». Dans la longue série exposée, qui remontait au xviii⁰ siècle, figurait le fameux *Kinderfreund* de E. V. Rochow, avec ses diverses variantes, adaptées aux différents pays allemands et aux différentes confessions religieuses.

Il y avait aussi une collection-type des livres constituant la Bibliothèque scolaire des 130 écoles communales de Berlin, et la collection de la bibliothèque allemande des écoles supérieures de filles; les *Monumenta Germaniæ pædagogica*, des ouvrages d'hygiène scolaire par Kühner, Zwick, Esmasch, etc., l'*Encyclopédie de l'éducation* du D⁰ Schmid et un grand nombre de journaux pédagogiques.

Rappelons, parmi les spécimens de matériel d'enseignement exposés à Chicago, les objets suivants, pour la plupart très connus de nos éducateurs, mais dont plusieurs n'ont peut-être pas été dépassés en clarté et en simplicité :

Leipziger Schul Bilder Verlag (images historiques et géographiques de Leipzig, entre autres, le Forum, les Pyramides); images représentant des animaux (phoque, oie, cerf, éléphant, ours, aigle, hibou, vers à soie, etc.).

Tableaux muraux. V. F. F. Wachsmutt, Leipzig, Gutenbergstrasse, 7.

Reproductions de tableaux de la galerie royale de Berlin (Société des amis des arts).

Hoelzel's Geographische Character Bilder (par exemple l'enfant et le nid, n⁰ 6; une forêt tropicale (Südamerikanischer Tropenwald in der Niederung), par V. A. Goering. Druck und Verlag von Theod. Fischer, Cassel.

Max Escher (Leipziger Schul Bilder Verlag) technologische Tafeln. F. F. Wachsmuth (Leipzig), bonne série de grands tableaux muraux en couleur, à bon marché : les hauts fourneaux, le tisserand, le thé, le café, le cacao, etc.

Tableaux muraux d'histoire naturelle (Neue wandtafeln Naturgeschichte), 30 tableaux, par A. Eckstein, chez K. G. Lutz, Stuttgart.

Grands diagrammes pour la couture et le tricot, Wurtemberg.

Prof. Bopp's Kleine physikalischer Apparat pour écoles primaires, Stuttgart.

Spécimen relié des livres de bibliothèque scolaire des 130 écoles publiques de Berlin.

Relief de l'ancienne et de la nouvelle Athènes (pour enseignement secondaire surtout, mais que nous voudrions voir figurer dans les collections des Écoles normales), relief exécuté, d'après l'atlas de Curtius et J. A. Kaupert, par H. Wolger, Berlin, 1880.

Tableau mural de l'Acropole, par Adolphe Michaelis, 1876.

Tableau représentant Alesia pour servir à l'étude des Commentaires de César.

Cartes murales géographiques et astronomiques de Reimer, Berlin.

Carte murale d'Afrique de Julius Perthes, Gotha.

Id. d'Europe, Kiepert.

Grands tableaux muraux d'animaux (chat, mouton, araignée, tortue, colimaçon, homard, etc.), système papier peint sur fond noir, rappelant les beaux tableaux du Dr Regnard (Delagrave), collection Frommann et Morian, Darmstadt.

Tableaux muraux du même genre de Fred. And. Perthes, Gotha (par exemple le cheval qui boit, n° 1, et le renard, n° 9).

Tableaux muraux représentant la vie des Anciens (Wandtafeln Antikenlebens und Antikerkunst), éd. v. Launitz, — le banquet ancien (symposion), l'école de grammaire, etc.

R. Bendel, Berlin W. 56. Ansbachstrasse, modèles d'enseignement scientifique, principalement modèles de morphologie végétale pour enseignement botanique et agricole.

La Société de produits chimiques de Manheim (Die Actien Gesellschaft fur Chemische Industriel), fondée en 1887, fabrique à Reinau, près de Manheim, principalement acides, sels d'ammoniaque, gaz liquéfié, etc.

Albert Kohlschmidt, instituteur à Schwarzenberg, Saxe : un boulier compteur, ou plutôt un boulier sans boules, car les boules sont remplacées par de petits cubes quadrangulaires, grand avantage, au dire de l'auteur, pour faire acquérir à l'enfant la notion des fractions et rendre plus intuitive la mesure rectangulaire.

Gerlig, instituteur à Brême : appareil pour faciliter l'apprentissage de la lecture et de la numération. C'est une table avec casier rempli de lettres et chiffres mobiles, et surmontée d'une sorte de clavier dont les touches se relèvent, et montrent les lettres composant le mot qu'on veut faire épeler ou lire aux enfants.

Un autre appareil du même genre, *Universal Lese und Rechnenapparat*, par Fr. Bruchmann, directeur d'école à Wülfrath (Rheinland), peut rendre aussi des services.

*Dresdener Schulbankfabrik* (A. Lickroth et Cie, untere Worwerkstrasse 5 et 6, Dresde) : spécimens de mobilier scolaire allemand, tables, bancs à deux places, bois et fonte; tableaux noirs ardoisés, pupitre de maître. Rien de très extraordinaire, ni pour le prix, ni pour la fabrication.

Remarquables envois aussi des Écoles normales du Wurtemberg (*Schullehrerseminarien*) et des écoles préparatoires à ces séminaires pédagogiques (*Präparandenanstalten*), savoir :

1° Écoles normales protestantes (*Evangelischeseminarien*) d'Esslingen (devoirs écrits, dessins techniques, géométrie plane, stéréométrie); de Nürtingen (cahiers); de Nagold;

2° Écoles normales catholiques (*Katholischeseminarien*) de Gmünd (dessin, méthode Mayer, cahiers); de Saulgau (dessins géométriques et à main levée).

Comme la Prusse, le Wurtemberg avait une collection très complète de *Text-books* et d'ouvrages pédagogiques.

J'ai remarqué avec intérêt la liste des livres de classe pour les écoles populaires du Wurtemberg[1]

## III. — RUSSIE.

Pas d'exposition scolaire officielle. Il y avait, surtout à titre de document, quelques envois fragmentaires consistant en dessins, spécimens de travaux manuels, instruments d'enseignement scientifique, photographies d'écoles sur verre, etc.

Mais, comme nous l'avons dit, la Russie avait témoigné son vif intérêt pour le Congrès d'éducation en y envoyant plusieurs délégués officiels.

On trouvera dans le *Report of the Commissioner of Education* (Dr Harris) *for 1890-91*, chap. VIII, un intéressant mémoire sur l'éducation en Russie. Pour un pays qui occupe 1/7 de la surface du globe et compte plus de 114 millions d'habitants, dont 95 millions en Europe, l'instruction primaire est un gros problème. La Russie est divisée pour l'enseignement en 12 circuits, placés sous le contrôle du ministère central de l'Instruction publique. Le système scolaire actuel date d'une réorganisation sanctionnée par l'empereur en 1862, et consolidée par

1. Consulter sur les écoles du Wurtemberg les ouvrages suivants qui figuraient à l'exposition : Krafft, *das Volksschul-gezetz vom 29 september 1836*; — Glauner, *Handbuch für den praktischer Schuldienst in der Evang. Volksschule Würtembergs*; — Streich, *die Rechtsverhältnisse der Lehrer und Lehrerinnen an den Volks-und-höheren Mädchenschulen*; — Kaiser. *Geschichte des Volksschulwesen in Würtemberg.*

un édit de 1874. D'après ces édits, chaque paroisse doit avoir une école, et dans les villes, il doit y en avoir une par 1000 habitants. L'instruction est obligatoire, sauf dans certaines provinces, où les distances sont trop grandes ou le climat trop rigoureux. On comprend dans l'enseignement élémentaire : 1° les écoles populaires (*Narodnoé-uchilis-ché*); 2° les écoles de district (*Uyezdnoé-uchilis-ché*) d'un degré primaire plus élevé. Les écoles peuvent être mixtes, si les fonds ne permettent pas de dédoubler les écoles, et les autorités scolaires locales peuvent établir ou non la gratuité. Il y a aussi des jardins d'enfants et écoles maternelles. Les écoles rurales n'ont généralement qu'une classe, les écoles urbaines six. Après quatre ans de séjour dans les écoles urbaines, on peut entrer dans les *gymnasia*; les écoles les plus fréquentées sont celles qui sont dirigées par les *Zemstvos* (assemblées provinciales).

**Statistique pour 1887-88.** — Nombre d'élèves dans les écoles de l'empire, 2 472 627, dont 1 944 057 garçons et 527 570 filles.

Il y avait en Russie une école par 2 500 habitants.

Il y avait en Sibérie une école par 3 345 habitants.

Nombre des écoles dépendant du ministère de l'Instruction publique :

| | |
|---|---:|
| 1° Écoles de district.......................... | 481 |
| 2° Écoles urbaines.......................... | 442 |
| 3° Écoles élémentaires.......................... | 24 329 |

Il y a en outre : les écoles du saint-synode (écoles du clergé orthodoxe); les écoles juives (1264), et les écoles des Cosaques (1516), avec une population scolaire de 52 000 garçons et 16 000 filles.

A la suite de la notice américaine que nous avons analysée sommairement se trouve un extrait d'un mémoire sur l'instruction technique en Russie, par M. Anopoff, directeur de l'école industrielle Nicolas de Saint-Pétersbourg, et un compte rendu du Congrès d'enseignement technique tenu à Saint-Pétersbourg en janvier 1890.

Notons enfin (*ibid.*, p. 341) un aperçu de l'éducation en Corée par M. Pom. K. Soh, ancien membre de l'ambassade spéciale coréenne aux États-Unis.

## IV. — SUÈDE ET NORVÈGE.

Sans avoir participé officiellement à l'exposition scolaire, la Suède était un peu partout dans la section américaine, qui lui a emprunté des maîtres et des méthodes, surtout pour le travail manuel (*Sloyd*) et la gymnastique (voir, plus loin, Résumé et conclusions, physical Culture) [1].

## V. — SUISSE.

La république helvétique, qui mérite toujours d'être consultée comme un modèle en matière d'éducation, n'avait malheureusement pas pris part à l'exposition scolaire. Mais le Dr O. Hunziker avait préparé pour les réunions de Chicago un exposé historique et statistique du système scolaire suisse, dont on trouvera la substance dans le *Rapport de Washington* pour *1891-92* (t. I, p. 198 et suiv.). Nous notons seulement les données statistiques suivantes pour 1891 et pour les écoles publiques seulement :

| | | |
|---|---|---|
| Population (recensement de 1888). | 2 933 331 | |
| Nombre d'écoles................ | 8 239 | |
| — d'élèves.................. | 467 596 | dont 234 618 garçons et 232 978 filles. |
| Personnel enseignant............ | 9 332 | dont 6 224 hommes et 3 108 femmes. |
| Nombre moyen d'élèves pour 1 maître..................... | 50 | |
| Moyenne de l'assiduité........... | 84,97 pour 100. | |
| Nombre d'élèves dans les écoles primaires supérieures............ | 28 537 | dont 16 316 garçons et 12 191 filles. |
| Nombre d'élèves dans les écoles de continuation................ | 40 575 | dont 27 292 garçons et 3 283 filles. |

[1]. Voir aussi, dans les *Addresses and Proceedings of international Congress of education, Chicago,* le mémoire du Dr Edw. Osterberg, de Suède, sur la formation des professeurs dans les *high schools* de Suède, p. 60 et suiv. ; — et surtout le mémoire sur le système d'instruction publique de la Suède, par M. N. G. W. Lagerstedt, Ph. D., de l'école secondaire d'Ostermalm à Stockholm, *ibid.*, p. 289 et suiv. ; — et sur l'éducation physique en Suède la communication du Dr L. M. Thörngren, de Stockholm, *ibid.*, p. 16. — Sur l'éducation en Norvège, voir *the Report of the Commissioner of Education* (Dr Harris), *Washington,* 1893, t. I, chap. xiv, p. 475 et suiv.

Le Dr Huber, autre autorité en la matière, estime que le nombre total des élèves recevant l'enseignement primaire était en Suisse, pour la même année, avec les écoles privées, de plus de 549 000 enfants!


## VI. — JAPON.


Comme aux expositions de Londres (1884), de la Nouvelle-Orléans, de Melbourne et de Paris, le Japon avait exposé à Chicago une section scolaire qui était un vrai chef-d'œuvre de goût, de disposition et de clarté; peu différente, du reste, de ce qu'était sa section scolaire en 1889, dont nous avons donné une description détaillée dans le *Rapport du Jury international*. Nous y renvoyons pour plus de détails [1], et surtout pour l'historique des réformes scolaires au Japon, réformes dans lesquelles le Japon a fait à la France le compliment le plus flatteur, celui de l'imitation.

Notons seulement quelques détails supplémentaires que nous ont fait connaître les documents exposés à Chicago.

*Ministère de l'Instruction publique.* — Déjà des preuves de l'instabilité ministérielle! De 1871 à 1891, nous relevons 11 changements de ministres; il est vrai que plusieurs fois le même nom revient, celui du comte Oki Takato, par exemple, et de M. Kono Tokama; mais ce trait de mœurs politiques occidentales, si vite importé en Orient, ne laisse pas que de surprendre.

Le budget scolaire était de 1 500 000 yen [2] en 1890.

Le nombre des écoles primaires, maitres et élèves, s'est accru comme suit depuis vingt ans environ :

1. P. 68 et suiv. Voir aussi *Outlines of Modern Education in Japan*, translated and published by the Department of Education, Tokyo, Japan, May, 1893, p. 218. — Cf. *The educational system of Japan* dans le *Report du Dr Harris pour 1890-91*, p. 263 et suiv., Washington, 1894; *Revue Internat. de l'Enseignement*, Paris, juillet, 1891; *The real Japan*, by H. Norman, et *Japan*, by J. J. Rein.

2. Le yen d'or équivaut presque à un dollar (5 francs).

|  | MOYENNE PAR ANNÉE | | | |
| --- | --- | --- | --- | --- |
|  | 1873-78 | 1879-84 | 1885-90 | 1891 |
| Nombre d'écoles.... | 22 298 | 28 941 | 26 739 | 25 369 |
| — de maîtres. | 47 433 | 82 324 | 71 981 | 69 586 |
| — d'élèves.... | 1 886 573 | 2 790 996 | 2 933 752 | 3 153 258 [1] |

Malgré les vicissitudes politiques dont les écoles ont souffert le contrecoup, on peut dire que le système scolaire promulgué par le code d'éducation de 1872, revisé en 1880, amélioré en 1886 et 1890 par des ordonnances impériales, a pris racine et s'est développé d'année en année dans le pays.

Voir les ordonnances royales relatives aux écoles primaires et aux Écoles normales [2].

Nous attirons l'attention sur les emplois du temps des Écoles normales ordinaires d'instituteurs et d'institutrices, dont la disposition semble calquée sur les nôtres (programme des trois années).

Citons aussi l'emploi du temps simplifié des Écoles normales (programme des trois années). Pour les Écoles normales, ce peuple éclectique, qui emprunte à l'Europe et à l'Amérique, s'est surtout et presque exclusivement inspiré de la France et il fonde sur l'enseignement normal les plus belles espérances.

*Écoles primaires supérieures* (ou écoles moyennes) — destinées d'abord aux « élèves qui ont complété le cours d'études élémentaires », mais plus spécialement définies, par l'ordonnance impériale de 1886, comme des « institutions ayant pour but de donner l'instruction nécessaire pour préparer les élèves soit aux professions pratiques, soit à l'examen d'entrée des institutions d'enseignement supérieur ». D'où la subdivision en hautes écoles moyennes et écoles moyennes ordinaires. Ces dernières sont celles dont nous nous occuperons plus spécialement. On y étudie la morale, la langue nationale (japonais), la littérature chinoise, deux langues vivantes modernes (1° l'anglais; 2° le français ou l'allemand), l'agriculture, la géogra-

---

1. La population du Japon était en 1890 de 40 072 020 habitants.

2. *Outlines of modern Education*, etc., p. 24 et p. 85. Voir aussi *Standard outline of course of study in Elementary Schools*, Tokyo. 1891, *Japanese Code of Education.*

phie, l'histoire, les mathématiques, l'histoire naturelle, la physique, la chimie, la calligraphie, le dessin, le chant et la gymnastique; plusieurs branches peuvent être rendues facultatives, par exemple la deuxième langue moderne, l'agriculture, le chant; il y a aussi des cours commerciaux et industriels. Durée ordinaire des études : cinq années.

Vers la fin de 1890, une enquête a montré qu'il existait déjà 43 écoles moyennes ordinaires publiques (établies par les *Fu* et *Ken*) et 11 privées, avec un chiffre total de 11 554 élèves[1].

Bien intéressants encore les documents sur les écoles de commerce et leur curriculum si pratique, leurs départements de chimie technologique, de mécanique technologique, et leur institut d'apprentis; sur les écoles de beaux-arts et les hautes Écoles normales organisées à l'imitation de notre Saint-Cloud et de notre Fontenay, et sur l'école d'agriculture de Komaba, Tokyo.

Bien intéressants surtout (sauf les devoirs écrits en langue japonaise ou chinoise) ces ingénieux et délicats travaux d'élèves[2], modelage, dessin, travaux manuels de toutes sortes attestant une incomparable dextérité de la part de maîtres et élèves.

Notons, entre autres choses attrayantes, les délicieux jouets et appareils de *Kindergarten*, moulages, images et tableaux pour conversations morales, modèles de maisons, d'animaux, de fruits, de légumes; spécimens de petits travaux enfantins (dons Fræbel) et ouvrages de maîtresses de *Kindergarten*.

*Écoles primaires élémentaires.* — Photographies et plans d'écoles, spécimens de matériel pour l'enseignement élémentaire des sciences physiques et naturelles : excellents modèles, très simples. Copies d'examen, devoirs d'élèves; dessins au pinceau, au crayon; cartes; couture, broderie, vêtements japonais, et enfin d'exquis travaux manuels de tout genre : objets usuels en bambou, paille tressée, fil de fer, boîtes à thé décorées, pla-

---

1. Pour plus de détails, voir le curriculum des écoles moyennes, *Outlines*. p. 90.

2. Voir le *Catalogue of objects exhibited* at the World's Columbian Exposition, Chicago, 1893, by the Department of Education, Japan, translated and published by the Department of Education, Tokyo, 1893, p. 112.

teaux, cuillers, fourchettes japonaises, bâtonnets, bobines, boites à savon, boites à cartes de visite, boites à pinceaux, à encre de Chine, figures géométriques, cahiers cartonnés, enveloppes à lettres, boite à tabac, supports de livre (Kendai), spatules, cadres, cache-pots, planches à pétrir, supports de bouilloire, mesures, arc et flèches, chasse-mouches, fusil joujou, portemanteau, boites avec inscriptions en vers, boite à bâtons divinatoires employés dans les temples (*sic*), couvercles de tasses à thé, moulin à riz, cerf-volant, etc.

N'oublions pas de mentionner les documents de la *Société japonaise d'éducation* [1], qui avait déjà exposé en 1889 : imitation de la Société nationale des États-Unis, et dont le rôle est d'étudier les questions pédagogiques, d'encourager et de récompenser les travaux sur l'éducation, d'entretenir des relations avec les sociétés d'éducation et les sociétés savantes, d'organiser des congrès, conférences pédagogiques et autres, de participer par l'envoi de délégués aux congrès tenus à l'étranger, de publier des rapports et documents relatifs à l'éducation, etc.

Pour se conformer à ce programme, la Société a déjà créé un journal d'éducation, qui en était à sa 118e livraison en juillet 1892, fondé une bibliothèque (1887), un cercle, distribué des médailles et prix, accordé un secours de 8 000 yen pour réparation d'écoles éprouvées par un tremblement de terre (1891), organisé un institut d'été (1891), cours pédagogiques pour instituteurs, suivis par 203 personnes, convoqué un congrès d'éducateurs à Tokyo (du 25 au 30 mai 1890), etc.

> Nombre total des membres de la Société en 1892..    3 689
> Nombre des personnes ayant reçu des médailles..    45

Président honoraire, S. A. I. le prince Arizugawa Taruhito.

Président actif, M. Tsuji Shinji, assisté de 50 membres délibérants.

Le journal de cette société mentionne une autre société d'éducation pour les femmes qui comptait déjà 120 membres en 1887.

---

1. Voir *A Short account of the Educational Society of Japan*, published by the Society, Tokyo, 1892. Cf. sur ce sujet notre *Rapport du Jury pour 1889*, p. 143.

On nous saura gré de mentionner un intéressant mémoire présenté à la section d'Enseignement primaire du Congrès de Chicago par le D<sup>r</sup> Hidesaburo Eudo, délégué de la Société japonaise d'éducation, et intitulé : Confucius et ses idées sur l'éducation [1]. « Qu'était-ce que Confucius? dit l'auteur, c'était un grand philosophe de l'Orient, qui a été révéré comme un professeur de vertu par d'innombrables millions de personnes pendant une période de plus de deux mille ans; et après plus de deux mille ans, la vie morale, sociale ou politique de près d'un tiers de l'humanité est sous la pleine influence de son esprit.... Tout le monde l'honore, depuis l'empereur jusqu'au plus humble citoyen.... Son élève Tseu-Kung lui demandait un jour s'il y avait quelque mot qui pût servir de principe moral pour toute la vie. Confucius répondit : « Il faut se mettre à la place d'autrui », et il ajouta : « Ce que vous ne voulez pas qu'on vous fasse à vous-même, ne le faites à personne. » L'auteur avoue, en le déplorant, que Confucius avait peu d'estime pour les femmes, et a laissé de côté leur éducation. Quant à sa méthode d'enseignement, il la fait comprendre par quelques citations, comme celles-ci : « Je n'enseignerai pas avant que les élèves désirent savoir », ce qui montre qu'il avait devancé la méthode inventive, qui veut tout faire trouver à l'enfant par lui-même. Il ajoutait : « Si on apprend par la mémoire seule, sans penser, tout reste obscur. » C'est ce que nous disons comme une nouveauté, 2 000 ans après lui; — et encore : « le bon maître me mène pas à pas »; — nous disons : il faut aller du facile au difficile, ce qui revient au même. Joli aussi l'apologue de l'oiseleur, à qui Confucius demande pourquoi il n'attrape que les jeunes moineaux au bec jaune? « Parce que, répond-il, les vieux sont trop fins pour se laisser prendre, car si les petits suivaient les vieux, on n'en prendrait aucun. » — « Entendez-vous? dit Confucius à ses disciples, le bonheur ou le malheur des moineaux dépend de qui ils suivent. C'est pourquoi les gens sages ont raison de choisir leurs connaissances et leurs compagnons; celui qui fréquente l'homme prudent et avisé échappera au péril; celui qui suivra les idées de la jeunesse

1. *Addresses and Proceedings*, p. 308.

inexpérimentée tombera au contraire facilement dans les dangers. »

Le *Rapport* du Dr Harris contient aussi, nous le rappelons (chap. XI, p. 341), un instructif mémoire par M. Pom K. Soh, ancien membre de l'ambassade spéciale coréenne aux États-Unis, sur l'éducation en Corée.

## VII. — République Argentine.

Cette République, qui nous avait fait un si bel envoi de cahiers d'écoles primaires et primaires supérieures, d'écoles urbaines et autres, en 1889, à Paris, n'avait participé que très fragmentairement à l'exposition scolaire de Chicago.

Nous n'avons remarqué, ou, du moins, nous n'avons noté qu'une jolie vitrine de travaux de Kindergarten et un spécimen de petit bataillon scolaire enfantin.

Enfin des dessins à la plume (figure, paysage, etc.) signés P. Isbert, director; mais toujours des copies d'estampes!

Nous avons vainement cherché l'album des magnifiques palais scolaires argentins qui avait figuré au Champ de Mars en 1889. Que sont nos modestes écoles, à côté du luxe des bâtiments d'instruction populaire dans cette entreprenante, peutêtre trop entreprenante République!

## VIII. — République du Brésil.

En matière d'éducation, nous n'avons trouvé à Chicago sur le Brésil que des documents officiels, principalement la notice intitulée *the State of Para* (New York, 1893), qui nous apprend (p. 75 à 89) que l'enseignement dans cet État est non confessionnel, et l'instruction primaire gratuite, mais non obligatoire. L'enseignement primaire se divise en enseignement primaire *élémentaire* et en enseignement primaire *supérieur* (*advanced*).

Le programme des études dans les écoles élémentaires comprend :

1° Enseignement concret des formes, couleurs, nombres, dimensions, temps, sons, propriétés des objets, poids et mesures, leur usage et leur application;

2° Géométrie pratique;

3° Lecture et écriture;

4° La langue maternelle enseignée pratiquement, etc.;

5° Arithmétique pratique, problèmes, etc.;

6° Géographie du Brésil et idée générale de la géographie universelle.

Les études des écoles élémentaires durent au moins 3 ans; celles des écoles primaires supérieures durent 6 ans, en 3 cours de deux années, savoir :

1° *Cours élémentaire* : même programme à peu près que dans les écoles élémentaires, avec addition de *Culture morale*, commentaires moraux sur les lectures faites en classe dans le *Choix de lectures* et sur les incidents de la vie scolaire.

2° *Cours moyen* : lecture, écriture, dictée, langue et grammaire pratique, éléments de science, arithmétique et géométrie pratique, géographie, topographie de l'école et des environs, cartographie, etc., histoire du Brésil, culture morale.

3° *Cours supérieur* : choix de lecture des meilleurs auteurs brésiliens, exercice de composition et style, géométrie et arithmétique pratiques, leçons de choses, géographie universelle, géographie de l'Amérique, dessin de cartes au tableau noir, histoire du Brésil, enseignement civique, étude de la constitution fédérale, et de la constitution de l'État de Para. Culture morale, devoirs de l'homme envers son pays, préceptes de bienséance, etc. — Hygiène. — Jeux en plein air, gymnastique, leçons de maintien et gymnastique d'assouplissement (*calisthenics*). — Couture dans les écoles de filles.

Il y a 412 écoles primaires publiques, 266 pour les garçons, 146 pour les filles.

A Belem, la capitale, il y a 43 écoles de garçons et 32 de filles. Il y a aussi 5 cours d'adultes du soir.

L'orphelinat appelé Amparo College est entretenu par l'État et donne une éducation professionnelle à 200 orphelines.

Du *Para Lyceum* et des établissements d'enseignement professionnel et technique nous ne parlons que pour mémoire. Mais il nous reste encore à mentionner l'existence d'une École normale d'État, sous forme d'externat gratuit et non confessionnel pour les deux sexes, comprenant 4 années d'étude, savoir : langue et littérature nationales, — langue française, — mathématiques, géographie, cosmographie, histoire universelle, pédagogie, méthodologie, hygiène scolaire, physique, chimie, histoire naturelle, instruction civique et morale, principes d'économie politique, calligraphie, dessin; musique (couture pour les filles), gymnastique. Des instructions conçues dans un esprit libéral et progressif servent de commentaire à ce programme.

Enfin le gouvernement subventionne une publication périodique, consacrée à la pédagogie, qui parait mensuellement.

Un discours récent prononcé à Limoges par un de nos anciens camarades, M. Gorceix, fondateur et ex-directeur de l'École des mines du Brésil, nous apprend qu'il y a de belles écoles au Brésil, particulièrement dans la province de Rio, mais que l'influence française y est très combattue par les écoles fondées par les Américains du Nord. « Nulle part, dit très bien M. Gorceix, le rôle de l'*Alliance française* ne peut être plus utile, nulle part son action ne peut être plus efficace [1]. »

## IX. — RÉPUBLIQUE D'URUGUAY.

L'Uruguay avait organisé, sous la direction de M. l'ingénieur D. Juan Alberto Capurro, ministre de l'Instruction publique, une exposition scolaire qui n'était pas sans intérêt.

La loi actuelle qui régit l'instruction primaire (Ley de Educación Común) date de 1877; elle a constitué un département général des écoles publiques. L'enseignement est divisé en trois degrés : écoles primaires, écoles élémentaires et hautes écoles. Le programme des études renferme les notions enseignées en Europe.

L'enseignement primaire est obligatoire et gratuit; mais les parents peuvent choisir entre les écoles publiques et privées. Dans chacun des États qui forment la République, il y a un comité scolaire chargé de veiller à l'exécution de la loi d'obligation. La loi de 1877 a ordonné la publication du *Bulletin scolaire*, la fondation d'Écoles normales, de bibliothèques scolaires. « Ces réformes, dit la notice officielle, n'ont fait que

1. Voir *Bulletin de l'Alliance française*, n° 31. p. 176.

répondre aux propositions de l'Horace Mann de l'Uruguay, José Pedro Varela. » Les maîtres ont en moyenne 36 élèves par classe. Les écoles publiques sont très populaires, et fréquentées par les enfants de riches et pauvres, sans distinction de races ni de couleur, « pour inculquer, dès l'enfance, aux élèves, les idées d'égalité et de démocratie [1] ».

Depuis 1877 il y a eu trois congrès pédagogiques. Il a été fondé 2 Écoles normales (1 pour les institutrices, 1 pour les instituteurs, avec environ 100 élèves).

| Années. | Écoles. | Maîtres. | Élèves. |
|---|---|---|---|
| 1876 | 412 | 637 | 23 611 |
| 1881 | 688 | 1173 | 42 486 |
| 1887 | 807 | 1540 | 52 382 |
| 1891 | 858 | 1793 | 65 621 |
| Augmentation en 15 ans. | 108 0/0 | 181 0/0 | 177 0/0 |

La proportion des élèves au nombre des habitants présente aussi des données satisfaisantes.

| | |
|---|---|
| Nombre d'habitants | 706 521 |
| — d'élèves | 65 621 |
| C'est-à-dire pour 100 habitants | 9 élèves. |
| Nombre moyen d'élèves par école | 71 |

*Personnel enseignant :*

| | |
|---|---|
| Maîtres | 652 } 1793 |
| Maîtresses | 1141 } |
| Nombre de maîtres ou maîtresses indigènes | 1136 } 1793 |
| Nombre de maîtres ou maîtresses étrangers | 657 } |
| Laïques, des deux sexes | 1470 } 1793 |
| Congréganistes des deux sexes | 323 } |
| Évaluation totale de la propriété scolaire | S 778,610 32 |
| Dépenses moyennes pour l'enseignement en 1891 par élève inscrit | S 13 27 |
| Par élève présent | S 18 29 |

Enfin l'État dépense annuellement pour l'enseignement primaire la somme de 700 000 francs, c'est-à-dire le neuvième de son budget général; car dans l'Uruguay, ajoute la notice officielle, on pense, comme le disait Garfield, alors président des

---

[1]. Voir *L'Instruction publica del Uruguay en la exposicion Colombina de Chicago*, Montevideo, 1893 (avec version anglaise). Cf. *The Kindergarten Magazine*, Chicago, nov. 1893, article intitulé : *The Schools of Uruguay.*

États-Unis, « que les Écoles coûtent moins que les Révolutions ».

Les exhibits scolaires de l'Uruguay se trouvaient dans l'*Agricultural Building*. Ils contenaient :

Choix d'ouvrages pédagogiques destinés aux maîtres [1].
Choix de text-books en usage dans les écoles publiques.
Spécimen de mobilier et matériel didactique, tables, bancs à deux places. Syst. Varela, adopté par le gouvernement.
Portraits du général Artigas, fondateur de la République d'Uruguay ; de J.-P. Varela, l'initiateur des réformes de l'enseignement. (N. B. — Ce portrait est officiellement envoyé aux écoles pour être placé dans les classes.)
Horloge scolaire des écoles américaines adoptée par l'Uruguay.
Cartes, bouliers, solides géométriques, mesures métriques, appareil Level de système décimal métrique, adopté par les écoles publiques.
Cartes orographiques et autres de la République d'Uruguay.
Cartes muettes de l'Uruguay.
Matériel d'enseignement de gymnastique.
Registres des formulaires de classe.
Choix de matériel et travaux d'école enfantine (Kindergarten). C'est une des parties les plus originales de l'exhibit.
Modèles de bâtiments scolaires (école rurale de Bañado, département de San José).
*Photographies et plans* : 15 photographies de l'extérieur et de l'intérieur du musée pédagogique et de la bibliothèque centrale pédagogique de Montevideo, très bel établissement : Directeur, M. Albert Gomez Ruano.
12 photographies de l'École normale d'institutrices, groupes d'élèves au cours de physique, à la classe de couture, etc. ; classe annexe (escuela de applicacion) ;
5 photographies de l'École normale d'instituteurs ; — d'écoles primaires de garçons, d'écoles mixtes, d'écoles de filles ; — écoles publiques des villes de Carmelo, Palmiza ; — école rurale du département de San José.
Spécimens de travaux de modelage de Kindergarten ; d'écriture, cou-

1. Biblioteca del Maestro : ouvrages par Oreste Aranjo, *Notice sur J.-P. Varela, auteur de la réforme scolastique* ; — J. Alvarez y Perez : *El Maestro, journal pédagogique* ; — A. Arocena, *Diagrammes pour l'enseignement* ; — A. Baeza, *Progr. de gymnastique* ; — Berra, *Pédagogie, hygiène*, etc. — A. Calkuis, *Manuel de leçons de choses* ; — V. Chucarro, *Rapport sur l'enseignement*, 1890-91, statistiques. — Règlements et statistiques du département de l'Instruction publique, ouvrages divers par J. M. Figuera, Kodle Harrison (méthodes) ; — J.-O. Miranda, *Législation scolaire* ; — J.-P. Varela, *Éducation populaire*. — Encyclopédie de l'éducation, Rapports, etc.

ture, broderie, dessin, plissage, tissage; — études de caractère par les maîtresses.

Cahiers de devoirs d'écoles primaires de garçons.

Id.           —           et dessins d'Écoles normales.

L'éminent directeur du musée pédagogique de Montevideo, M. Alberto Gomez Ruano, était venu à Chicago pour organiser et faire connaître l'exhibit scolaire de l'Uruguay, qui, en bien des traits, rappelle nos méthodes et nos institutions scolaires françaises. Il a aussi pris part au Congrès d'éducation.

## X. — ÉGYPTE [1].

J'ai regretté de ne pas retrouver à Chicago un envoi analogue à celui qui avait figuré à Paris, en 1889, de l'École normale et lycée Tewfik du Caire, dirigés par M. Peltier. Mais on y trouvait l'école khédiviale des arts et métiers, dirigée aussi par un de nos compatriotes, M. Guigon. J'ai eu la bonne fortune de visiter ces deux écoles en 1888, à mon passage au Caire, et j'avais pu en apprécier à loisir les méthodes et les résultats d'enseignement. Pour la connaissance du français et de l'anglais et de la langue arabe, l'école khédiviale des arts et métiers n'a fait qu'accroître son excellence. La calligraphie arabe et la cartographie méritent une mention spéciale. Mais cette exposition était surtout remarquable par les dessins d'élèves, dessins géométriques, mécaniques, industriels, etc., et par ses beaux travaux manuels de bois (marqueterie), forge, serrurerie, tournage de fer, moulage, etc.

1. Voir *Considérations sur l'instruction publique en Égypte*, par Yacoub Artin Pacha, le Caire, 1894, in-8. Il résulte de ce document que l'instruction élémentaire des enfants indigènes musulmans ressemble beaucoup en Égypte à ce qu'elle est en Tunisie : l'école coranique se borne à faire apprendre à écrire, à lire et à réciter des passages du Coran, sans commentaire ni explication. Ces exercices de mémoire mécanique se prolongent environ deux années. — Ceux qui ne peuvent continuer à fréquenter l'école entrent en apprentissage, les autres apprennent la grammaire élémentaire (*Algeroumiya*) et son commentaire, puis arrivent jusqu'à la grammaire versifiée (Les Mille Vers. *El Alfiya*): cette période d'études dure environ trois années, et est suivie, pour ceux qui veulent étudier en vue de l'enseignement, d'une autre période de huit ou dix années d'études de droit, de théologie, de rhétorique, de commentaires du Coran, etc.

# CHAPITRE V

## La section scolaire américaine.

----

### I. — La statistique scolaire aux États-Unis.

Nous n'essaierons pas de refaire l'historique de l'instruction aux États-Unis; cette étude a été déjà présentée avec détails dans plusieurs rapports antérieurs, notamment dans celui de 1878 [1]. Nous ne nous arrêterons pas non plus à décrire minutieusement à nouveau l'organisation administrative et pédagogique de l'Union, État par État.

Les précédents rapporteurs ont presque tous rappelé, avec juste raison, que l'origine du *Free school system* américain, c'est-à-dire de l'école publique gratuite, est toute religieuse. Les *Pilgrim Fathers* voulaient que tous les enfants fussent

----

[1]. *Rapport sur l'Instruction primaire à l'exposition universelle de Philadelphie en 1876.* présenté par F. Buisson, président de la Commission, Paris. Imprimerie nationale, 1878, 688 p. — Cf. *l'Instruction publique aux États-Unis.* par Ch. Hippeau, Paris, 1872; — *l'Instruction publique en France et dans les écoles américaines,* par Mlle Marie C. Ladreyt (prix Péreire), Paris. 1874; — *Rapport sur l'instruction primaire aux États-Unis,* par Paul Passy. 1885; — *l'Instruction publique à l'exposition universelle de la Nouvelle-Orléans,* par B. Buisson, fascicule 17 des *Mémoires et Documents du Musée pédagogique,* Paris, 1886. — James Bryce, *the American Commonwealth.* Londres. Macmillan, 1893, 2 vol. Cf. Articles sur l'instruction primaire aux États-Unis, par E. Levasseur de l'Institut. *Revue pédagogique,* 1894-95. Voir surtout la brochure de J. Philbrick sur l'organisation de l'école américaine, 1878, et les *Reports of the Commissioner of Education. Washington.* Le dernier. pour 1891-92, vient de paraître. 1894.

capables de lire la Bible, de « sonder les Écritures », et de connaître les bases de leur foi. Les considérants de leurs premières lois scolaires sont explicites sur ce point.

Cependant le principe des démocraties modernes que l'*instruction* et le *vote* se tiennent étroitement liés, que l'instruction, objet de luxe peut-être pour les sujets d'une monarchie, est un article de première nécessité pour les citoyens d'une république [1], avait été entrevu et exprimé de bonne heure aussi par les hommes d'État américains et par Washington lui-même.

On peut dire que le succès de l'école d'État gratuite, et de l'instruction obligatoire, neutre entre les diverses confessions religieuses, déjà affirmé d'une façon si frappante aux précédentes expositions universelles d'Amérique, a été mis encore plus en relief à celle de Chicago. On y sentait bien que l'école publique, la *common school*, merveilleusement habile à préparer la fusion des races, à largement américaniser garçons et filles, européens et occidentaux, noirs et blancs, indigènes et émigrés, est l'orgueil des États et des Cités, le joyau précieux que, comme Cornélie, l'Amérique se plaît à montrer à ses voisines.

Avant d'étudier en particulier certains États et certaines cités qui ont droit à des mentions spéciales, consultons un peu la statistique générale.

« Aucun État, dit M. Levasseur, ne dépense autant pour la statistique de l'enseignement primaire que les États-Unis, et aucun État ne publie autant de volumes sur cette matière. C'est que les Américains, qui regardent l'instruction primaire comme une dette de la communauté envers ses enfants, et la diffusion et le progrès de cette instruction comme une des conditions nécessaires de la vie sociale dans une démocratie, se sont appliqués de bonne heure à savoir exactement si ce devoir était rempli, et si ce progrès s'accomplissait. »

1. « Les *common schols* de ce pays sont le terrain de recrutement et l'école de discipline des grandes armées de la civilisation, de la liberté et du progrès, dont les victoires ont été et continueront à être plus glorieuses que celles de la guerre. » (Discours prononcé au sénat américain, en 1882, par l'Hon. Henry W. Blair.)

Et en effet, comme le montre le même éminent statisticien, l'obligation de rendre compte chaque année, ou tous les deux ans au moins, aux corps élus de chaque État, de l'emploi des fonds votés pour l'enseignement, oblige les surintendants ou ministres de l'enseignement public, à publier fréquemment des statistiques datant de la dernière heure, et des tableaux comparatifs qui permettent de suivre la marche progressive des sacrifices faits par chaque État, ville ou comté pour l'instruction primaire ou supérieure.

Grâce à cette coutume, qui s'est généralisée outre-mer, il était facile de se renseigner à l'exposition de Chicago sur ces résultats, présentés souvent sous plusieurs formes : 1º sous forme de tableaux muraux, résumant les gros faits qui frappaient la foule; 2º sous forme de rapports sommaires en brochures, souvent distribuées à profusion; 3º sous forme de rapports détaillés et complets, réunis en général en élégants volumes reliés, qu'il était encore facile d'obtenir des commissaires ou gardiens des diverses sections.

Nous ne croyons pas nous tromper en disant que c'est l'exemple de l'Amérique qui a contribué à nous faire adopter en France, depuis une vingtaine d'années, l'habitude de publier ainsi des rapports de statistique scolaire [1]. Mais nos départements et nos grandes villes, Paris excepté, n'ont pas à montrer des documents comparables à ceux que nous avons rapportés de Chicago, New York, New Jersey, Philadelphie, Boston, San Francisco, Saint-Louis, et de tant d'autres cités même toutes récentes encore, comme Seattle, par exemple, dans le nouvel État de Washington, et toutes légitimement fières des sacrifices qu'elles font pour l'instruction de leurs enfants et de leur jeunesse.

Des plus récents rapports publiés par le Bureau d'Éducation de Washington, il ressort que les États-Unis, avec une population de 65 millions, ont dépensé en 1891-92 la somme énorme de 155 991 273 dollars, c'est-à-dire environ 780 millions de

---

1. Voir la Statistique de l'Enseignement primaire; les Résumés des États de situation et les beaux Rapports sur l'Enseignement primaire de la Ville de Paris de MM. Gréard et Duplan.

francs [1] pour leurs Écoles publiques, correspondant aux écoles primaires élémentaires et primaires supérieures de l'Europe. Déjà l'année précédente, M. Lavasseur calculait que le budget des États-Unis pour l'enseignement primaire donnait une moyenne de deux dollars 29 cents (11 fr. 50) par tête d'habitant ou 17 dollars 22 cents (86 francs) par tête d'élève. Aucun autre pays ne dépense autant pour l'instruction. En 1891-92, avec son budget de 167 millions, la France ne dépense encore pour l'instruction que 4 fr. 31 centimes par habitant, et 30 francs par élève.

Résumons encore les principaux résultats généraux, en arrondissant un peu les chiffres dans l'intérêt de la clarté :

Nombre des élèves inscrits (*enrolled*) dans les écoles publiques et privées des États-Unis (non compris les cours d'adultes, écoles d'Indiens, etc.)............... 14 714 000

Soit environ 23 p. 100 de la population totale des États-Unis (1892).

Nombre moyen d'élèves présents à l'école par jour en 1892................................................... 8 547 551
Nombre des bâtiments scolaires........................ 229 000 [2]
Nombre des maîtres ou maîtresses..................... 374 000 [3]

Les États dans lesquels la valeur totale des propriétés scolaires est le plus considérable sont les suivants (1890) :

1. *Rapport du Commissioner of Education pour 1891-92*. Washington, 1894. — Les dépenses faites pour les écoles primaires publiques ont plus que doublé depuis 1870. En 1870-71, la dépense était de 69 107 612 dollars; elle était de 146 800 163 dollars en 1890-91 (*ibid.*, oct. 1894).

2. Les chiffres exacts sont :

|  | Nombre des bâtiments scolaires. | Valeur de la propriété scolaire. |
|---|---|---|
| 1870...................... | 116 312 | $ 130 383 000 |
| 1880...................... | 178 222 | $ 209 571 000 |
| 1890...................... | 221 839 | $ 312 876 000 |
| 1892...................... | 229 118 | $ 382 157 000 |

3. Les chiffres exacts sont pour 1870, nombre des *teachers* : 200 515; vingt ans plus tard (1890), nombre des *teachers* : 363 935, dont 238 397 femmes; en 1891, nombre total des *teachers* : 368 791, dont 244 342 femmes, et en 1892, nombre total des *teachers* : 374 460, dont 252 822 ou 67,5 pour 100, femmes, et seulement 32,5 pour 100, instituteurs.

|  | Nombre des maisons d'école. | Valeur de la propriété scolaire. |
|---|---|---|
| État de New York....... | 12 022 | $ 11 606 735 |
| État de Pensylvanie..... | 11 200 | $ 35 435 963 |
| État de l'Ohio........... | 12 813 | $ 32 631 519 |
| État de l'Illinois......... | 12 252 | $ 26 803 585 |
| État de l'Indiana........ | 9 907 | $ 11 979 339 |

Viennent ensuite le Michigan, le Iowa, la Californie, le Missouri, le Minnesota, le Wisconsin, le Kansas. Malheureusement les chiffres manquent pour le Massachusetts.

Total des *traitements* des surintendants et des *teachers*, en dollars :

| 1870.............................. | $ 37 832 566 |
|---|---|
| 1880.............................. | $ 55 912 972 |
| 1890.............................. | $ 91 836 484 |
| 1891.............................. | $ 95 791 630 |

Moyenne des traitements (1890) dans les grandes villes, en dollars :

|  | New York. | Chicago. | San Francisco. |
|---|---|---|---|
| Principal de high school..... |  | 2 260 à 2 800 | 3 000 |
| — de grammar school (cours moyen et supérieur d'école élémentaire)...... | 2 250 à 3 000 | 1 200 à 2 000 | 1 200 à 2 100 |
| — de primary school (cours enfantins et élémentaires)..... |  | 1 050 à 1 600 | 1 200 à 2 400 |
| Assistant teacher gradé d'école primaire élémentaire. Homme. |  | 400 à 775 | 600 à 960 |
| Femme. | 1 000 à 1 750 |  |  |

Dans les districts ruraux [1], les traitements ne sont payés que pour les mois où l'école est en session, et les vacances sont généralement de trois, quatre mois et plus. Dans les grandes villes, les traitements sont généralement payés pour l'année entière. Il n'y a pas de caisse de retraite.

---

1. En 1892, dans le Minnesota, le traitement moyen par mois des instituteurs a été de 40 dollars 79 cents et celui des institutrices de 31 dollars 40 cents. — La moyenne des journées effectives de classe a été pour l'ensemble des États-Unis de 135, 7; elle est environ de 200 journées en France.

Le grand nombre des institutrices vient principalement de ce que les traitements ne sont pas assez rémunérateurs pour les hommes, qui trouvent facilement des occupations plus lucratives. Sauf dans quelques États, il n'est pas d'usage que les institutrices conservent leurs fonctions dès qu'elles se marient. De là une grande instabilité du personnel enseignant, et de fréquents changements, qui ne sont pas un des moins graves défauts du système américain.

*Public high schools* (*écoles primaires supérieures*), faisant partie du système des *common schools*, mais où il y a quelques cours classiques suivis par une certaine portion des élèves :

| | | | |
|---|---|---|---|
| Nombre total des high schools pour tous les États et territoires (année 1892).......................... | | | 3 035 |
| Professeurs des high schools | { Hommes............ | 4 133 | } 9 564 |
| | { Femmes............ | 5 396 | |
| Élèves dans les classes de l'enseignement secondaire. | { Garçons............. | 95 369 | } 239 556 |
| | { Filles.............. | 142 316 | |

Les États où les high schools ont surtout beaucoup d'élèves sont : le New York, 26 000 ; l'Ohio, 22 000 ; le Massachusetts, 20 000 ; l'Illinois, 19 000 ; la Pensylvanie, 14 000 ; le Michigan, 14 000 ; le Iowa, 14 000.

*Enseignement secondaire libre* : Il faut ajouter à ces 3 035 *high schools* publiques, 1 550 institutions privées, qui s'intitulent *academies*, *preparatory schools*, ou *private high schools* et comptaient en 1891-92 environ 7 000 professeurs et 100 700 élèves.

Écoles normales publiques.

| | | |
|---|---|---|
| Nombre total d'écoles normales publiques aux États-Unis. | | 138 |
| Professeurs des deux sexes............................ | | 1 436 |
| Élèves { hommes ................................ | | 9 538 |
| { femmes ................................ | | 23 189 |
| Total des élèves diplômés en 1891-92.................. | | 5 819 |

Il y avait aussi 40 Écoles normales libres, ayant 235 *teachers*, et un total de 10 025 élèves, dont 597 ont obtenu des diplômes en 1892.

Le grand total des élèves d'Écoles normales publiques et

libres dépasse 36 000; mais, encore une fois, le mariage prélève annuellement sur cette armée enseignante un considérable contingent.

## II. — LES PRINCIPAUX ÉTATS, ET LES GRANDES VILLES DE L'EST ET DU CENTRE.

De ces grands et éloquents chiffres d'ensemble, relatifs au pays tout entier, passons aux détails particuliers aux principaux États, mais en nous bornant toujours aux choses les plus saillantes, les plus typiques.

Pour la partie de l'Union que l'on appelle la Nouvelle-Angleterre, il y avait surtout à remarquer les expositions scolaires des États de Maine, de New Hampshire, de Rhode Island, de Connecticut, et du plus important de tous, le Massachusetts. L'État de Vermont n'exposait pas.

Tous ces États font d'énormes sacrifices pour l'instruction, et sont pour l'Europe des républiques modèles, rivalisant d'ardeur afin d'adopter les meilleures méthodes et le meilleur outillage scolaire. On ne le sait pas assez.

**Maine.** — Une commmission avait soigneusement préparé l'exposition du Maine. Cet État a dépensé, en 1890-91, 14 dollars 41 cents par élève présent dans les écoles. J'ai remarqué surtout des travaux d'élèves des écoles de Lewiston, et en particulier les dessins.

**New Hampshire.** — L'École normale d'État située à Plymouth (New Hampshire) mérite une étude à part.

Je dois à son éminent principal, M. le Dr C. C. Rounds, non seulement un bel envoi de photographies, reproduisant tous les bâtiments et salles intérieures, avec groupes d'élèves aux divers exercices, mais aussi un choix de travaux qui m'ont permis d'étudier à loisir les excellentes méthodes et les encourageants résultats obtenus. Je note entre autres une délicieuse série de photographies de petits objets modelés en terre glaise à l'école annexe par et pour les enfants de l'école enfantine; elle pourrait servir de guide pratique à beaucoup de nos jeunes maîtresses. La salle de dessin flatte notre amour-propre. Nous n'y voyons guère que nos modèles, nos moulages en plâtre si fins, si bien choisis et exécutés par l'École des Beaux-Arts pour nos Écoles normales et nos lycées, modèles que M. Rounds déclare préférer à tous les autres.

**Rhode Island.** — Bons exercices de langage et de science élémentaire, avec illustrations en marge des cahiers, provenant des Écoles de Pawtuket et de celles de Newport — le Trouville américain, — et du travail manuel original (sculpture sur bois) de l'école des Quakers de Providence, *Friends'School*, école très soignée et digne de beaucoup d'éloges.

Notons aussi les envois de travaux de fer et bois de la *Reform School*, maison de correction de Sockanosset, ainsi que de l'*Agricultural college* de Rhode Island. Excellente couture provenant de la *Newport industrial School*. Même dans l'exhibit de la célèbre *Brown university* de Providence, j'ai trouvé des preuves que le travail manuel est en grand honneur.

En somme petit État, mais État modèle. On en peut juger par les statistiques suivantes qui figuraient à l'Exposition.

### Facilités pour l'éducation dans le Rhode Island.

| | |
|---|---|
| Population totale | 367 180 |
| Population scolaire (de 5 à 15 ans) | 69 004 |

#### Nombre des écoles publiques.

| | |
|---|---|
| Écoles à 1 classe | 261 |
| Jardins d'enfants | 12 |
| Écoles élémentaires à plusieurs classes | 831 |
| Écoles primaires supérieures et secondaires (High schools) | 13 |
| École normale d'État | 1 |
| Collège d'agriculture | 1 |
| École de sourds-muets | 1 |
| École d'enfants abandonnés | 1 |
| Écoles ou maisons de correction | 2 |

#### Écoles privées.

| | |
|---|---|
| Kindergartens | 11 |
| Écoles confessionnelles | 32 |
| Écoles de commerce, etc. | 3 |

#### Bibliothèques.

| | |
|---|---|
| Bibliothèques gratuites | 43 |
| Bibliothèques par association | 15 |

## STATISTIQUE

### Rhode Island public schools.

| Écoles. | *1845 | 1862 | 1872 | 1832 | 1893 |
|---|---|---|---|---|---|
| Nombre d'écoles. | 128 | 500 | 687 | 883 | 1117 |
| Durée moyenne de l'écolage........ | 1 m., 1 j. | ... | 8 m., 12 j. | 9 m., 1 j. | 9 m., 8 j. |
| **Teachers.** | | | | | |
| Nombre des différents teachers. | 551 | 615 | 789 | 1115 | 1132 |
| Teachers (hommes)... ...... | 362 | 264 | 177 | 182 | 156 |
| Teachers (femmes).......... | | 381 | 612 | 933 | 1276 |
| Nombre moyen des teachers.. | | ... | ... | 905 | 1267 |
| Traitements par mois (hommes). | ... | $ 33,65 | $ 75,72 | $ 77,11 | $ 93,23 |
| Traitements par mois (femmes). | ... | 17,96 | 11,97 | 43,58 | 49,38 |
| Total payé pour traitements.... | 18 365,76 | ...... | 318 361,52 | 403 120,86 | 639 483,90 |
| **Assiduité (attendance).** | | | | | |
| Population scolaire, 5-15 ans. | 25 580 | 40 500 | 47 501 | 55 882 | 69 001 |
| Nombre des différents élèves... | 22 156 | 29 385 | 28 702 | 41 658 | 52 737 |
| Nombre moyen des élèves..... | ...... | ...... | ...... | 30 769 | 39 911 |
| Assiduité moyenne........... | 11 528 | 22 627 | 23 052 | 21 167 | 37 081 |
| **Dépenses (expenditures).** | | | | | |
| Sites, bâtiments, mobilier....... | ...... | $ 2 577,05 | $ 90 216,93 | $ 76 311,03 | $ 173 509,00 |
| Dépenses courantes.......... | $ 53 711,23 | 158 324,27 | 375 106,70 | 515 521,11 | 827 416,60 |
| **Subventions (appropriations).** | | | | | |
| De l'État........ | $ 25 000,00 | $ 50 000,00 | $ 90 000,00 | $ 90 000,00 | $ 125 000,00 |
| Des cités, villes et districts....... | 25 431,83 | 91 971,67 | 309 301,63 | 169 934,11 | 899 049,26 |
| **Propriétés scolaires** | | | | | |
| Nombre des maisons d'écoles.. | ...... | 368 | 110 | 456 | 490 |
| Estimation et valeur des propriétés scolaires... | ...... | ... .. | $ 1 000 000,00 | $ 2 061 693,00 | $ 3 271 185,00 |

* Date depuis laquelle le système actuel est en vigueur.

**Connecticut.** — Les principales villes du Connecticut étaient aussi très avantageusement représentées; notamment New Haven, la ville où se trouve la fameuse université Yale, puis Waterbury, New Britain [1], Bristol [2], etc.

Comme le dit M. Monroe [3], une des principales attractions de l'exhibit du Connecticut était la collection des écrits pédagogiques du Dr Henry Barnard de Hartford, « la plus complète série d'ouvrages sur l'éducation qui ait été publiée en aucune langue ». Elle comprend les 31 volumes de l'*American Journal of Education* qu'il a publié à ses frais, et plus de vingt volumes de traités sur les plus importants sujets relatifs à l'éducation.

**Massachusetts.** — L'exposition scolaire de cet État était probablement la plus importante et la mieux installée, la plus facile à étudier, grâce aux notices explicatives préparées pour chaque matière; elle avait été aussi une des premières prêtes. Nous avons à remercier le surintendant, M. G. E. Gay, des nombreux documents qu'il nous a envoyés.

C'est à juste titre que M. Paul Bourget, dans *Outre-Mer*, a choisi — sur le conseil de ses amis, dit-il — les écoles de Boston comme « type représentatif de l'enseignement primaire américain. La raison de cette préférence, ajoute-t-il, est facile à donner. Le Massachusetts ayant été pendant des années comme la matrice d'effigie, où l'âme américaine a pris son relief moral et intellectuel, la méthode et l'esprit de l'enseignement américain y doivent être plus visibles. »

Laissons de côté les magnifiques expositions du haut enseignement (université Harvard, université Clark, collèges de Amherst, Williams, Tufts; collèges pour les jeunes filles de Wellesley, Smith, Mount Holyoke, etc.), non sans mentionner,

---

1. Bon exhibit de l'École normale.

2. Une école de cette ville exposait de jolies poupées habillées par les enfants, et représentant des personnages caractéristiques, comme un marin américain, un paysan allemand, une pêcheuse bretonne, etc.

3. Voir de M. Will. S. Monroe, professeur à l'Université Leland Standford Junior de Palo Alto, Californie, une courte, mais substantielle biographie de cet éminent pédagogue, intitulée : *the Educational labors of Henry Barnard, a study in the history of American pedagogy*, Syracuse N. Y.(*G. W. Bardeen*), 1893.

cependant, que l'on trouve dans tous ces établissements des cours de pédagogie et de psychologie appliquée à l'éducation, accessibles aux *teachers* ou destinés à ceux qui veulent se vouer à l'enseignement.

L'*Institute of Technology* de Boston, espèce d'École polytechnique de la Nouvelle-Angleterre, dépasse aussi la portée de cette partie de Rapport.

Arrivons aux *public schools* qui occupaient 9 petites salles (Rooms A, B, C, D, E, F, G, H), où l'on trouvait successivement le Kindergarten, les classes élémentaires, puis le travail manuel de garçons et filles, puis les *high schools*, puis les documents du *Board of Education*, enfin les Écoles normales, y compris la fameuse École normale d'art de Boston. Les écoles de Boston, si nombreuses, comme l'a remarqué M. Bourget (607, dit-il, pour une population de 458 000 habitants), sont le fleuron de la couronne de la République des Massachusetts, je dirais presque de toute l'Union. Ce chiffre fabuleux de 607 écoles (lisons *classes*), avec un budget scolaire de 10 millions de francs, a poursuivi l'humoristique voyageur, qui raconte avec quel attachement il a lu, presque comme un roman, les *Rapports scolaires de cette ville* « assoiffée de culture et qui veut, par tous ses habitants, apprendre et comprendre, se saturer d'intelligence ».

On ne pouvait manquer d'admirer les jolis travaux des tout petits, modelage, dessin naïf d'invention, etc., qui couvraient les tables, remplissaient les vitrines, avec un considérable renfort d'objets supplémentaires dans des casiers et portefeuilles (écoles de Boston, Brookline, Quincy, Springfield, etc.).

Dans la salle B (enseignement primaire), j'ai noté à la muraille les spécimens de dessin (écoles de Springfield) d'après la méthode adoptée par l'État de Massachusetts ; le cours de dessin, étude des formes et des couleurs, de mistress Cutler à Boston ; la méthode de lecture du surintendant Davis (photographies envoyées par les écoles de Chelsea).

En somme, exhibit très remarquable.

Ce Massachusetts est, de toute l'Amérique, l'État où les travaux d'élèves et de maîtres ressemblent le plus à ce qui se fait chez nous. A signaler : spécimens de matériel employé pour l'enseignement et fabriqué par et pour les écoliers, études de la flore et de la faune locales (écoles de Brookline, Pittsfield, Lawrence et Worcester), étude d'histoire locale (high schools de Salem). A Brookline, l'enseignement scientifique élémentaire a un programme à part très bien étudié et qui s'applique dès le cours moyen (*grammar grades*) : collections pour musées scolaires et leçons de choses, dessins d'écoles primaires supérieures (*high schools*), tout indique un système soigneusement gradué, des programmes très précis et bien appliqués. Dans cet État on attache une grande importance, dans les grandes villes et surtout à Boston, à l'enseignement de la couture depuis les éléments jusqu'à la coupe des vêtements, et les résultats sont comparables à ceux de nos écoles primaires supérieures parisiennes, qui ont acquis une si légitime renommée. A remarquer le travail manuel des écoles de Springfield (sculpture sur bois), et de Boston qui exposait plusieurs méthodes de travail manuel (*Eliot course* ; *Larsson sloyd course*), système suédois à peu près ; et *Eddy course*, combinaison du sloyd suédois et du système russe.

Notons dans l'alcôve des Écoles normales (salle II) un grand nombre de photographies de bâtiments et d'intérieurs de *normal schools*. Admirons le système des manipulations, et de laboratoires individuels construits par les élèves de l'École normale de Bridgewater ; le système original pour étudier de la botanique à l'École normale de Worcester, une des plus connues et des plus souvent citées en modèle en Amérique. On charge les élèves d'étudier une certaine famille de plantes dont elles devront rendre compte à leur examen de sortie. C'est un commencement de travail personnel et original, qui éveille chez beaucoup d'élèves un goût très vif et souvent durable pour la botanique.

Notons aussi à la même école les impressions que l'on avait demandées aux anciennes élèves-maîtresses sur leurs études, et les jugements très libres mais généralement approbatifs qu'elles avaient rédigés sur l'utilité des exercices divers, et notamment des cours pédagogiques qu'on leur avait fait suivre.

Une chose à remarquer est l'exposition de l'institut inter-

national de Massachusetts pour l'enseignement des filles en
Espagne, et le collège de filles américaines de Constantinople
(travaux d'élèves, papiers d'examen et spécimens de travaux
manuels).

De la célèbre École normale d'art [1] fondée en 1873, qui sert à
former les professeurs de dessin de l'État, j'ai déjà parlé longuement dans le *Rapport sur l'Exposition de la Nouvelle-
Orléans*.. Cet établissement s'est développé depuis, et rend
les plus grands services. Les étudiants et surtout les étudiantes, car c'est toujours surtout les femmes qui enseignent
le dessin comme les autres branches, viennent y compléter
leurs études artistiques et y faire un apprentissage pédagogique. Enseigner le dessin et savoir dessiner, sont deux choses
distinctes.

Nous n'avons peut-être pas assez étudié en France le rôle
de l'École normale d'art de Boston, et les inspirations qu'on
pourrait y prendre.

Cette école fournit actuellement plus de 70 pour cent des
teachers qui enseignent l'art et le dessin dans les écoles
publiques. Il est vrai qu'elle a encore un caractère un peu trop
exclusivement professionnel, pas assez profondément artistique, et un mémoire d'un de ses principaux professeurs,
M. A. H. Munsell [2], inséré dans le *Rapport du Board of Education de Massachusetts, 1893*, indique ces desiderata en proposant nos écoles d'art décoratif et de beaux-arts en modèle
aux Américains. Mais, si nous excellons à former des artistes,
nous ne prenons peut-être pas encore assez de soin pour
former professionnellement les maîtres et maîtresses primaires
de dessin, qui peuvent, s'ils savent s'y prendre, exercer une si
grande et si utile influence sur l'avenir des industries d'art
du pays. Sur ce point l'École normale d'art de Boston mérite
notre attention particulière.

Cette école vient d'être embellie d'une façade sculptée et de
bas-reliefs artistiques.

1. Voir aussi l'*Enseignement du dessin aux États-Unis d'Amérique*, notes
et documents par Félix Régamey, 1881.

2. Il est intitulé : *Interests of the State in the advancement of art* et
a été lu devant le Boston Art Club en 1892.

En 1891-92, elle comptait 215 élèves, dont 178 femmes; âge moyen : 22 ans. Les cours comprenaient :

Dessin à main levée, ornement historique, dessin et modelage de la figure humaine, par le principal, M. George A. Bartlett;

Peinture à l'aquarelle, étude historique sur les écoles de peinture: M. Albert Munsell;

Anatomie, dessin, peinture d'après la bosse et le modèle vivant; miss A. Bailey;

Dessin original et peinture à l'huile;

Dessin à main libre et dessin avec instruments;

Classe d'école publique, psychologie, méthode et principe de l'enseignement;

Histoire de l'enseignement;

Cours de dessin à l'usage des écoles publiques;

Conférences sur l'art;

Dessin géométrique;

Dessin d'architecture;

Modelage et moulage;

Dessin de construction navale.


On trouvera des renseignements sommaires, mais intéressants, sur ce sujet, dans une brochure de l'inspecteur général du dessin pour le Massachusetts, M. Henry T. Barley, intitulée *Industrial Drawing in the public schools of Massachusetts*, 1893.

Une autre grande École normale spéciale, celle de gymnastique, système suédois, fait aussi grand honneur à Boston. (Voir dans le *Rapport du Commissioner of Education*, p. 1106, un extrait du rapport du D*r* E. M. Hartwell, directeur de l'enseignement physique dans les public schools de Boston, décembre 1891.) Fondée en 1888, cette école est due à la libéralité de mistress Hemenway, qui a fait les frais de la formation du personnel enseignant : 56 *masters*, et 190 *mistresses* en 1890. Un congrès d'hygiénistes, tenu à Boston, avait recommandé le système Ling ou gymnastique suédoise. En 1891, plus de 1 100 teachers l'enseignaient dans les écoles publiques.

En se félicitant du dévouement des villes et des particuliers à la cause de l'éducation, le *56e Rapport annuel du Board of Education* rappelle qu'il a été dépensé en 1892 pour les écoles, dans l'ensemble de l'État, plus de 9 millions de dollars (plus de 45 millions de francs), que le nombre des écoles publiques est de 7335, soumises presque toutes à l'inspection et fréquentées par 85 pour 100 des enfants d'âge scolaire qui sont au nombre de 383 217, qu'enfin au lieu de 9 496 *teachers*, nombre strictement nécessaire, l'État en emploie 10 965, savoir : 992 maîtres et 9 973 maîtresses, et plus de 1 000 de ces teachers sont sorties des Écoles normales de l'État.

Il n'y a pas eu en 1892 moins de 25 centres de conférences pédagogiques ou cours normaux de perfectionnement pour le personnel enseignant (teachers institutes).

Nombre des Écoles secondaires et primaires supérieures ou *High schools* : 245, comprenant 904 *teachers* et 27 482 élèves!

Nombre d'Écoles normales de l'État : 5, contenant plus de 904 élèves.

Nombre de cours d'adultes : 255, organisés dans 55 villes, avec 1 048 maîtres et 29 221 élèves, dont 22 340 hommes.

Dépenses d'inspection des écoles, en 1892 : 249 699 dollars.

Dépense pour livres et fournitures scolaires (par suite de la loi intitulée *Free text-book law*, gratuité des fournitures) : 532 530 dollars ou 1 dollar 90 par élève, plus de 8 fr. 50! Dépense pour transport d'enfants, habitant des districts éloignés des écoles, 38 726 dollars. Voilà certes des chiffres éloquents, et qui se passent de tout commentaire.

**New York.** — L'État de New York, on le sait, dépense à profusion aussi pour ses écoles. Il rivalise avec le Massachusetts, qu'il égale en plusieurs points, qu'il dépasse même en quelques-uns. Il aime le luxe des bâtiments, des mobiliers scolaires, au moins dans les grandes villes. Je me rappellerai toujours qu'en 1878, la ville de New York avait envoyé à l'exposition de Paris des quantités de cahiers de devoirs scolaires, reliés en veau et dorés sur tranches. Nos modestes instituteurs n'en croyaient pas leurs yeux.

A Chicago, l'installation était magnifique aussi et digne de l'*Empire State*, comme on appelle souvent l'État de New York. Tout décrire ici serait impossible. Parcourons seulement les belles collections disposées avec beaucoup de clarté par M. le surintendant H. J. Rogers, et occupant le septième de l'immense galerie scolaire.

J'ai décrit, dans mon *Rapport de la Nouvelle-Orléans*, le système du Comité des Régents de l'Université de l'État de New York, qui date de 1784 et ressemble, non aux universités d'Angleterre, d'Allemagne et d'Amérique, mais à l'Université de France, avec laquelle elle a une communauté d'origine. Ce système, unique dans l'Union américaine, gouverne ou contrôle surtout l'enseignement secondaire et supérieur; il mérite une étude à part. Mentionnons seulement ici le rôle important et de jour en jour croissant qu'il joue pour l'encouragement et l'inspection des écoles secondaires privées appelées souvent *académies*, et des *high schools* publiques, et rappelons que, sans s'occuper de l'enseignement populaire, les régents ont eu l'honneur d'en être les patrons, car dès 1793 ils adressaient à la Législature un appel énergique pour l'extension de l'éducation des masses.

Les écoles primaires proprement dites dépendent du département de l'Instruction publique. Chaque année, ce département publie un volumineux rapport. Le dernier paru, le 39e, est de 1893. Feuilletons-le : nous y voyons qu'il y avait en 1893 dans l'État de New York 11 180 districts scolaires, 12 017 bâtiments d'écoles, 615 de grande ville (*city*), 11 402 de petites villes et bourgs (*towns*), dont 10 071 en bois. — Population d'âge scolaire (de 5 à 21 ans) : 1 112 296 pour les grandes cités, et 733 223 pour les villes et les bourgs; nombre d'élèves inscrits, 1 073 093. On tient école en moyenne 32 semaines et cinq jours par an. Nombre des teachers : 32 161, dont 26 869 femmes : sur ce nombre 2 694 sorties des Écoles normales seulement. Traitement des teachers pour l'ensemble, 11 621 066 dollars. Traitement moyen, 740 dollars 76 cents dans les cités (environ 3 700 fr.) et 297 dollars 42 cents (environ 1 487 fr.) dans les campagnes [1].

Ajoutons qu'une des principales originalités de 'exhibit de l'État de New York était, à Chicago, la nombreuse et coquette collection de petites brochures ou monographies, format de poche, que l'on distribuait aux visiteurs pour les renseigner sur le rôle et le caractère des divers établissements d'éduca-

1. Cf. *The schools of New York, a glance at the Common school system of the Empire State*, prepared by the Department of public Instruction, Albany, 1893.

tion et d'instruction de tout ordre de cet État. Chacun de ces luxueux petits livrets était rempli de photogravures, représentant les façades et intérieurs des écoles et collèges avec des groupes d'élèves au jeu, au laboratoire, au gymnase, etc. Il suffit de feuilleter cette collection pour avoir déjà sur l'enseignement américain des révélations qui valent presque celles qu'on peut rapporter après plusieurs semaines de voyage.

La ville de New York nous a fait la gracieuseté de nous envoyer, pour nous permettre de les consulter à loisir, une trentaine de ses gros volumes de devoirs d'élèves, toujours très bien reliés. Nous les avons étudiés au Musée pédagogique avec grand intérêt. Toute la variété des travaux scolaires, depuis le premier grade jusqu'à la huitième année d'études, y est abondamment représentée : dessins remarquables, dessins d'invention, dessins agrandis, aquarelles, etc., jolis travaux manuels en papier découpé, modèles géométriques en carton découpé, orné d'arabesques. On encourage la construction des solides géométriques agrémentés de figures; c'est le *miscuit utile dulci*, l'heureux mariage du plaisant au sévère.

Noté à Buffalo des cartes en relief en sable.

Bons travaux d'écoles enfantines de la *Buffalo Kindergarten Union*, essai d'astronomie enfantine, le soleil en papier doré et ses planètes; un autre en soie jaune, rayonnant, et avec cette devise : *Le père de la lumière — Dieu est lumière*. Et beaucoup d'autres jolies choses figurées, attrayantes pour l'enfance, sur le même sujet : la lumière — lune, étoiles, lampes, et jusqu'à celle d'Edison, en dessins naïfs d'enfants. — Jeux charmants aussi des Kindergarten publics d'Albany, la grande et belle capitale de l'État de New York, siège du *Board of Regents* de l'université de l'État de New York.

Mentionnons aussi les envois des *high schools* de garçons de Brooklyn, et les belles séries de grandes photographies de groupes d'élèves des écoles de Rochester, surtout les jeux des petits pris sur le vif. Les murs des classes sont ornés de belles devises. J'aime celle-ci, entre autres, en grosses lettres :

COME, LET US LIVE
WITH THE CHILDREN!

(Venez, vivons avec les enfants!)

J'ai noté, parmi les Écoles normales, celle d'Oswego, très célèbre, qui exposait, outre des travaux d'élèves [1] et de maîtres, une collection des *text-books* employés, et de jolies photographies, montrant les bâtiments, et surtout la vie intérieure de l'établissement.

La *State normal school* à Albany, et les autres Écoles normales à Courtland, Postdam, Buffalo et New Platz, avaient exposé aussi de belles photographies. Dans la dernière de ces écoles, on voyait les enfants au moment de la cérémonie patriotique, souvent décrite, du *Salut au drapeau : Columbus day, Saluting the flag*. A remarquer encore les associations littéraires d'étudiants et étudiantes de ces Écoles normales; elles prennent, suivant la coutume générale, chère aux Universités, des titres bizarres empruntés à l'alphabet grec. Exemple : *Gamma Sigma Fraternity*, — *Delta Chapter*, etc.

L'École de Pédagogie rattachée à l'université de la cité de New York mérite une mention tout à fait spéciale, ainsi que le *College for the training of teachers* de New York. Nous l'avons visité sur place; installation, programme des cours théoriques et pratiques pour l'apprentissage professionnel de l'instituteur et de l'institutrice, tout est de premier ordre. Excellente organisation de l'école annexe. On y a inventé un petit établi réduit qui s'adapte au banc de la classe; c'est l'atelier dans l'école à peu de frais. Les éducateurs l'ont beaucoup remarqué à Chicago.

Laissons à d'autres, plus compétents, le soin de parler du *Rensselaer polytechnic institute* à Troy, que nous avons visité il y a quelques années, du *Pratt institute*, à Brooklyn, de la *New York Trade school*, du *Mechanics' Institute* de Rochester, de l'école d'ouvriers de Félix Adler, et de l'exhibit collectif des écoles d'art de la cité de New York, comprenant la *Ligue des étudiants d'art*, l'école d'art pour femmes de la *Cooper Union*, et l'école *of Applied and industrial art for women*, etc. N'oublions pas non plus de mentionner encore l'École de cuisine hygiénique, exposée au Palais anthropologique [2].

---

1. En particulier des essais de psychologie personnelle par les élèves, sous forme d'impressions et souvenirs de leur propre enfance.

2. Plusieurs autres institutions de l'État de New York, notamment la

Nous rappelons, en terminant, une étude sur les Écoles normales de l'État de New York, mémoire présenté au congrès d'éducation par M. Francis J. Cheney, principal de l'École normale de Courtland, New York [1].

**Pensylvanie** [2]. — L'État Clef de Voûte, the Keystone State, comme on appelle cet État, d'où est sortie l'indépendance américaine, n'avait rien négligé pour prouver son séculaire dévouement à la cause de l'éducation. Le département de l'Instruction publique exposait une série complète de documents officiels, *State reports*, et le *Pensylvania School Journal*, ainsi qu'une grande carte ou diagramme, que nous voudrions reproduire, indiquant la multiplicité des écoles publiques, dont l'État a le droit d'être fier.

Les principales écoles qui avaient exposé étaient celles d'Altoona, Chester, Hazleton (description d'images), Alleghany, Reading, Pittsburgh (excellentes écritures, sculpture sur bois), Harrisburgh (dessin), Philadelphie.

Les écoles publiques élémentaires de Philadelphie avaient exposé de nombreux volumes de travaux d'élèves, classés par matières : 19 volumes de spécimens de leçons de langage, 13 d'arithmétique, 7 de géographie, cartes de mémoire, etc., et un nombre infini de dessins, spécimens de *sloyd* élémentaire, et autres travaux manuels.

La high school de garçons était très bien représentée aussi.

Les Écoles normales de l'État, situées à Slippetyrock (bons travaux d'élèves), Westchester, Kutztown, Blomsbury, Millersville, avaient pris part plus ou moins activement à l'exposition.

Remarqué surtout l'exhibit de la *Philadelphia high and*

Bibliothèque de Columbia College, New York, ce type incomparable de Bibliothèque d'Université, ainsi que la très originale et ultra-démocratique Université par correspondance de Chautauqua, récemment imitée en Angleterre, par le *Home reading circle*, ont été décrites en détail dans notre *Rapport sur l'instruction publique à la Nouvelle-Orléans*.

1. *Addresses and Proceedings*, p. 418. Cf., ibid., p. 428 : *Should the courses in normal schools be wholly professional*, by F. B. Palmer, principal de l'École normale de Fedonia, New York.

2. Voir *Catalogue of the Exhibits of the State of Pensylvania at the world Columbian Exposition*, prepared under the direction of A. B. Farquhar, Executive commissioner, 1893, de la page 129 à la page 145, avec photographie de la galerie d'Éducation de Pensylvanie.

*normal school* (filles), 7 volumes de spécimens, de travaux écrits et dessins, et nombreuses feuilles exposées à la muraille, surtout dessins à la plume, objets et figures d'histoire naturelle.

A signaler particulièrement les écoles d'apprentissage manuel *manual training schools*) de Philadelphie : résultats très sérieux pour le fer, le bois et la couture et la coupe de vêtements.

Il faudrait parler encore de la pédagogie à l'Université de Pensylvanie, de l'exposition du collège Girard, sorte de grand orphelinat fondé par un Français, où nous avons fait une intéressante visite en 1885, et qui est toujours de plus en plus florissant; car le legs du brave Girard, qui comprenait des mines et des terrains, maintenant sillonnés de chemins de fer, gagne chaque année en valeur. Très bons ouvrages d'élèves : dessin géométrique, dessin d'imitation, travaux de bois, de fer et d'acier, modèle de pont, modèle de machine à vapeur, etc.

Citons encore, comme se rattachant plus ou moins à notre sujet :

L'*Ogontz school* : école industrielle qui exposait des travaux d'élèves (photographies, aquarelles, peinture à l'huile, modelage en argile, comptabilité, etc.);

Le *Pensylvania Museum and School of Industrial art* (dessins, modelage, meubles sculptés, tissus, tapis, etc.);

Le *Spring Garden Institute* : dessins d'après le plâtre, dessins d'après le modèle vivant, dessins pour application industrielle, dessins d'architecture, mécanique, etc.;

La *Philadelphia School of Design for women* (avec cours normal d'art et de dessin, c'est-à-dire quelque chose comme l'École normale d'art de Boston); arts appliqués à l'industrie, dessins pour peinture sur soie, pour papiers peints, toiles cirées, linoleum, étoffes imprimées, pour vitraux, eaux-fortes, etc.;

Le *Pensylvania Institute for feeble-minded children* (pour l'éducation des enfants imbéciles);

Enfin et surtout, l'exhibit de l'École nationale industrielle, pour les enfants indiens, dirigée par le capitaine Pratt, et siutée à Carlisle, ville du sud de la Pensylvanie, à 18 milles de Harrisburg, la capitale de l'État. D'une ancienne caserne, on a fait, depuis 1879, une école pour les jeunes Indiens. Il y en a plus de 700, représentant près de 50 tribus différentes, et originaires des États de Maryland, New York, Delaware, Massachusetts, etc. Après plusieurs années de séjour, ils retournent dans leurs tribus. Cette école exposait des spécimens de travaux scolaires et des dessins par les jeunes Peaux-Rouges des deux sexes, du 1ᵉʳ au 9ᵉ *grade*, des spécimens de travaux, tous d'un caractère essentiellement pratique, de bois, de forge, de quincaillerie, de sellerie, cordonnerie, peinture sur faïence, couture, coupe et manufacture de vêtements par les élèves des deux sexes.

Outre l'exhibit si remarquable de l'école de Carlisle, qui figurait dans la galerie scolaire du Palais des Arts libéraux, il y avait aussi un exhibit vivant de jeunes Indiens des deux sexes, qu'on voyait s'exercer devant le public aux métiers qu'on leur apprend à l'école, et les visiteurs s'arrêtaient avec curiosité et intérêt, pour voir travailler ces jeunes gens, et les questionner sur leur enfance, sur les mœurs de leurs tribus et leurs projets à leur retour dans leurs foyers. Ces jeunes Indiens font des économies sur les salaires qu'ils reçoivent pour leur travail. La plupart ont embrassé la religion chrétienne, et appartiennent à une des sectes qui ont des missionnaires dans leurs *réserves*.

Comme en 1884, j'ai pris grand intérêt à lire les lettres, naïvement rédigées, de quelques-unes des jeunes indiennes élevées à Carlisle, racontant leurs impressions de la vie civilisée, et se promettant de les porter à leurs familles. J'ai eu aussi l'occasion, en passant à Albuquerque, de converser avec de jeunes Indiens qu'on envoyait à Chicago relever leurs camarades que j'y avais vus. Ils avaient un air de gravité un peu triste, mais paraissaient convaincus que les hommes blancs qui les instruisent, veulent réellement leur bien et le relèvement de leur race.

**New Jersey.** — Écoles de Trenton (dessin, musique, etc.), Plainfield (cahiers), Morristown (modelage excellent), Camden (travaux manuels), Montclair (sculpture sur bois). École normale d'État : notes et travaux personnels en pédagogie et psychologie : problèmes moraux, résultats d'expériences personnelles, travaux de l'école annexe (model school).

C'est un État qui produit beaucoup littérairement. L'université de Princeton exposait 3 000 volumes, composés ou publiés par ses gradués et professeurs, et ce n'était qu'une partie de leurs œuvres.

Nous voudrions pour les autres États continuer à montrer, d'après nos notes, les choses les plus frappantes qu'ils exposaient et, d'après les documents que nous avons rapportés, leur organisation scolaire. Mais cela nous entraînerait trop loin. Bornons-nous à quelques points seulement.

**Missouri**. — Son système scolaire était bien exposé dans une notice intitulée : *Missouri at the World's fair* (p. 71 à 83). — Assiduité, locaux, traitements, tout fait grand honneur à l'État. Près des deux tiers des élèves des écoles publiques de district de la ville de Saint-Louis passent à l'école primaire supérieure ou *high school*, et cependant le Comité scolaire de cette ville se lamente de cette proportion insuffisante, qui paraîtrait énorme à tant d'autres cités.

*Saint-Louis*. — La population de cette grande et riche cité est de 451 770 habitants (1892), la population d'âge scolaire de 133 909 (personnes de 6 à 20 ans); élèves inscrits dans les *public schools* 66 332, dans les écoles privées 25 000, total : plus de 91 000. Cette ville ne cesse d'augmenter ses moyens d'instruction : en 1882, elle comptait 103 écoles publiques avec 44 880 places; en 1892, elle comptait 1 035 classes avec 56 925 places; personnel enseignant : 84 directeurs d'écoles, 1 280 *teachers* (dont 1 227 femmes), 1 124 adjoints ou adjointes.

Moyenne des traitements { hommes............ .... 1 503 dollars 14 c.
                         { femmes............. 560  —  53
Moyenne de la durée de l'année scolaire : environ 200 jours.
Moyenne générale des traitements............. 618  —  89

Dans son rapport comparatif sur les systèmes scolaires des grandes cités américaines, qui fait partie du dernier *Report du Bureau d'éducation*, M. J. C. Boykin cite (p. 603-616) les villes de Saint-Louis, Baltimore, Boston, Cincinnati, comme celles où les salaires du personnel enseignant se sont le plus accrus. Le directeur de l'École normale a 15 000 francs; les directeurs d'écoles de district ont jusqu'à 10 000 francs; les maîtres adjoints ou les maîtresses adjointes, jusqu'à 4 500 francs.

Objets exposés : belles écritures des écoles de Kansas, ville où, comme en France, on fait écrire à l'encre de bonne heure, et non au crayon. Modelage d'argile des écoles publiques de *Kansas city* (vases, fruits, légumes, bouteilles, etc.); cartonnage sans colle; étude de papillons; instruments d'électricité, travail fait à la maison par des élèves des écoles publiques d'Harrisonville; beaux dessins des écoles de Saint-Louis [1], et photographies d'écoles et d'intérieurs de classes, groupes d'élèves aux leçons de *calisthenics*, système Delsarte, qui insiste sur les attitudes gracieuses et l'assouplissement. C'est la fureur en Amérique; jolies compositions ou exercices de style, sous forme d'explication d'images.

A noter aussi les résultats de l'enseignement du travail manuel à l'école élémentaire; cet enseignement introduit à titre d'expérience dans une des écoles, l'école Louverture, pour les enfants de couleur de 14 à 17 ans (jouets, objets tournés, etc.), a si bien réussi que le Comité scolaire voudrait généraliser cette mesure dans les 7e et 8e années des écoles de district.

A l'École normale de Saint-Louis qui fait partie de la *high school* et est dirigée par un remarquable pédagogue que j'ai déjà rencontré plusieurs fois, M. L. Soldan [2], excellents travaux de toutes sortes d'élèves-maîtres et élèves-maîtresses; en particulier bons cahiers de dessin au trait, solides géométriques, etc., dessin décoratif, notes de psychologie et pédagogie, modelage en terre glaise cuite au four (*baked white*), etc. Il y a environ 1 400 élèves dans cet établissement, dont 160 dans les cours normaux.

On sent dans l'exposition des Kindergarten de Saint-Louis une grande ferveur fræbelienne : travaux charmants, métho-

_____

1. Voir *City of Saint-Louis, Missouri, 38th Annual Report on the City schools for the year ending 30 june 1892*, rapport du surintendant M. E. H. Long, St-Louis, 1893. — Voir surtout p. 87, le *Rapport sur la Bibliothèque publique de St-Louis*, par Oscar L. Whitelaw, déjà signalée comme très remarquable dans mon rapport de la Nouvelle-Orléans et qui vient de se développer considérablement (85 000 volumes). Elle a un considérable *juvenile department*, c'est-à-dire une section spéciale de livres à prêter aux étudiants et écoliers et écolières. Les jeunes lecteurs et lectrices s'y rendent en foule. J'ai pu le constater de mes yeux.

2. Voir sur l'École normale de Saint-Louis le *Report* de M. Louis Soldan, principal of the normal and high school.

diques, sans surmenage pour les petits enfants, dont on ne perd jamais de vue l'éducation et l'évolution naturelle, physique, intellectuelle et morale, tout en les occupant et en les amusant. Je trouve dans les Kindergarten de la ville 7 580 enfants inscrits, coûtant en moyenne 8 dollars 44 cents par tête : grand sacrifice sans doute, mais qui ne peut manquer de porter fruit. Voilà une ville où l'on sait l'importance de bien commencer l'éducation des enfants.

**Ohio.** — L'Ohio est un État où les écoles pullulent; une carte statistique, constellée de points représentant les localités pourvues d'écoles, en témoignait d'une manière frappante. On dirait la voie lactée, tant les écoles se touchent et sont drues. Un tableau représentait Cincinnati en 1800. La ville avait environ 20 maisons groupées; on apercevait le Fort Washington au fond. En 1893, Cincinnati a 306 008 habitants et ses écoles comptent 37 093 enfants inscrits.

Les trois grandes villes de Cincinnati, Colombus et Cleveland méritent des mentions spéciales d'excellence. L'exhibit de Cincinnati, dit M. Monroe, porte la marque de l'influence des doctrines pédagogiques du Dr E. E. White, qui a été plusieurs années surintendant de l'éducation de cette ville. Cet éminent éducateur, que nous avons rencontré à Chicago, et surtout à Salt Lake, chez les Mormons, où il présidait une session normale d'été, est en effet un des penseurs et des guides les plus autorisés, les plus écoutés dans le monde de l'enseignement. Malheureusement, on n'est jamais prophète en son pays, et les fluctuations de la politique venaient de le priver de son poste, ou plutôt de priver Cincinnati de ses précieux services.

Le dessin à Cincinnati, à Cleveland et à Columbus présente des résultats excellents [1]. Il est enseigné en général par des

---

1. Voir dans le rapport de M. W. H. Morgan, surintendant des écoles de Cincinnati, le rapport spécial sur l'enseignement du dessin. Méthode très rationnelle et méthodique. On débute dans les cours élémentaires par du modelage, pour habituer l'enfant à observer et à reproduire les formes concrètes, puis on passe au dessin à main levée, combinaisons de lignes droites d'abord, puis courbes, ornements, objets réels, feuilles avec coloriage, enfin dessin d'invention et perspective, dessin conventionnalisé, application du dessin d'après nature à la décoration industrielle, surtout

maîtres spéciaux (voir *School report*, p. 244); il en est de même de la gymnastique, appelée *physical culture*. A Cleveland, le travail manuel (fer, bois, tournage de bois et fer) est facultatif (*elective*). L'assiduité s'est accrue en cette ville d'une façon remarquable dans les 20 dernières années. Le nombre des élèves s'est aussi accru extraordinairement dans les *high schools*.

| | |
|---|---|
| 1871............................... | 261 élèves. |
| 1881............................... | 984 — |
| 1892............................... | 2 025 — |

Columbus avait exposé des vues de ses magnifiques écoles. J'ai remarqué des *assembly rooms*, salles de réunion générale des élèves, d'une ampleur et d'un luxe qui font rêver. De même à Greenville, New Concord, Cleveland. Au fond de la salle, grande estrade-théâtre avec cette devise : *God bless our school!* Que Dieu bénisse notre école!

Cincinnati exposait aussi avec profusion des spécimens de l'installation de ses locaux scolaires récemment construits et d'attrayantes photographies de groupes d'enfants en classe, au jeu, aux *calisthenics*.

La *high school* de Woodford exposait un tableau de son bataillon scolaire : Cadets at Drill.

Le rapport du *Board of Education* de la ville de Columbus (Ohio), autre ville modèle, consigne pour 1892 [1] un enrôle-

du papier peint, à la décoration céramique et à l'ébénisterie, la reliure, etc. On arrive à faire colorier en classe, ce qui, pratiquement, semble toujours un problème insoluble à nos maîtres. On ne perd pas de vue le but essentiel du dessin qui est de fournir aux manufactures et industries locales des ouvriers capables d'exécuter et d'interpréter des dessins. Les 4 high schools de Cincinnati rendent de réels services à ce point de vue. Remarqué aussi dans ces écoles des traces d'intérêt particulier pour la botanique (herbiers), la zoologie et la géologie. — La normal school reçoit des élèves sortant des high schools : elles séjournent 10 mois dans le *study department* et 5 dans le *practice department*, ou section de pédagogie appliquée. Un album portant cette devise bien choisie : *Docendo discimus*, contenait des travaux d'élèves-maîtresses : plans de leçons, aquarelles d'après nature (objets groupés, entre autres un groupe de livres avec un violon à côté, très joli), plusieurs études d'objets à dessiner au tableau noir avec crayons de diverses couleurs, exercice qui plaît beaucoup aux élèves, et qui permet d'embellir les classes pour les jours de gala, les visites de parents, les fêtes de fin d'année, etc.

1. *Annual Report of the Board of Education of the City of Columbus for the year ending August 31 1892*, Columbus (Ohio), 1892, p. 401.

ment de 13 267 élèves sur une population de 100 000 habitants, et cela sans compter les écoles privées; l'assiduité a suivi une marche progressive très remarquable.

|  | 1889-90 | 1890-91 | 1891-92 |
|---|---|---|---|
| Assiduité moyenne...... | 8 848 | 9 648 | 10 243 |

En 1892 il y avait 252 bâtiments scolaires, avec 14 000 places, il y avait en outre 2 *high schools*; le personnel enseignant comprenait 302 *teachers*, dont 281 femmes.

Le surintendant félicite la ville de sa *Public School library*, nouvellement construite, et qui exerce une bienfaisante influence, comme auxiliaire de l'école. C'est un très beau bâtiment; le bibliothécaire répond par écrit aux demandes de conseils pour choix de lectures ou achat de livres. Le *supplementary reading* est facilité par une organisation ingénieuse du bibliothécaire, M. Spillman. Une école emprunte une série de livres de lecture pour quatre semaines (50 exemplaires environ de chaque ouvrage, contes, romans, classiques, etc.), puis cette série est rendue et passe à une autre école. Excellente méthode qui promet les meilleurs résultats.

Je note aussi une liste donnée par les bibliothécaires (qui semblent entretenir des rapports étroits et fréquents avec le public et les familles), afin d'indiquer aux parents des sources à consulter pour conter des histoires à leurs enfants, et les instruire en les amusant. Cette liste (p. 239 à 241) mériterait d'être 'ranscrite. Le Board venait d'adopter le système, que l'on trouve dans plusieurs grandes villes, d'un directeur ou inspecteur général de la calligraphie (*special supervisor of penmanship*). En ce qui concerne l'obligation à l'assiduité, je relève dans le rapport de l'inspecteur chargé particulièrement de ce service (*truant officer*) qu'il a fait en 1892 dans la ville 592 visites aux parents des enfants signalés comme ne fréquentant pas l'école; il a trouvé 59 enfants gardés à la maison par leurs parents, 79 retenus pour maladie ou infirmité, 77 empêchés de fréquenter pour motif de pauvreté, 7 faibles d'esprit, 23 qui sont entrés en apprentissage, 14 employés illégalement dans les manufactures, 6 dont l'adresse était inexacte, dont on n'a pu découvrir la résidence, etc. On voit que Columbus est une des villes qui appliquent le mieux les prescriptions relatives à l'obligation scolaire.

Le Comité scolaire fait aussi d'excellentes recommandations (*points to be emphasized*) pour rendre l'enseignement concis, pratique, allégé de tous les développements oiseux ; il insiste sur l'importance de l'enseignement moral, sur la formation de la volonté dirigée vers ce qui est bien, il recommande d'encourager les visites des parents à l'école ; etc. Il y a plusieurs *public days*, ou jours d'invitation : les parents viennent entendre les enfants jouer ou réciter, par exemple la *Journée de l'Ohio*, 19 février, et la *Journée des plantations d'arbres (arbor day)* [1], et la *Journée de Washington*, et la *Journée de Christophe Colomb*.

**Indiana.** — Belle exposition, très bien organisée par le surintendant des écoles de la Porte, M. W. N. Hailmann, déjà mentionné ci-dessus, fervent frœbelien.

Les deux villes d'Andrinople et de la Porte ont rivalisé de zèle pour exposer les résultats de leurs beaux systèmes scolaires.

La Porte surtout nous a paru originale. L'enseignement du dessin y mérite une étude à part : il a une portée philosophique. On cherche à encourager le goût artistique en même temps que la spontanéité, l'esprit d'invention de l'enfant. Dans les exercices scolaires proprement dits, on met avant tout les leçons qui peuvent profiter au développement du caractère, et cultiver ou créer le goût du travail en commun, de la coopération (*Social work*). Allemand, c'est-à-dire systématique, le Dr Hailmann a naturellement tiré de sa méthode tout ce qu'elle pouvait contenir et elle a certainement une réelle originalité. Appliquée par d'autres que ses disciples immédiats, porterait-elle autant de fruits ? C'est ce qu'on peut se demander, mais les résultats qu'il montrait étaient déjà concluants, surtout pour le dessin [2].

---

1. Nous avons décrit en détail cette coutume dans la *Revue pédagogique*, 1885, à l'époque où elle a commencé à se propager en Amérique.

2. Nous avons déjà exposé, dans notre *Rapport sur l'Instruction publique à l'exposition de la Nouvelle-Orléans*, p. 69 et suiv., les vues pédagogiques de M. Hailmann, et son plan d'études en plusieurs cycles, ou cercles d'oc-

*Indianapolis*. Excellent cours de dessin.

Dans la ville de *Goschen*, notons l'introduction du travail manuel dans les public schools à partir de la troisième année,

cupations manuelles et d'exercices intellectuels « formant comme des sphères successives de développement complet ». Il revient sur le système dans son dernier *Rapport sur les Écoles publiques de la Porte pour 1891-92*, p. 5 à 25, qui mériterait analyse. — Non seulement il se préoccupe du développement harmonique des facultés de l'enfant, mais il veut aussi encourager sa spontanéité, son goût pour l'invention, satisfaire ses besoins d'activité et de sociabilité, etc. — Parmi les autres es originales des écoles de la Porte, je note encore les petits récits, descriptions d'images ou simples réflexions de très jeunes enfants que l'on a fait imprimer, avec les noms de ces très jeunes auteurs, et qu'on emploie pour les faire lire dans les classes enfantines. De cette façon on est sûr de ne pas faire lire aux bébés des mots ou des idées dépassant la limite de leur imagination, ni la portée de leur intelligence; il s'agit surtout de chats, chiens, lapins, oiseaux, fleurs, poupées, et menus faits relatifs à la vie domestique et scolaire des tout petits. C'est charmant. Excès d'enfantillage, dira-t-on. Mais il faut préférer cet excès à celui de nos livres de lecture, ou plutôt de torture, que l'on remplit de phrases savantes, inintelligibles, et de mots rares, sous prétexte de faire passer en revue toutes les combinaisons possibles des lettres! Voici du reste quelques échantillons de ces petits textes de lecture à l'usage de la première enfance, avec les noms des précoces auteurs.

Premier grade, 1892.

I have a dog. It plays with the cat. It is brown.
CHARLIE PALMER.

J'ai un chien. Il joue avec le chat. Il est brun.
CHARLOT PALMER.

We have a big plant in our school-room. We give it water, air and sun. At first it had leaves. Then we found little green buds. Then red blossoms came. What is the name of our plant?
ELIZA MORMAN.

Nous avons une grande plante dans notre classe. Nous lui donnons de l'eau, de l'air et du soleil. D'abord elle a eu des feuilles, puis nous avons trouvé des petits bourgeons verts. Puis il est venu des fleurs rouges. Comment s'appelle notre plante?
ELIZA MORMAN.

#### MY DOG

My dog is black. He has four white feet and four white toes. My dog runs to meet me when I come from school. He has a white head, two eyes, and one mouth. He will play with me. He is a too good dog. He has a white ring around his neck.
EMIL BATSLAFF.

#### MON CHIEN

Mon chien est noir. Il a quatre pattes blanches et quatre orteils blancs. Mon chien accourt à ma rencontre, quand je reviens de l'école. Il a la tête blanche, il a deux yeux et un museau. Il joue avec moi. C'est un gentil chien, un bon chien. Il a un cercle blanc autour du cou.
EMILE BATSLAFF.

#### MY SISTER

I have a little sister. She has blue eyes and yellow hair. Her name is Dora. She is five years old. When she is six years old she is going to school. When I go home from school I am going to play with her.
EVANA MALM.

#### MA SŒUR

J'ai une petite sœur. Elle a les yeux bleus et les cheveux blonds. Elle s'appelle Dora. Elle a cinq ans. Quand elle aura six ans, elle ira à l'école. Quand je rentrerai de classe à la maison je vais jouer avec elle.
EVANA MALM.

à peu près notre cours moyen. C'est du sloyd et de la peinture sur des carreaux de faïence (*tile work*).

On enseigne la broderie aussi aux filles, mais pas la couture. Pourquoi le superflu au lieu du nécessaire?

*Richmond.* Bonnes notes de laboratoire et cours de physique illustrés de la *high school*.

*Terre-haute.* Examen en calligraphie, bons résultats.

*Lafayette.* Cartes en relief, beaucoup d'originalité.

**Minnesota.** — Comme à la Nouvelle-Orléans, le Minnesota avait fait une exposition scolaire aussi complète que méthodiquement et lumineusement ordonnée. L'exhibit de cet État, à l'exposition de la Nouvelle-Orléans, se trouvait tout proche du nôtre et j'avais pu admirer et étudier à loisir le merveilleux développement qu'y a pris l'instruction publique. Les deux cités rivales et proches voisines, Saint-Paul et Minneapolis, surnommées les villes jumelles. *the twin cities*, pouvaient concourir avec toutes les plus grandes villes de l'Union. *The excellence of the work is delightfully uniform*, écrit M. Monroe en parlant de leur exhibit. Toutes deux attachent un grand prix au travail manuel et l'enseignent dans leurs écoles : on en voyait des résultats pleins de promesses.

Très bonnes Écoles normales aussi à signaler dans cet État, celles de Winona (320 élèves), Saint-Cloud (400 élèves), Moorhead et Mankato, avec programme d'études uniforme et curri-

<table>
<tr><td>

**COLUMBUS**

Columbus found our country. Columbus thought our world was round. He thought he could find some land if he sailed west. It is four hundred years since Columbus found our country.

MABEL SMITH.

**WHAT I LIKE**

I like horses.
I like my teacher.
I like a pig.
I like a cat.
I like girls.
I like boys.

CLYDE BUEL.

</td><td>

**COLOMB**

Colomb a découvert notre pays. Colomb croyait que notre monde est rond. Il a cru qu'il trouverait des terres en naviguant du côté de l'ouest. Il y a quatre cents ans qu'il a découvert notre pays.

MABEL SMITH.

**CE QUE J'AIME**

J'aime les chevaux.
J'aime mon institutrice.
J'aime un porc.
J'aime un chat.
J'aime les filles.
J'aime les garçons.

CLYDE BUEL.

</td></tr>
</table>

Beaucoup plus longues. plus variées et typiques. sont les petites compositions des enfants du deuxième grade, anecdotes, descriptions de jouets. d'animaux, devinettes, etc.: mais toujours en phrases courtes et avec des mots très simples.

culum de trois ans (*elementary course*) et de quatre ans (*advanced course*).

Ayant conscience de sa supériorité en matière d'éducation, l'État de Minnesota avait publié à l'occasion de l'exposition un délicieux album contenant un nombre considérable de photogravures, où l'on voyait tous les principaux établissements d'instruction publique, depuis le Kindergarten jusqu'à l'université, et où abondaient les vues d'intérieurs de classes, les groupes d'élèves au travail, à la leçon de dessin, de couture, de gymnastique, au laboratoire, etc. Que ne pouvons-nous reproduire quelques-unes de ces pittoresques images, qui, mieux que toutes les explications, nous font pénétrer dans la vie réelle des écoles américaines, si attrayantes, si peuplées de gracieuses institutrices et d'écoliers et écolières aux figures intelligentes et sympathiques! [1]

Quant au rôle si important que joue dans les États de l'Ouest cette common school où se rencontrent riches et pauvres, filles et garçons, Américains et immigrants, et qui donne, outre l'instruction, un entraînement moral, une éducation générale qui manque souvent dans la famille, et qui américanise enfin l'élément nouveau, nul ne l'a mieux décrit que l'éminent surintendant des écoles de Minnesota, M. O. Kiehle, dans son *Rapport pour 1891-92*.

« Dans notre pays, dit-il, les écoles publiques portent le poids d'une responsabilité qui est entièrement inconnue en Europe : c'est d'américaniser et de républicaniser une foule nombreuse et toujours croissante d'étrangers de tous les pays

---

1. *Souvenir manual of the Minnesota Educational exhibit for the world's Columbian exposition*, Chicago, 1893. 110 pages. — Cet album commence par une vue du bureau du surintendant des Écoles, avec une *lady type-writer*, comme secrétaire, puis vient le spécimen d'école rurale, simple cabane en bois. Il y en a 5705 dans l'État, et leur entretien coûte 3 268 757 dollars, plus de 15 millions de francs; puis vient le type d'école de village, puis les *high schools* (il y en a 77, comptant 4 290 élèves), puis les écoles de districts indépendants, puis les magnifiques écoles urbaines de Mankato, Stillwater, Winona, Duluth, et surtout Saint-Paul et Minneapolis; enfin les Écoles normales et les autres établissements d'enseignement (universités, écoles d'agriculture, maisons de correction, etc.). Cf. O. Kiehle, *7th biennial Report of the superintendent of public instruction of the State of Minnesota*, 1891-92.

et de toutes les langues du vieux monde, d'en former une nationalité homogène, connaissant notre histoire, fidèle aux principes d'égalité et de liberté qui caractérisent notre gouvernement, familière avec notre langue nationale, qui, seule, peut leur ouvrir les trésors de notre littérature et les unir avec nous dans notre vie nationale. A tout cela, il n'y a que l'école publique qui pourvoit. Dans la famille, l'église, l'atelier, la société, les individus se groupent suivant leurs goûts et leurs affinités. Dans l'école publique seule, le riche et le pauvre, le blanc et le noir, l'indigène et l'étranger, viennent ensemble comme des égaux en droit naturel, et n'ont d'autre rang que celui que donne la valeur morale et intellectuelle. Là, les distinctions artificielles, sociales, financières, religieuses, ethniques, restent à la porte, et les distinctions personnelles d'honnêteté, de bonté, d'intelligence et de bonnes manières deviennent la base du respect mutuel entre des enfants de rang et de classe différents. »

**Michigan.** — L'État de Michigan, proche voisin de l'Illinois, avait naturellement une exposition scolaire considérable. Outre les nombreuses statistiques officielles, j'y ai surtout remarqué l'exposition de l'École normale de l'État (photographies, groupes d'élèves à la gymnastique, au laboratoire, à l'assembly-room, les jeunes gens dans la salle, les jeunes filles sur l'estrade, qui est immense; vues des bâtiments, musée, bureau de la principale (*preceptress*), observatoire, bibliothèque, laboratoire, etc.; programmes détaillés, dessins d'élèves).

Très frappant aussi l'exhibit de l'*Agricultural College*, et, dans l'université de Ann-arbour, tout ce qui concernait la pédagogie, les cours d'éducation à l'usage des étudiants et des teachers.

J'ai noté une « liste d'honneur » (roll of honour) contenant les noms des donateurs qui ont souscrit pour couvrir les frais de l'exposition scolaire de Michigan à Chicago.

Parmi les écoles, on ne trouvait pas celles de la coquette ville de Détroit, où j'ai admiré plusieurs jolis bâtiments scolaires. Mais il y avait beaucoup de travaux d'élèves très bien exposés des écoles de Lansing, Grand Rapids, Grand Haven, Muskegon, Bay City et Ann-arbour, surtout de la *high school* de cette dernière ville, qui comptait 735 élèves, dont beaucoup de filles.

Pendant ma visite à la galerie de Michigan, j'ai eu une intéressante conversation sur le sujet de la coéducation avec l'institutrice gardienne de l'exhibit. Elle croit avec ferveur à l'influence saine et bienfaisante de la coéducation sur l'un et
l'autre sexe.

J'ai noté dans l'exhibit de Bay City une douzaine de photographies de mathématiques illustrées, si l'on peut risquer cette
alliance de mots. On voyait un coin de classe représentant le
tableau noir avec un problème résolu et à côté l'élève, grande
ou petite, fille ou garçon, qui l'avait résolu. Cette ville vient
d'introduire le travail manuel en 1893 dans son programme
régulier. Jolis spécimens de travaux d'argile de Muskegon et
Manistee.

**Wisconsin.** — L'État de Wisconsin, auquel M. Monroe
reproche un arrangement peu lumineux, brillait surtout grâce
aux écoles de Milwaukee, qui avaient envoyé un grand nombre
de jolis travaux d'enfants de Kindergarten, des réponses d'examen des divers grades et de jolis dessins de la *high school*.

Les autres villes, notamment Racine et les Écoles normales
de l'État, faisaient aussi très bonne figure.


## III. — L'ÉTAT D'ILLINOIS ET LA VILLE DE CHICAGO.

Nous étions impatients d'arriver à l'État d'Illinois et à Chicago,
que nous avons pu étudier plus spécialement, plus complètement, puisque c'était dans cet État et dans cette grande cité
qu'avait lieu l'exposition.

Nous avons déjà dit que l'exposition de l'État d'Illinois se
trouvait, non dans la galerie de l'Éducation, mais dans le palais
spécial de l'Illinois, où l'éducation était représentée, — d'abord
par de nombreuses photographies de bâtiments scolaires et par
une salle de classe modèle entièrement meublée par la *United
States Furniture Company*, sous la direction du surintendant
scolaire de l'État d'Illinois, l'honorable M. Raab, — ensuite par
un magnifique exhibit de travaux scolaires d'écoles primaires
et normales, surtout de dessins d'une originalité incontestable[1].

1. Je dois ces dessins à la libéralité et à la complaisance de l'inspec-

J'ai pu étudier à loisir ces dessins, car on m'a fait la gracieuseté de m'envoyer la collection presque complète des cartons, qui avaient figuré aux murailles. Enfin la célèbre École normale de Cook County, près de Chicago, dirigée par un principal universellement connu en Amérique, le colonel Parker, était exposée dans l'*assembly room* du bâtiment des Enfants (*Children's building*).

J'ai aussi à remercier les autorités scolaires de Chicago pour l'envoi d'un grand nombre de volumes reliés, contenant des spécimens de travaux d'écoliers et écolières des 8 grades des écoles publiques et des *high schools*, volumes que nous avions feuilletés avec intérêt sur place, mais que nous avons été heureux de pouvoir examiner et consulter à tête reposée à notre retour.

Nous parlerons plus loin en détail de cet intéressant envoi, qui est actuellement au Musée pédagogique de Paris.

**Visites aux écoles de Chicago.** — Nous ne saurions exprimer trop haut notre gratitude à l'éminent fonctionnaire qui préside aux destinées scolaires de la grande cité de Chicago, l'hon. Albert G. Lane, superintendent of schools.

Déjà, à plusieurs séances du Congrès, en l'entendant parler d'une voix ferme et forte, d'un ton sobre mais plein de conviction, nous avions pu juger des hautes qualités d'esprit et de la ferveur pédagogique de M. Lane. Plusieurs conversations avec lui, et surtout les visites d'écoles, où il a voulu nous servir lui-même de guide, n'ont fait que confirmer notre persuasion que M. Lane, chargé depuis 1892 de diriger l'enseignement public de la métropole de l'Ouest, était bien, comme dit la phrase anglaise, si souvent citée, *the right man in the right place.*

Nous avons d'abord admiré la magnifique installation des bureaux du surintendant, qui ont une place d'honneur dans le monumental hôtel de ville central, dans le *City Hall*, où se trouvent également la précieuse bibliothèque municipale et son annexe si importante et si fréquentée, la bibliothèque de prêt, ainsi que la superbe salle des séances du Conseil scolaire de la ville, *the Board of Education.*

trice générale du dessin pour la cité de Chicago, miss Josephine Locke, dont il a été question déjà à propos des congrès d'éducation et dont nous aurons plus loin à parler en analysant et en discutant les méthodes du dessin américain.

Ce Conseil se compose, depuis l'année scolaire 1891-92, de 21 membres. Il a fallu augmenter le nombre des membres à cause des accroissements considérables de la population scolaire. Car Chicago marche en tout au pas accéléré. Il est subdivisé en 16 sous-comités [1].

Le dernier rapport du Président du Conseil de l'éducation, en mentionnant la récente nomination de M. Lane, avoue que le choix d'un successeur à M. G. Howland, qui venait de remplir pendant neuf années ces importantes fonctions à la satisfaction générale, était une tâche difficile. Mais il se félicite que les suffrages se soient concentrés sur la personne de M. Lane, qui était déjà très préparé à cette succession, puisqu'il était surintendant de l'enseignement pour le *County*, c'est-à-dire pour l'importante circonscription, nous dirions en France l'arrondissement, dont Chicago est le colossal chef-lieu.

Avant d'accompagner M. Lane dans les tournées si intéressantes qu'il nous a fait faire à travers Chicago et ses palais scolaires, écoutons-le parler dans son *Rapport au Board of Education, pour 1891-92.*

« Aux gros résultats de la statistique *qui se montre* (3 300 *teachers* et 157 743 élèves), M. Lane voudrait, dit-il, pouvoir ajouter la statistique qui ne se voit pas, la plus importante, la plus vitale pourtant, celle du nombre des enfants qui ont été améliorés pendant l'année, celle de l'accumulation de force morale qui a été dépensée par eux et pour eux. »

Sur une population totale de 1 438 010 habitants (recensement de 1892), on comptait une population de 542 163 personnes mineures (au-dessous de vingt et un ans), 191,180 entre les âges de six à quatorze, 157,743 inscrits sur les registres scolaires (*enrolled*), et ce beau chiffre se décomposait comme suit (outre 95 enfants sourds-muets ou invalides) : cours élémentaire (*primary department*), 116 260; cours moyens et supérieurs (*grammar school department*), 35 737; *high school* (enseignement complémentaire ou primaire supérieur et secondaire), 5 643; enfin l'assiduité moyenne était de 117 641.

---

1. Président du Comité, M. John Mclaren; vice-prés., M. D. R. Cameron; surintendant des écoles M. Albert. G. Lane, secondé par neuf assistants, inspecteurs et inspectrices scolaires.

Chaque année de nombreuses écoles sont ouvertes, et cependant un orateur s'est lamenté au Congrès d'éducation à la pensée qu'il y avait encore plusieurs milliers d'enfants hors des écoles. Mais un des membres du comité scolaire s'est empressé de répondre que cela vient de l'accroissement continuel de l'immigration, mais que le Comité était prêt à faire tous les sacrifices nécessaires pour marcher au pas avec les progrès de la population scolaire.

On jugera de ces accroissements, par la statistique suivante de l'assiduité, tirée du Rapport de M. Lane.

| | 1886-87 | 1887-88 | 1888-89 | 1889-90 | 1890-91 | 1891-92 |
|---|---|---|---|---|---|---|
| Cours élémentaires (*primary grades*) | 50 501 | 53 573 | 55 589 | 78 480 | 83 837 | 89 877 |
| Cours moyens et supérieurs (*grammar grades*) | 14 834 | 15 971 | 17 460 | 25 972 | 28 544 | 31 988 |
| Enseignement secondaire ou primaire supérieur (*high schools*) | 1 829 | 2 010 | 2 235 | 3 390 | 4 186 | 4 718 |
| Total général | 67 164 | 71 554 | 75 284 | 107 842 | 116 567 | 126 583 |

En 1892, le School Board n'avait pas moins de 12 bâtiments scolaires de 864 places chacun, en voie de construction, ce qui était suffisant pour les 10 992 enfants, qui représentent l'excédent sur l'année précédente, et signifiait une dépense de plus de 4 millions de francs. Sur 284 bâtiments scolaires, la ville n'en loue plus que 84; le reste est sa propriété.

Pour les âges, nous sommes aussi renseignés minutieusement. Il y avait à Chicago dans les écoles publiques parmi les élèves inscrits :

| | |
|---|---|
| Enfants au-dessous de 7 ans | 23 241 |
| — de 7 à 8 ans | 21 758 |
| — de 8 à 9 ans | 19 639 |
| — de 9 à 10 ans | 17 514 |
| — de 10 à 11 ans | 16 571 |
| — de 11 à 12 ans | 15 228 |
| — de 12 à 13 ans | 14 473 |
| — de 13 à 14 ans | 11 783 |
| — de 14 à 15 ans | 8 042 |
| — de 15 à 16 ans | 4 564 |
| — de 16 à 17 ans | 2 563 |
| — au-dessus de 17 ans | 2 367 |
| | 157 743 |

Nous avons visité plusieurs des écoles nouvellement construites; ce sont en général de grands bâtiments à 2 étages et
sous-sol contenant 16 classes, une *assembly room* et un très
vaste vestibule et un non moins vaste corridor central, sur
lequel s'ouvrent les classes, ce qui rend la surveillance facile.
Le système de ventilation, d'éclairage et de chauffage est, comme
le dit M. Lane, *approximately perfect*, la perfection à peu de
chose près.

Une ville qui dépense si princièrement pour l'éducation, ne
peut tarder à reconnaitre l'utilité de posséder une École normale
municipale pour la formation de son corps enseignant.

Il existe bien, nous l'avons dit, une belle École normale à la
porte de la ville, celle de *Cook County*, présidée par le colonel
Parker, mais elle est loin de suffire au recrutement du personnel
enseignant des écoles urbaines de l'État, et ne peut fournir
l'armée de *teachers* nécessaire à Chicago. Bien entendu, Chicago
est assez riche pour emprunter aux autres villes et États un
grand nombre de maitres et maitresses sortis des Écoles normales. Elle le fait pour beaucoup de postes d'élite, et les beaux
traitements qu'elle paie sont un attrait puissant. Mais pour les
postes inférieurs, les plus nombreux et peut-être ceux où il est
le plus important que le personnel enseignant soit bien formé,
elle est dans l'embarras. M. Lane ne nous a pas caché ce défaut
de la cuirasse de la merveilleuse cité. Il l'a signalé du reste dans
son rapport, rappelant que le système adopté pour préparer
les *teachers*, le système de *Cadeting*, appelé d'un nom emprunté
à la langue des camps, est par trop sommaire. Les élèves des
deux sexes sortant de la *high school* sont placés dans les écoles
de la ville avec le titre de *cadets*, seulement pour assister aux
classes c    )ir faire les *teachers* expérimentés. C'est quelque
chose comme les *pupil-teachers* d'Angleterre. Au bout de 2 mois,
ces *cadets* reçoivent une rémunération de 3 fr. 75 par jour, puis,
au fur et à mesure des vacances, sont pourvus de postes. Aucun
apprentissage pédagogique proprement dit; c'est en forgeant
qu'ils deviennent forgerons; tout au plus leur laisse-t-on le
temps de suivre quelques leçons de dessin, s'ils ont à enseigner
cette branche.

M. Lane fait remarquer que, dans les autres grandes villes,

New York, Boston, Saint-Louis, Washington, Saint-Paul, les *cadets* ou élèves-maîtres et élèves-maîtresses ne font ce stage, cet apprentissage pratique dans les écoles, qu'après avoir passé deux ans au moins dans des Écoles normales, et il conclut en demandant — ce qui, du reste, a été, croyons-nous, résolu cette année — la création d'une École normale pour la ville de Chicago.

Nous n'analyserons pas en détail le rapport de M. Lane, bien qu'il en soit digne, pour tout ce qu'il renferme sur l'organisation et les méthodes d'enseignement. On sent un éducateur préoccupé d'empêcher l'éducation de se cristalliser en routine. J'y relève des passages comme ceux-ci : « Toute lecture devrait avoir pour but d'atteindre et de communiquer des pensées,... toute lecture supplémentaire dans les grades inférieurs devra être plus facile que la leçon ordinaire.... Nous avons en abondance des livres, revues, journaux à bon marché, sains (*pure*), instructifs et attrayants. Nous avons pourvu les écoles d'un choix d'ouvrages de lecture supplémentaire, pour développer le pouvoir d'acquérir des connaissances, et pour cultiver le goût de la bonne littérature [1]. Chaque école a reçu cette année les *Riverside literature Series*, qui contiennent des lectures appropriées à tous les degrés. »

Il se félicite aussi qu'on ait rendu l'exercice du dessin libre et hardi (*free and bold*). Il y a en effet un pas décisif accompli depuis l'exposition de la Nouvelle-Orléans. Le dessin à Chicago est devenu, comme celui des écoles de Paris, moins industriel et plus près d'être artistique. On dessine dans les cours supé-

---

1. L'appendice contient la liste des livres de lecture supplémentaire fournis aux écoles de Chicago en 1892. En voici quelques extraits : 1er grade : les *First Readers* de Sheldon, Barnes, Stickney, Harper, Boyden. Appleton's Companion, Model First Reader; — 2e grade : les *Second Readers* de Stickney et Harper, *Seaside and Wayside*, n° 1, *Normal course on reading*, n° 2, *the Book of Folk Stories* (Riverside series); — 3e grade : les *Third Readers* de Stickney. Harper, *Book of Fables* de la Riverside series. *Hooker's Book of Nature*, etc.; — 4e grade : *Contes d'Andersen*, *Hooker's book of Nature*, *King's* et *Scribner's geographical reader*, Dodge, *Stories of American history*, *Choix de morceaux de divers auteurs classiques*, etc.; de même pour les quatre autres grades. Le Comité fournit à chaque école 20 à 30 exemplaires de chaque ouvrage, pour permettre la lecture en classe. Dans les classes élevées, 10 exemplaires peuvent suffire.

rieurs et même avant, d'après l'objet, en cherchant sa silhouette, en figurant à larges traits les ombres; dans les 7e et 8e grades, on est allé jusqu'à introduire l'usage des couleurs à l'eau [1].

La musique est enseignée partout et sert, dit-il, à un but élevé pour la discipline et la culture morale.

L'enseignement de la *culture physique*, c'est le terme consacré, a été confié à 25 spécialistes; en même temps les *teachers*, instituteurs et institutrices ordinaires, se sont exercés de façon à pouvoir continuer les leçons des spécialistes. On emploie des bâtons et haltères, et l'on suit la méthode allemande et suédoise. Une seule école possède un gymnase complet; sur ce point, Chicago est encore loin d'égaler Boston.

A la *high school*, on a fait de fréquentes excursions de géologie et de botanique. On a fait plusieurs dissections de spécimens recueillis pendant les vacances. Plusieurs écoles ont été pourvues d'*aquariums*.

Le nombre des candidats à l'Université ayant augmenté considérablement, sans doute à cause de la fondation de l'Université de Chicago, une section spéciale, préparatoire à l'Université, a été organisée dans la *high school*.

Le travail manuel est organisé à Chicago depuis 1883 sous le patronage du *Commercial Club de Chicago* qui a fondé la *Chicago manual Training School*, pour l'encouragement du travail manuel à l'école publique. Après quelques années d'expérimentation de cette école, le Comité scolaire ayant reconnu que la population était favorable à cette innovation, a créé en 1890 une école primaire supérieure avec travail manuel, appelée *English High and Manual Training School*.

---

1. Pour plus de détails, voir le Rapport spécial de l'inspectrice générale de dessin à Chicago, miss Joséphine C. Locke, anciennement professeur à Saint-Louis, fervente apôtre de l'esthéticisme. Elle dit avec Frœbel : « Le monde de l'art est la révélation, l'expression visible de l'homme invisible », elle y voit « l'énergie constructive et formative d'un peuple, le pouvoir latent qui, extériorisé, est la mesure du mouvement conscient de l'homme vers la ressemblance à son créateur, vers la domination de la nature et l'empire sur sa nature inférieure » (*sic*). Appliqué à l'école élémentaire, le mot *art* semble ambitieux, elle l'avoue; « pourtant, dit-elle, l'art ou instinct poétique est la vraie nature de l'enfant et sa vie secrète : c'est le côté de sa nature qui soupire constamment après le *bon* et le *beau*, la source qui alimente sa vie intellectuelle et physique ».

Le programme embrasse :

*1re année*. Algèbre, zoologie, botanique, anglais, rhétorique, dessin à main levée et dessin géométrique, usage du microscope, travaux de bois, menuiserie, ébénisterie, tour, etc.

*2e année*. Géométrie, physique, hist. générale, langue et littérature anglaises, comptabilité, tenue des livres élémentaire, dessin mécanique et d'imitation, fer, forge, fonderie.

*3e année*. Trigonométrie, algèbre avancée, chimie, économie politique, étude des classiques anglais et américains, dessin de mécanique et d'architecture, travaux d'atelier, emploi et entretien des machines.

Quelques élèves ont demandé à apprendre l'exercice de la machine à écrire (*type-writing*) au lieu de mathématiques, ou le français et l'allemand en vue d'examens spéciaux.

Nombre des élèves inscrits : 259.

Outre cette école, qui correspond à nos écoles primaires supérieures et professionnelles, il y a eu un essai d'introduction du travail manuel à l'école primaire, cours supérieur (*grammar grades*), dû à l'initiative privée. L'hon. Richard T. Crane a offert au School Board de fournir à ses frais les établis, les outils et le matériel nécessaire et un maître pour enseigner le travail élémentaire du bois aux garçons des cours supérieurs. Plus de 300 enfants ont reçu par ce moyen 2 heures d'instruction manuelle par semaine, et on se promettait d'étendre cette tentative, qui a été entreprise à l'imitation de ce qui s'est fait depuis 5 ou 6 ans à Washington.

Le sloyd, ou travail manuel suédois au couteau, sans atelier, a été aussi introduit dans trois écoles de Chicago.

Dans les écoles de filles, la couture venait d'être introduite seulement en 1892! Mieux vaut tard que jamais.

*Cours d'adultes*. Organisés depuis 1863, ces cours ont duré 24 semaines en 1891-92 et ont été suivis par 14 933 élèves, répartis entre 345 teachers.

Environ la moitié des élèves étaient de nationalité étrangère.

L'enseignement de l'allemand dans les écoles a suivi une marche progressive, qui montre bien la constante et croissante ambition de l'élément germanique à étendre son influence dans la grande cité américaine. Que n'a-t-on su faire de même à la Nouvelle-Orléans pour la langue française!

| Années. | Nombre d'écoles où l'allemand est enseigné. | Nombre des professeurs d'allemand. | Nombre moyen d'élèves apprenant l'allemand. |
|---|---|---|---|
| 1865-66 | " | " | 115 |
| 1875-76 | 15 | 14 | 1 706 |
| 1885-86 | 77 | 137 | 21 219 |
| 1891-92 | 134 | 229 | 29 387 |

La langue française heureusement est enseignée aussi dans les *high schools* de Chicago, et nous avons plusieurs compatriotes pleins de capacité et d'ardeur qui défendent avec succès les droits de cet enseignement, notamment MM. H. Solial et F. Locard, qui ont obtenu récemment qu'une place plus large fût faite à notre langue dans le curriculum des écoles publiques. Puisse la Branche de l'*Alliance française*, qui existe à Chicago, sous le patronage de M. Bruwaert, notre éminent consul, encourager et seconder leurs efforts [1].

Il est curieux de mettre en contraste le florissant état présent de l'instruction publique à Chicago avec ses humbles débuts [2].

La première école ouverte à Chicago, qui n'était alors qu'un fort isolé sur les bords du lac Michigan et de la rivière Chicago, date de 1816. C'était une cabane en troncs d'arbres non équarris (*log house*), où un ancien soldat faisait la classe. En 1820, on mentionne une école tenue par un sergent de l'armée. En 1830, on parle d'une autre école près de Randolph Street et de Michigan Avenue. Vers 1833, il y avait 3 écoles privées qui devinrent écoles publiques. L'incorporation de Chicago comme cité date de 1837. Il y avait alors 5 écoles et 400 élèves en tout. En 1842, il n'y a encore que 456 élèves et 9 teachers. On a conservé

1. Voici les textes français employés dans les 4 années de la high. school : 1<sup>re</sup> année : *Grammaire française* de Keetel; — 2<sup>e</sup> année : *id., Contes choisis, la Mère de la Marquise,* — (Perrault) *Contes de Fées, Contes populaires, Contes choisis, les Frères Colombe;* — 3<sup>e</sup> année : Romans choisis : *Mademoiselle Solange, Maison de Penarvan, Voyage de M. Perrichon* (Labiche), *la Tulipe noire* (Dumas), *Histoire de France* (Lavisse), *Roi des Montagnes* (About), *Mademoiselle de la Seiglière* (Sandeau), etc.; — 4<sup>e</sup> année : *Théâtre classique : Hernani, Révolution française,* etc.

2. Voir le Rapport de M. Lane, citant une esquisse historique (1879, de M. Shephard Johnson, secrétaire du Comité scolaire.

le plan d'une école (Old Scammon) à deux étages construite en 1847. Quelle différence avec les palais scolaires d'aujourd'hui !

En 1852, il n'y a encore que 6 écoles, 29 teachers, 2 404 élèves. En 1892-93, il y a 230 écoles, 3 300 teachers et près de 158 000 élèves !

Pour suivre ce progrès merveilleux, on n'a qu'à jeter les yeux sur la statistique suivante, qui est probablement le plus étonnant spécimen d'accroissement scolaire rapide, dont le monde ait été témoin jusqu'ici.

| ANNÉE | POPULATION | ÉLÈVES INSCRITS DANS LES PUBLIC SCHOOLS | NOMBRE DE TEACHERS | SOMMES PAYÉES POUR TRAITEMENTS | TOTAL DES DÉPENSES D'ENSEIGNEMENT |
|---|---|---|---|---|---|
| 1840 | 4 479 | 317 | 4 | $ 1 700,00 | $ 2 000,00 |
| 1845 | 12 088 | 1 051 | 9 | 2 277,33 | 4 443,45 |
| 1850 | 29 963 | 1 919 | 21 | ........ | 6 037,97 |
| 1855 | 80 000 | 6 826 | 42 | 15 626,73 | 16 546,13 |
| 1860 | 109 206 | 14 199 | 123 | 49 612,45 | 69 630,53 |
| 1865 | 178 492 | 29 080 | 240 | 131 034,91 | 176 003,73 |
| 1870 | 306 605 | 38 939 | 537 | 414 655,70 | 527 744,60 |
| 1875 | 395 408 | 49 121 | 700 | 552 327,37 | 662 043,47 |
| 1880 | 491 516 | 59 562 | 898 | 583 037,00 | 1 171 439,16 |
| 1885 | 703 817 | 79 276 | 1 296 | 917 182,79 | 1 879 160,79 |
| 1890 | 1 208 669 | 135 541 | 2 711 | 1 467 663,17 | 3 695 801,57 |
| 1892 | 1 438 010 | 157 743 | 3 300 | 2 555 821,22 | 4 562 840,86 |

Ne quittons pas Chicago sans mentionner quelques-unes des libéralités de ses citoyens pour la cause de l'enseignement. Il sera parlé ailleurs des libéralités de M. Rockerfeller qui a donné, et promet encore, des millions à la belle université de Chicago, située non loin des bords du lac Michigan, au milieu d'un parc qui avoisinait l'exposition.

N'oublions pas l'exemple, trop peu suivi chez nous, de plusieurs dons et legs spéciaux pour les écoles primaires (*special funds*) : — Moseley Fund, 11 000 dollars, pour acheter des livres et fournitures aux indigents ; Jonathan Burr Fund, 32 000 dollars pour le même objet ; Holden Fund ; Jones Fund ; Newberry Fund, etc.

La *Free Kindergarten Association* entretient aussi des Kindergarten dans dix des écoles publiques de Chicago.

Il y avait en tout en 1892 une population de 3392 enfants recevant l'éducation frœbelienne dans 92 Kindergarten, et il est question de les rendre tous écoles publiques.

Enfin il est impossible de ne pas parler des générosités de M. Armour, le grand industriel, qui a donné plusieurs millions pour organiser des établissements d'enseignement que nous avons visités sous les auspices de son conseiller et inspirateur le Dr Gaunsalus, un des prédicateurs les plus éloquents et les plus justement populaires de Chicago, esprit très libéral et apôtre ardent de l'éducation des masses.

L'*Armour Institute* est un établissement philanthropique, *unsectarian*, c'est-à-dire chrétien sans distinction de dénomination, en même temps qu'un centre de diffusion de connaissances artistiques et techniques destiné à rendre les plus grands services à la population industrielle de la ville, aussi bien aux riches qu'aux pauvres. Située au coin de la 33e rue et de l'avenue Armour, cette institution monumentale, que nous avons eu le privilège de voir du haut en bas quelques semaines avant son inauguration, contient en outre une importante bibliothèque installée avec tout le confort et le luxe américains, un musée technique, un gymnase, des sections littéraire, scientifique, commerciale, industrielle avec ateliers, de mines, de métallurgie, d'électricité, d'arts domestiques, des cours pour la formation des bibliothécaires, un *Kindergarten department*, des conférences et cours sur les beaux-arts, etc., enfin des cours d'adultes du soir.

Du reste tout n'est pas gratuit à l'Armour Institute. Mais les bourses y sont assez nombreuses pour que tous ceux qui montreront de l'ardeur et de la capacité pour le travail puissent y poursuivre leurs études.

L'institution prépare aux cours scientifiques des universités les plus célèbres d'Amérique et naturellement aussi à celle de Chicago.

Il y avait déjà en septembre 1893 un corps de 30 professeurs, présidés par l'éminent Dr Frank W. Gunsaulus, et 7 conférenciers, parmi lesquels je vois le nom de l'ancien directeur de la *public* library de Chicago, le vénérable W. L. Poole, bibliographe et bibliothécaire émérite.

## IV. — LES ÉTATS ET TERRITOIRES DE L'OUEST ET DU FAR-WEST.

En ce qui concerne les États et territoires de l'Ouest et du Far-West, je me bornerai à mes souvenirs de voyage.

**Colorado.** — En quittant Chicago pour me rendre à San Francisco, j'ai d'abord rencontré le Colorado, où je me suis arrêté quelques jours à Denver et à Colorado Springs.

A Denver, magnifiques écoles, dont plusieurs *teachers* de l'exposition de Chicago et de la Nouvelle-Orléans m'avaient parlé avec enthousiasme. La statistique prouve que le Colorado est celui de tous les États qui dépense le plus par tête d'habitant pour ses constructions scolaires. Il est vrai que la population est encore peu élevée, mais, dépenser en moyenne 1 dollar 47 (7 fr. 45) par tête d'habitant pour les bâtiments d'écoles seulement, c'est donner un signe non équivoque de l'importance que l'on attache à l'instruction. Le Colorado dépense à lui seul pour les maisons d'écoles, dit le Rapport de Washington, plus que douze États pour l'ensemble de toutes les dépenses d'instruction [1].

En moyenne, une école au Colorado a coûté, tout compris, 3 949 dollars, tandis que le coût moyen des écoles, pour l'ensemble des États-Unis, n'est que de 1 495 dollars.

Les moindres traitements de *teachers* (institutrices) à Denver étaient en 1890 de 760 dollars (3 800 francs).

Dans les écoles de Denver, il y avait près de 14 000 enfants

1. Voir *The Eighth Biennal Report of the superintendent of public instruction of the State of Colorado*, 1893.

| | 1870 | 1880 | 1890 |
|---|---|---|---|
| Population | 39 864 | 194 327 | 412 198 |
| Élèves inscrits | 3 130 | 22 119 | 65 190 |
| Assiduité moyenne | 1 995 | 12 618 | 38 715 |
| Nombre d'écoles | ..... | ....... | 1 190 |
| Nombre de teachers | ..... | ....... | 2 375 |
| Dépenses pour les écoles (dollars) | 55 963 | 395 227 | 1 681 379 |
| Dépense moyenne par élève (dollars) | ..... | ....... | 3.01 |

inscrits en 1890. Les écoles de Denver ont une capacité de plus de 12 000 places.

Plusieurs associations ont pris l'initiative d'organiser des écoles maternelles ou jardins d'enfants frœbeliens, et le mouvement d'opinion est très accentué en faveur de ces écoles, qui ne tarderont pas à devenir écoles publiques.

Le Rapport de *Board of Education* parle avec une confiance presque enthousiaste de l'avenir qu'il promet à sa jeune École normale d'État.

J'ai regretté de n'avoir pu aller visiter cette magnifique École normale d'État du Colorado, créée en 1889, située à Greeley (Weld county), et dont le prospectus, illustré de nombreuses photogravures, avait excité ma curiosité [1]. C'est une ville où la vente au détail des boissons alcooliques est entièrement défendue (*it is a thoroughly prohibition town*).

A Colorado Springs, j'ai rencontré des *teachers* qui avaient assisté à la *summer School* ou *session normale* d'été, organisée sous le patronage des autorités scolaires, de l'université de l'État située à Boulder, et de l'université de Denver. Ces réunions ont pour but non seulement de faire suivre des conférences pédagogiques et autres aux instituteurs et institutrices qui n'ont pas passé par les Écoles normales, mais encore de les mettre en contact avec des éducateurs expérimentés.

La session de 1894, qui avait duré quatre semaines, avait compris des conférences sur Shakespeare par le D^r W. J. Rolfe, sur Chaucer et les origines du drame anglais par miss Bates, sur la question de l'argent, question vitale et tout à fait à l'ordre du jour alors en Colorado, par le président E. B. Andrews, de l'université Brown; autres sujets : le Socialisme, la Question du travail, l'Histoire industrielle de l'Angleterre, la Philosophie grecque, la Philosophie de l'Éducation; le Kindergarten, jeux et occupations des enfants (avec une classe de modelage); cours de français par M. Léon Capellier, professeur à Denver; cours

1. Voir *3^rd Annual Catalogue of the State Normal School of Colorado, at Greeley*, Colorado, 1892-93: Denver. 1893. Il y a 314 élèves dans l'École normale, dont 246 femmes et 68 hommes; école annexe. 75 élèves: classe de kindergarten modèle, 56 enfants. (Voir plus loin. conclusion. Écoles normales.)

d'allemand et même d'hébreu, sanscrit et assyrien, par un professeur de l'université de Boulder; cours de géologie, physique, astronomie, par le directeur de l'observatoire de Amherst college; cours de *physical culture*, gymnastique, esthétique, musique, dessin, etc.

Tous ces cours sont payants. Mais pour 50 francs on a un abonnement pour toute la session.

*Colorado Springs*, ainsi nommé à cause des sources qu'on y trouve, est une charmante ville d'été de 13 000 habitants, située sur un plateau à 6 000 pieds d'altitude, au pied de collines pittoresques, et à peu de distance du fameux *Pike's peak*, dont on atteint le sommet neigeux par un chemin de fer funiculaire, et à proximité de Manitou, du Cheyenne Canyon, du Garden of Gods, etc. Un tramway électrique et plusieurs lignes de chemin de fer relient Colorado Springs à Denver.

Outre le Colorado college, cette ville possède une fort belle high school, construite avec tout le confort désirable, y compris un immense *auditorium*, ou salle des actes, avec théâtre pour les concerts, récitations et représentations dramatiques par les élèves, un laboratoire de chimie outillé à la dernière mode et permettant de faire manipuler 40 élèves simultanément, atelier de photographie, appareils pour projections lumineuses, salles de dessin. Le chauffage a lieu par radiation indirecte; l'air extérieur entre par une tour de 80 pieds de haut, et est forcé par des *fans* ou ventilateurs puissants; il passe sur les replis de nombreux tuyaux de vapeur et arrive échauffé aux diverses classes.

**Wyoming.** — Laissons de côté le pittoresque de la route et ne parlons que des écoles et de l'enseignement.

Après de longues heures de voyage à travers des pays relativement peu habités, nous arrivons à la capitale du Wyoming. à Cheyenne.

Cette ville m'intéressait beaucoup parce que j'en avais souvent parlé à la Nouvelle-Orléans avec l'ancien gouverneur du Territoire, à présent État de Wyoming, l'honorable M. Hoyt, que j'ai eu le plaisir de retrouver à Chicago comme arbitre et organisateur du jury international. A la Nouvelle-Orléans, l'ex-governor Hoyt était président du jury international d'éducation.

et pendant plus de deux mois nous avions visité et examiné ensemble les divers exhibits scolaires et plusieurs écoles de la Louisiane. Cheyenne est une jolie petite ville, une oasis dans un désert. Beaucoup d'églises, et plusieurs bonnes écoles publiques, contenant 900 places.

Sur une population de 11 690 habitants en 1890, il y avait 993 enfants inscrits dans les écoles publiques, dont 477 filles et 516 garçons; l'assiduité moyenne était de 650 élèves et l'enseignement était donné par 23 teachers, dont 21 femmes. Avant une dizaine d'années, ce sera une grande ville.

Le Wyoming, comme on sait, est un des États où les droits des femmes sont le plus près d'être consacrés par la législation.

**Utah.** — *L'instruction chez les Mormons.* — Après une courte pause à Cheyenne, nous voici en route pour Utah, le pays des Mormons, qui, malgré les lois récentes qui ont aboli la polygamie, malgré l'immigration de nombreux Américains de l'Est, conserve quelque chose de mystérieux et reste toujours un peu, pour la vieille Europe et même pour les Américains, une *terra incognita*. Pour un agonisant, le mormonisme m'a paru se porter encore assez bien.

J'ai séjourné près d'une semaine à Salt Lake City, capitale du Territoire, et j'ai eu l'occasion d'y prendre des informations sur l'enseignement sous son double aspect : d'abord l'enseignement public, donné dans les écoles du comité scolaire municipal, laïque et neutre en matière de religion; ensuite l'enseignement du comité mormon, qui a un caractère décidément confessionnel, et dont la base, comme dans les écoles catholiques chez nous, est le catéchisme.

Ce séjour à Salt Lake City est resté dans mon souvenir comme un des épisodes les plus curieux de mon voyage.

On arrive dans l'Utah par la ville d'Ogden (15 000 habitants), qui n'est guère qu'une longue rue avec quelques monuments de date encore récente. Aux environs, on est frappé de la culture soignée, qui contraste avec tout ce qu'on a vu pendant des milliers de kilomètres. Les Mormons peuvent avoir bien des défauts, mais ils ont au moins une qualité : ce sont des défricheurs, des planteurs, des cultivateurs, des jardiniers de premier ordre. D'Ogden à Salt Lake, la verdure est partout. On se dirait dans quelque coin de France; l'illusion est d'autant plus naturelle qu'à Salt Lake on voit beaucoup de peupliers qui bordent nombre de rues, disons plutôt d'avenues larges comme nos plus grandes routes.

Quelle surprise que la vue de cette capitale du *Deseret* (ne pas lire Désert, comme on est tenté de le faire). Ce mot a un sens particulier dans la théologie mormonne; je me le suis fait expliquer par un *saint du Dernier jour*; il signifie *ruche*, et est un reste de la langue mystérieuse, hiéroglyphique, dans laquelle était écrit le **Livre de Mormon**, tombé du ciel, comme le Coran, et déchiffré avec des lunettes de diamant, puis traduit en anglais, sous la dictée du Saint-Esprit, par le fondateur de la religion nouvelle, le fameux Joseph Smith, apôtre et martyr.

On a beau avoir lu des articles de revue sur les Mormons, et notamment la brillante étude de Taine, on se figure malgré tout des gens primitifs, cachant leurs mœurs bizarres dans des fermes clairsemées ou dans les arrière-boutiques de *store-houses* obscures et encombrées. On ne s'attend pas à trouver une ville moderne, éclairée le soir *a giorno* à l'électricité, sillonnée par plus de 100 kilomètres de tramways électriques, dont les *cars* élégants courent sans cesse dans toutes les directions. Et partout des *clubs*, des banques, des magasins magnifiques, des hôtels, des théâtres même, des édifices publics, des églises, et surtout le fameux Tabernacle et le Temple-cathédrale, qui venait seulement d'être achevé et inauguré quelques mois avant mon passage. Puis à une vingtaine de kilomètres de la ville, où plusieurs lignes de chemins de fer nous transportent en quelques minutes, quelle surprise de trouver, sur les bords du *Grand Lac Salé*, des casinos qui rappellent, qui égalent presque en proportions et en confort ceux de Trouville et de Dieppe [1].

Pour l'enseignement, comme pour tout, les Mormons font bande à part.

---

1. Le casino de *Saltair*, achevé seulement en juin 1893, style mauresque, a coûté 200 000 dollars (1 million de fr.); il est bâti sur pilotis à 2 kilomètres du rivage, en plein lac, avec 620 cabines à douches et une salle de bal de 45 mètres de large sur 80 de long.

Ils ont leurs journaux, leurs sociétés coopératives, leurs banques, leurs églises, leur hôtel à eux, un des plus confortables du reste (le Templeton Hotel); ils ont aussi leurs écoles.

Cependant il y a un certain nombre de familles mormonnes qui envoient leurs enfants dans les écoles municipales, et il est probable que ce mouvement ira en s'accroissant.

Parlons d'abord de ces écoles. Le lendemain de mon arrivée, après avoir visité le Tabernacle et les endroits historiques, le tombeau de Brigham Young et de ses femmes [1], ses résidences, la maison du Lion (*the Lion House*) et la Ruche (*the Bee-Hive*), et son arc de triomphe ou porte de l'Aigle, qui avait été reproduite en fac-similé à l'exposition de Chicago devant le pavillon de l'Utah, après avoir acheté un guide orthodoxe et un catéchisme mormon à la librairie d'un des hauts dignitaires de la secte, George Q. Cannon, je me suis rendu chez le *superintendent* des écoles municipales, *public schools*, M. J. F. Millspaugh, Américain de l'Est, qui m'a fait le meilleur accueil. Il n'est pas adepte de la religion de Joseph Smith, mais entretient d'excellentes relations avec les Mormons, et a parmi son personnel enseignant plusieurs instituteurs et institutrices qui appartiennent à leur religion.

Une heure après, nous étions en route, dans la légère voiture du surintendant, pour aller visiter quelques-unes des jolies écoles récemment construites et aménagées comme dans l'Est, c'est-à-dire avec un confort que nous ne pouvons qu'envier en Europe. Je n'ai pas manqué de cribler de questions mon très aimable cicerone sur son mystérieux pays.

J'admire entre autres une école qui porte le nom d'un grand homme de lettres et d'un éminent diplomate, dont l'Amérique déplore la perte récente, et que j'ai eu l'honneur de rencontrer à Londres, où il était ministre des États-Unis, Russell Lowell, l'auteur des immortels *Bigelow Papers*.

Après avoir visité cette belle école, M. Millspaugh me conduit chez le gouverneur de l'Utah, puis chez le Directeur du

---

1. Plusieurs survivent encore : j'ai été présenté à l'une d'elles, qui avait l'air d'une respectable lady anglaise. C'était la 9°, je crois, des épouses du célèbre Président.

principal journal de Salt Lake, *The Tribune*. Celui-ci accepte tous les éloges que je fais de sa belle cité mormonne, mais je remarque que mes allusions à la possibilité de voir l'Utah, qui n'est encore que *territoire*, devenir le 45e État de l'Union, le laissent froid; il s'empresse même de dire que ce serait prématuré. Je comprends qu'il est de ceux qui veulent laisser à l'élément d'immigration américaine le temps de croître et de contre-balancer l'influence mormonne, qui, en ce moment encore, prédominerait dans les élections, si l'Utah obtenait les privilèges d'un État; il y aurait danger qu'une législature, où les Mormons auraient la majorité, ne voulût réaliser le rêve de gouvernement théocratique qui est le fond du mormonisme.

Le grand attrait de Salt Lake pour l'étranger, c'est le culte mormon; mais il n'a lieu que le dimanche et nous sommes au mardi! Force nous est de prolonger notre séjour. Nous aurons ainsi tout loisir pour étudier le système scolaire du pays.

Malheureusement les écoles sont encore en vacances. Voici du moins, une bonne occasion de faire la connaissance d'un certain nombre de *teachers*. Les journaux annoncent une session normale d'été, une *summer school for teachers*. Elle a lieu dans une grande salle de réunion d'une société qui a ses ramifications partout en pays anglais, les *Odd fellows*, association du genre de la franc-maçonnerie, mais avec un but de divertissement et de sociabilité surtout. La Société a mis ses salons à la disposition des organisateurs de la session normale, qui doit durer du 7 au 25 août. Je m'y rends, et j'y trouve, comme président de la session, une ancienne connaissance de la Nouvelle-Orléans et du Congrès de Chicago, M. le Dr E. E. White de l'Ohio, ancien surintendant des écoles publiques de Cincinnati, et ancien président de l'université Lafayette. Il a pris sa retraite et passe ses loisirs à faire de la pédagogie sous forme de conférences et de publications scientifiques et autres.

La salle est décorée des emblèmes des *odd fellows*, arcs et flèches, balances, cercueil et tête de mort, etc. Au centre de chacun des quatre murs, il y a une espèce de trône avec un dais : les *odd fellows* ont-ils donc des *quatuor viri*? Peu importe. Le Dr White est assis au fauteuil principal. Il ne me permet pas d'assister en simple spectateur aux cours de la session normale. Il veut que j'y prenne part, et que j'adresse quelques paroles aux *teachers*, dont un grand nombre sont des Mormons ou Mormonnes, car il y a surtout des institutrices.

J'écoute d'abord trois courtes leçons : la première de géographie physique, par le professeur Norman, de l'École normale de Columbus (Ohio); la seconde d'arithmétique, par le professeur Eddingfields : c'est une leçon qui roule sur le *système métrique* élémentaire, système légal en Amérique, mais qui n'est pas encore employé, faute d'être connu et d'avoir pénétré dans les coutumes du pays; la troisième est une leçon de philosophie, sur les *sensations* et *sentiments* (*feelings*) par le Dr White lui-même, qui me prie de venir à ses côtés sur l'estrade, me présente à ses élèves et me donne la parole. Je ne m'attendais pas à faire un *speech* en anglais en pays mormon. Je félicite les *teachers de l'Utah* de leur zèle à compléter leurs connaissances pédagogiques. Tout en faisant l'éloge de notre corps enseignant, je dois avouer que beaucoup de nos instituteurs et institutrices n'auraient pas le courage de prendre sur leurs vacances — plus courtes, il est vrai, que celles de l'Amérique — trois ou quatre semaines pour se remettre sur les bancs. Je félicite ensuite la session normale d'avoir des professeurs et directeurs si expérimentés, pratiquant aussi bien que le Dr White l'admirable *méthode socratique*, une des plus vieilles d'Europe et qui n'a pas encore été dépassée, l'art de provoquer la réflexion, de faire trouver la vérité et de prouver à l'auditeur qu'il savait ce qu'on lui enseigne. Je me réjouis aussi beaucoup d'avoir entendu faire l'apologie du système métrique, si cher à la France, et qu'il est si désirable de voir propager en Amérique; je continue par une brève description du relèvement de la France par l'enseignement, sans oublier de mentionner qu'à Tunis, où j'habite, je m'occupe aussi de la formation du personnel enseignant et que nous avons des élèves arabes et français. Enfin je rappelle que j'ai examiné à Chicago l'alcôve de l'exhibit scolaire de l'Utah, et les travaux de ses écoles rurales; ceci m'amène à parler de la délégation française, envoyée par le ministère pour étudier l'exposition scolaire, participer au Congrès d'éducation de Chicago, et visiter les beaux établissements d'instruction des

États-Unis. Le Dr White termine en recommandant aux teachers d'aller voir la section scolaire française à Chicago : il a fait, dit-il, une étude spéciale de notre système d'instruction publique et déclare   ̀il n'y en a pas de plus complet ni de plus parfait.

L'auditoire paraît très sympathique à la France. On ne voit, paraît-il, que très peu de Français à Salt Lake, sauf les touristes. Il n'y a guère qu'un de nos compatriotes qui réside à Salt Lake, et qui, me dit-on, connaît à fond le pays. J'ai vu son nom sur une pancarte dans un sous-sol, son bureau sans doute, près de la Poste Centrale, et j'y ai lu : Professeur André, professeur de piano, de français et d'escrime. Il enseigne aussi plusieurs autres langues et plusieurs autres instruments de musique. En Amérique comme en Amérique ! Le professeur André cumule ; il est aussi interprète de l'hôtel Templeton ; j'ai regretté de ne pas avoir rencontré cet homme universel.

Nous avons dans l'intérieur de l'Utah plusieurs compatriotes, surtout des ingénieurs des mines.

Le Dr White profite de l'après-midi, où il n'y a pas de conférences de la session normale, pour aller visiter avec M. Millspaugh et moi d'autres bâtiments scolaires nouvellement construits. Chemin faisant, il m'explique que la session normale, qui compte une soixantaine de membres, aurait été beaucoup plus nombreuse, si les Mormons n'en avaient pas organisé précisément à la même époque une autre à Provo, un des endroits les plus pittoresques et les plus attrayants du Territoire. Les *teachers* s'y sont rendus en grand nombre. En effet les journaux, surtout le *Deseret*, organe mormon, publiaient chaque jour un long compte rendu des séances de cette *Teachers'convention*, dirigée par une des principales recrues du mormonisme, le Dr Talmage, un savant et éloquent professeur de sciences qui s'est converti à la religion de Joseph Smith.

Nous visitons deux jolies écoles primaires en briques rouges, celle de la *14ᵗʰ Street*, c'est son nom, et celle qui porte le beau titre de *Washington School*. Il n'y a pas moins de dix écoles publiques en construction cette année à Salt Lake.

Ce sont des édifices très solides et monumentaux ; un porche magnifique pour l'entrée, de larges corridors d'où l'on surveille facilement tous les mouvements (40 pieds de large). On croirait au gaspillage chez nous. Mais l'effet est très beau, l'air et la lumière circulent au centre de l'école, le principal peut suivre les évolutions d'un seul coup d'œil. — Belles classes de cinquante tables, à siège isolé (le matériel en bois verni vient de Chicago), tableau noir ardoisé sur tout le pourtour de la classe, éclairage à gauche et par le fond, chauffage au moyen d'air pur appelé du dehors par de puissants ventilateurs (*fans*) et qui circule autour de tuyaux remplis de vapeur chaude. C'est le système de chauffage par radiation indirecte. Cet air sans cesse renouvelé est distribué de façon égale. Une clef permet de régler la température. Dans chaque classe un thermomètre; grandes fenêtres avec châssis mobile en haut. Il y a une salle commune pour les *teachers*, qui ont, du reste, chacune sa petite chambrette pour conserver ses livres, cahiers et autres objets. Il y a une *school library* pour livres, soit donnés par la ville, soit prêtés temporairement par la Bibliothèque publique. Cette bibliothèque est encore assez restreinte, mais confortable; j'y ai été passer deux ou trois soirées. Elle est éclairée à la lumière électrique, et se trouve au deuxième étage de l'édifice du *Board of Trade*.

Il y avait à Salt Lake en 1892, sur une population de 60 000 âmes, environ 10 039 enfants d'âge scolaire, dont 7 718 inscrits dans les écoles publiques (augmentation de 1 398 sur l'année précédente); l'assiduité moyenne était de 4 969. Les cours d'adultes avaient été fréquentés par une centaine d'élèves.

Nombre de bâtiments scolaires du School Board......  11
Nombre de teachers...................................  129
Coût de l'enseignement et de l'inspection scolaire par
    tête d'élève inscrit..............................  13 dollars.

La place manque encore; on est obligé de faire pour un certain nombre de districts des écoles de demi temps, c'est-à-dire que certains élèves ne fréquentent l'école que le matin, d'autres que l'après-midi. Faute de places aussi la *high school* municipale n'avait que 105 élèves.

Le surintendant demandait dans son rapport, entre autres désidérata, l'introduction de la *physical culture* (gymnastique d'assouplissement), le développement des bibliothèques scolaires, l'adoption de la cérémonie de l'*arbor day* (plantation d'arbres) et la construction (ce vœu vient d'être réalisé) d'une *high school* digne de la ville de Salt Lake.

A la fin de l'année scolaire 1892-93, une exposition de travaux d'élèves a eu lieu et a été, dit le *Rapport du Committee on School work*, « une vraie révélation pour des centaines de parents ». L'instruction primaire est divisée en huit *grades*, et le programme contient les matières ordinaires, y compris le dessin et la musique.

Une partie des livres et *fournitures* scolaires a été gratuite. A l'avenir le *Board* fournira tout; il avait voté 1 500 dollars à cet effet pour 1893.

Les revenus approximatifs pour l'entretien des écoles se décomposent comme suit :

| | |
|---|---|
| Subvention territoriale (c'est-à-dire subvention d'État). | 50 000 dollars. |
| Taxe scolaire du Comité........................... | 65 000    — |
| Taxe scolaire de la ville........................... | 100 000    — |
| | 215 000 dollars. |

Les traitements figurent à eux seuls pour 100 000 dollars dans les dépenses.

Les parents des élèves sont en majorité ouvriers, journaliers, commerçants, jardiniers, employés de chemins de fer, et leurs nationalités se décomposent ainsi : originaires d'Angleterre, 2 049; de Suède, 405; d'Écosse, 347; d'Allemagne, 324; de Danemark, 254; du Pays de Galles, 150; de Norvège, 181; d'Irlande, 181; de Suisse, 45; du Canada, 23; de France, 30 [1].

1. J'ai encore visité parmi les établissements d'enseignement ayant un caractère officiel, l'*University of Utah*, fondée en 1850, peu après la constitution de l'État de Deseret en Territoire, mais qui n'a commencé à fonctionner effectivement que depuis 1867. En 1869, elle a été complètement organisée pour donner l'enseignement supérieur scientifique et classique et l'enseignement normal. Depuis 1884, elle a le droit de conférer des grades. — J'ai beaucoup à remercier M. le Prof. H. Montgomery de l'accueil qu'il m'y a fait, en me montrant le musée, la bibliothèque, les salles de cours et surtout ses propres laboratoires, ses minéraux, ses crocodiles vivants et ses serpents à sonnette. — Le cours normal, créé par *Act* de la législature, existe depuis 1875. Les élèves sont admis au concours (100 par an). Après 3 ans, on passe l'examen du brevet (*certificate* ou *license to teach*). Deux années de plus préparent au baccalauréat en Pédagogie (science ou

Voilà pour l'enseignement non confessionnel, dont profitent déjà beaucoup d'enfants mormons. Voyons maintenant ce qu'est l'école mormonne proprement dite. Ici les renseignements sont moins abondants. Je me suis rendu à l'office de la *Presidency*, ou administration ecclés.astique centrale, dont dépendent les écoles. Un jeune secrétaire m'a remis quelques documents et m'a donné quelques explications en me recommandant de voir le Dr Talmage, dont il a été question ci-dessus.

Je me suis risqué alors à demander timidement s'il n'y aurait pas possibilité de visiter le fameux temple-cathédrale [1]. Mais le visage du secrétaire s'est allongé, le sourire dont il m'avait accueilli, a fait place à une expression de gravité sévère, et il m'a répondu : « Le temple n'est visible pour personne, pas même pour nos adhérents : *on n'y entre que quand on veut se faire baptiser pour les morts (sic)*. »

En effet un des principaux articles de la foi des Mormons, un de ceux qui ont le plus d'empire sur les foules, est cette croyance qu'on peut racheter les âmes des trépassés en se faisant baptiser par immersion en leur nom. La cérémonie du reste n'est pas très dispendieuse. Elle ne coûte que 4 ou 5 dollars, m'a-t-on dit, et pour cette modique somme on fait un élu de plus. De là la nécessité d'un temple spécial, lequel, dit-on, est très luxueusement meublé à l'intérieur; on parle de tapis en velours blanc, d'ascenseurs dans chaque tour, d'éclairage et de ventilation à l'électricité, etc. Il y a dans le Territoire de l'État trois autres temples, moins riches et moins grands, mais bâtis sur le même plan et pour le même objet : le baptême des vivants

---

lettres). Une école modèle ou *practice school* est annexée à l'Université. On remarquera qu'il est très avantageux pour les élèves des cours normaux de fréquenter les cours de l'Université et de passer ainsi plusieurs années en contact avec étudiants et professeurs de l'enseignement supérieur.

1. Ce temple, dont la construction a duré quarante ans et qui vient seulement d'être achevé, est construit en blocs de granit provenant d'une carrière des environs de Salt Lake (Little Cottonwood Canyon). Les murs ont à la base 8 pieds d'épaisseur et 6 au sommet. L'édifice a une longueur de 180 pieds et une largeur de 120. Il a 6 tours en forme de clochers à pointe dorée. Hauteur de la principale tour : 210 pieds, et 222 avec la statue de l'Ange du Jugement dernier qui la surmonte. La façade porte l'inscription suivante : SAINTETÉ DU SEIGNEUR! — *Maison bâtie par l'Église de Jésus-Christ des Saints du dernier jour, commencée en avril 1853, finie en avril 1893.*

pour les morts. Mais ce n'est pas ici le lieu de parler théologie; laissons de côté les dogmes mormons, et surtout le fameux dogme du mariage céleste, et ses conséquences sur la terre. Du reste, on sait que, depuis que la cour suprême des États-Unis, sanctionnant l'*Act* passé par le Congrès, a déclaré la polygamie inconstitutionnelle, les Mormons ont renoncé à pratiquer cet article de leur foi; le 24 septembre 1890, le Président Woodruff, le pape des *Latter day Saints*, si on peut user d'un pareil terme, a lancé un manifeste pour annoncer que « la pratique du mariage plural était *suspendue* ». Et le mois suivant une conférence ou concile de l'assemblée générale des Saints a confirmé par un vote unanime cette déclaration du chef de l'Église.

Les documents qu'on m'a donnés sont surtout des instructions et règlements scolaires. Ils ne m'ont pas renseigné sur le nombre des écoles mormonnes, ni sur leur fréquentation. J'ai appris qu'il y a dans la capitale une douzaine d'écoles privées dont la plupart sont mormonnes. Une circulaire (n° 7) publiée en septembre 1891, et émanant du chef actuel de l'Église mormonne, Wilford Woodruff, nous apprend qu'il doit y avoir dans chaque *stake* ou diocèse, un comité scolaire de cinq à huit membres, pour organiser l'instruction des enfants des Saints du dernier jour, « *under correct influences, and in the spirit of the gospel* ». Le désir exprimé universellement, ajoute la circulaire, est que nous ayons des écoles où l'on puisse employer comme livres de classe : la Bible, le Livre de Mormon et le livre *of Doctrine and Convenants*. La même circulaire recommande pour les bibliothèques scolaires, comme indispensables, les ouvrages suivants : 1° dictionnaire complet; 2° encyclopédie; 3° toutes les publications principales de l'Église mormonne; 4° text-books les plus en vogue en toutes les branches; 5° lois revisées de l'Utah; 6° règlements et ordonnances locales; 7° histoire du monde, *Littérature courante*, le journal *Deseret News*, et le *Juvenile Instructor*, etc.

Le nombre total des élèves dans les écoles privées (dont la plupart sont mormonnes) est, pour l'ensemble du Territoire, de 9 894 (recensement de 1891) et celui des élèves dans les écoles publiques de 37 279.

Pour enseigner dans les écoles mormonnes il faut un *certificate* ou *license* du Board of Education de l'Église mormonne. Suit un programme d'examens. Les gradés d'École normale et d'Université doivent obtenir une licence annuelle du surintendant des écoles mormonnes, et s'engager par écrit à enseigner selon les instructions données par le comité mormon d'éducation. Le *Cours* et l'*Examen de Pédagogie* contiennent le programme suivant :

*Théorie de l'enseignement* : Méthode, discipline, organisation scolaire. — Ouvrages recommandés : *Fræbel's Education of Man*; *Baldwin's art of school management*.

*Pratique de l'enseignement* : Application des méthodes d'instruction dans certaines branches du grade intermédiaire (cours moyen primaire) ou du cours académique (enseignement secondaire).

*Psychologie* : Psychologie élémentaire, dans ses rapports avec l'enseignement. — James Sully, *Outlines of Psychology*.

*Histoire de l'éducation* : telle qu'elle est présentée dans l'*Histoire de la Pédagogie* de G. Compayré ou dans l'*Histoire de l'Éducation* de Painter.

*Philosophie de l'éducation* : Tate ou Rosenkranz, *Philosophy of Education*.

*Langues modernes* : Elective (au choix).

*Logique* : *Elements of Logic*, de Jevon.

*Critique* d'un des ouvrages suivants, au choix des examinateurs : Rousseau, *Émile*; Pestalozzi, *Léonard et Gertrude*; Fræbel, *Education of man*; Richter, *Levana*; Quintilien, *Institutions oratoires*.

Une instruction en date du 29 octobre 1890 recommande d'organiser dans les districts où il n'y a pas d'école mormonne, une courte classe quotidienne de religion, qui aurait lieu à l'issue de la classe de l'école publique, et dans laquelle un des membres de l'Église (homme ou femme), désigné par l'évêque et le président de Stake, enseignerait aux enfants des Saints les premiers principes de leur foi et de l'histoire de l'Église. On croirait lire les instructions des écoles congréganistes d'Europe.)

Le journal *the Juvenile Instructor*, publié à Salt Lake, a été choisi comme l'organe officiel de ces classes de religion, et le Comité recommande aussi pour les écoles du dimanche l'adoption de tableaux muraux et du petit livre intitulé *Story of the book of Mormon*.

Quant aux Écoles du dimanche, j'ai pu me rendre compte de mes yeux de ce qu'elles sont. Non seulement j'ai assisté, le dimanche matin, à une de ces écoles dans un des districts (*wards*) les plus proches du Temple, et j'ai entendu les instructions morales que l'on donne aux enfants; mais ayant été présenté à la *lady* qui faisait une sorte de cours normal théologique aux moniteurs de groupes, j'ai été invité par elle à écouter ses interrogations et ses explications; elle m'a même demandé de poser des questions, si je le désirais.

On lisait un chapitre du fameux *Book of Mormon*, révélé à Joseph Smith. Profitant de la permission, j'ai demandé timidement ce qu'étaient devenues les fameuses plaques métalliques dont on parlait, et sur lesquelles la révélation était écrite en caractères hiéroglyphiques. L'auditoire des jeunes Mormons et Mormonnes, ayant tous environ dix-huit à vingt ans, n'a rien répondu; évidemment je touchais à un dogme que la jeune génération eût préféré laisser dans l'ombre. Mais la bonne dame qui dirigeait la leçon n'a pas hésité à me répondre, et elle m'a expliqué que les plaques métalliques avaient disparu, qu'elles étaient sans doute retournées au ciel d'où elles étaient venues, qu'il n'y avait pas à s'étonner de ce miracle en plein XIXe siècle, car la doctrine de l'Église mormonne, qui, du reste, en cela n'est pas différente de celle de certaines autres Églises chrétiennes, n'admet pas que le temps du miracle soit passé: la religion de Mormon se déclare constamment progressive, et pour elle, la Révélation n'a pas dit son dernier mot.

Cette petite séance, suivie de la cérémonie d'un chant de cantique et de la communion, à tous les enfants m'a fort intéressé. L'après-midi, j'ai assisté au service religieux dans le *Tabernacle*, énorme édifice de forme ovale ou oblongue, un vrai *dish cover*, couvre-plats, disent les Anglais, qui peut contenir 8 000 personnes, et où l'acoustique est excellente. Le gardien, quand on le visite, a toujours soin de vous faire la petite expérience suivante pour prouver l'excellence de l'acoustique de cette salle de meeting monstre : il reste près de l'estrade et vous envoie tout au fond de la salle; il laisse alors tomber une épingle et vous en entendez le bruit distinctement

Malgré cela, j'ai eu soin de me placer à proximité de l'estrade

au moment du service, pour tout entendre de près et pour voir
l'auditoire de face. Curieux auditoire que celui-là! Bien que
tout le monde fût vêtu tout à fait à la mode des villes, bon
nombre des assistants m'ont paru avoir un peu une tournure
rustique, un air paysan : les femmes surtout, dont beaucoup
sans doute sont d'origine scandinave, canadienne, irlandaise,
m'ont donné cette impression; les jeunes filles toutefois étaient
presque toutes élégantes de mise et de tournure. Beaucoup
faisaient partie du célèbre *choir*, ou chorale de mille voix, pit-
toresquement étagée sur des gradins en amphithéâtre autour
d'orgues gigantesques ayant 2 640 tuyaux et 48 pieds de haut.
*Salt Lake* en est d'autant plus fière que c'est entièrement
l'œuvre d'artisans locaux. La chorale du Tabernacle est si
renommée en Amérique qu'elle a été envoyée à l'exposition
de Chicago, comme une *great attraction*. On a précisément
annoncé aux jeunes choristes la date prochaine de cette excur-
sion monstre, au début du service auquel j'ai assisté. Ce service
m'intéressait d'autant plus qu'il était principalement destiné à
honorer l'instruction, à cause de la présence à Salt Lake des
membres des deux *Summer School of teachers* qui venaient de
clore leur session : l'une dirigée par le D<sup>r</sup> White, l'autre, celle
de Provo, dirigée par le D<sup>r</sup> Baldwin et le D<sup>r</sup> Talmage. Ces trois
personnages étaient sur l'estrade. Les Mormons font de leur
Tabernacle aussi bien une salle de conférence qu'un lieu de
prière et de culte. Ils sont, m'a-t-on dit, très friands de beaux
discours; dès qu'il arrive à Salt Lake un orateur, ou un per-
sonnage un peu célèbre, et sans esprit d'hostilité contre eux,
ils s'empressent de l'inviter à faire une allocution le dimanche
dans leur Temple. C'est ainsi que les éducateurs, dont je viens
de parler, se trouvaient tous les trois à la place d'honneur, au
milieu des hauts dignitaires de l'Église mormonne. Tous trois
ont, en effet, pris la parole, après quelques chants et prières,
et après l'inévitable cérémonie de la communion sous les deux
espèces, distribuée, sans exception d'âge, à tous les assistants,
hommes, femmes, enfants, à environ 6000 personnes. Notre
ami le D<sup>r</sup> White a fait un très remarquable discours, un véritable discours de philosophe chrétien, sans aucune couleur
sectaire, sur l'élévation de l'âme vers l'idéal par la prière; le

Dʳ Baldwin et le Dʳ Talmage ont parlé aussi très éloquemment, le dernier surtout, avec une ardeur de néophyte, de Polyeucte mormon, dont j'étais fort impressionné. Faisant profession de sa foi au mormonisme, il a déclaré que sa conversion avait été provoquée surtout par la grande moralité (*sic*) qu'il avait trouvée dans la vie des Mormons.

À la sortie du service j'avais rendez-vous à l'hôtel Templeton avec le Dʳ Talmage, et je lui ai demandé quelques renseignements sur l'éducation et l'instruction chez les Mormons. Il a protesté contre les calomnies qui représentent les Mormons comme des ennemis des lumières, et les accusent de ne pas vouloir instruire la jeunesse, afin de la retenir plus facilement dans la croyance aux dogmes de José Smith. « Au contraire, m'a-t-il dit, nous multiplions nos efforts pour améliorer l'enseignement ; la session normale que nous venons de tenir à Provo, et qui a parfaitement réussi, en est un exemple entre mille ; nos efforts pour organiser une université, qui s'appellera l'université de Deseret, et qui rivalisera avec celle d'Utah en sont une autre preuve. »

J'avais eu l'occasion de visiter la veille cette nouvelle université de Deseret. C'est en effet un beau bâtiment tout neuf, contenant tout l'outillage nécessaire. J'en ai rapporté de beaux spécimens de cristallisation du lac Salé, et l'on m'y a montré un portrait à l'huile de Brigham Young, très ressemblant, paraît-il, et fait de son vivant ; il venait d'être envoyé par sa famille pour décorer le bureau du recteur de l'université.

En somme, on le voit, l'instruction est en honneur à Salt Lake, et, si les Mormons se défient, à juste titre, dans l'intérêt de leurs dogmes, des écoles où l'on ne les enseigne pas, et où l'on se contente d'ouvrir l'intelligence des enfants et de former leur caractère, il ne s'ensuit pas pour cela qu'ils soient de parti pris des obscurantistes.

**Californie. San Francisco.** — Malgré mon vif désir de parler, comme elle le mérite, de la grande et belle ville de San Francisco et de ses magnifiques écoles, je vois qu'il faut abréger ce rapport déjà trop étendu.

Dès le lendemain de mon arrivée à San Francisco, après avoir été rendre visite à notre très accueillant et très sympathique consul, M. de Lalande, j'ai commencé à visiter les écoles. Pour cela je n'ai eu qu'à m'adresser au *Board of Education*, installé dans le *Town Hall*, magnifique édifice tout neuf, véritable palais civique, dont la coupole centrale est encore inachevée, mais qui promet d'être un des plus beaux monuments des États-Unis. Le surintendant de l'enseignement public, M. J. Swett, m'a donné beaucoup de renseignements, et, retenu à une réunion du conseil, il m'a fait accompagner par le vice-surintendant M. M. Babcock, qu'il a chargé de me montrer les écoles supérieures, *high schools*, se réservant de me faire voir lui-même le lendemain certaines écoles qui lui tiennent particulièrement à cœur. A San Francisco, nous ne sommes plus réduits à inspecter les bâtiments vides. Les écoles, ici, n'ont pas leurs vacances aux mêmes époques que dans le centre et l'est des États-Unis. Les classes ont recommencé, et nous trouvons partout des essaims d'écoliers et d'écolières.

Répéterons-nous l'impression de charme que cause à tous les étrangers la vue d'une classe américaine, avec ses élèves, filles et garçons, si proprement, je dirais presque, si élégamment habillés, assis chacun à son bureau isolé, évoluant avec une discipline parfaite, mais qui n'a rien de forcé, ni de militaire, qui n'est que l'ordre dans la liberté.

J'étais accompagné d'un professeur anglais, qui désirait aussi visiter les écoles de San Francisco et qui ne manquait pas de faire l'éloge de la France et de la littérature française devant les jeunes Américains. J'avoue que j'ai été très sensible à cette gracieuseté de sa part, et qu'elle a été d'un très bon effet sur les auditoires que nous avons trouvés dans plusieurs classes.

Je n'oublierai jamais non plus le plaisir que j'ai eu quand la lady principale de la *high school* de filles, Mme Elisha Brooks, en nous faisant visiter la classe supérieure, nous a présenté une dizaine de jeunes filles de familles françaises et ajouté qu'elle était heureuse de pouvoir les présenter comme l'élite de la classe pour le travail, l'intelligence et la conduite.

J'ai assisté aussi dans cette belle école à une leçon du cours normal, dans la division des futures maîtresses de Kindergarten. Les élèves-maîtresses, qui étaient nombreuses, ont exécuté de jolis chants avec gestes comme elles les font exécuter aux petits enfants. Le cours normal contenait plus de 80 étudiantes. La *high school* entière compte plus de 400 élèves.

Partout en Amérique nous avons rencontré un accueil très courtois; mais, à San Francisco, on dirait que la politesse se fait encore plus prévenante, plus aimable qu'ailleurs, et je ne sais comment remercier les autorités scolaires, et surtout leur chef, de toute leur bienveillance et leur aménité. Les écoles que M. Swett voulait me montrer lui-même, et où il m'a conduit en effet le lendemain, étaient en vérité des plus curieuses.

La première était une petite école d'enfants chinois, studieux, dociles, intelligents, que l'on ne peut voir sans être charmé de leur bon air et de leurs progrès. Non seulement ils écrivent, lisent et parlent très bien l'anglais, mais ils ont un vrai talent de dessin. On leur fait faire des croquis de souvenir ou d'invention; cela paraît les enchanter. En un clin d'œil, ils ont troussé un mandarin, avec son éventail et son parasol. Ce sont des institutrices qui enseignent avec dévouement ces petits célestes; elles ne savent pas le chinois, elles le regrettent du reste, mais cela ne les empêche pas d'obtenir des résultats très encourageants. J'ai eu grand plaisir à questionner ces gentils petits Asiatiques. Ils ont très bien répondu en général: on leur faisait lire de petites phrases relatives aux animaux. En géographie, leurs connaissances étaient bornées à l'Amérique et à la Chine; la France et Paris même semblaient des noms peu familiers à leur oreille. C'est égal, ils étaient très intéressants, et m'ont fait songer à nos petits Arabes tunisiens, si studieux aussi et si intelligents!

Leur école est située en haut et un peu en dehors du quartier Chinois, cette ville dans la ville, si étonnante, si nouvelle pour quiconque n'a pas vu l'Extrême-Orient.

Après cette école charmante, M. Swett m'en a fait voir une autre bien intéressante aussi. C'était une école maternelle, une de ces 35 écoles maternelles gratuites, organisées avec tant de soin, sous la direction de mistress Sarah B. Cooper, présidente de la *Golden Gate Kindergarten Association* de San Francisco. Cette dame, dont la réputation est universelle, avait été élue, au congrès de Saratoga en 1892, présidente universelle (World's President) de l'Union internationale des Kindergartens.

J'avais eu l'occasion d'étudier de près à la Nouvelle-Orléans, où j'ai rencontré mistress Cooper, puis à Chicago, les méthodes du Kindergarten de San Francisco, qui étaient exposées d'une façon très complète dans le magnifique palais de la Californie; mais j'ai été heureux d'avoir vu en opération, sur place, ces jolies petites écoles frœbeliennes, qui ont une réelle originalité, et qui ont réussi à San Fransisco plus que partout ailleurs à captiver l'attention et la sympathie publiques.

La *Golden Gate Association*, ainsi appelée parce que la *Golden Gate* ou *Porte d'Or* est, comme on sait, la grandiose entrée du port de San Francisco du côté de l'océan Pacifique, a déjà quatorze ans d'existence. Depuis ce temps elle a fait la première éducation de plus de 14 000 enfants de deux à sept ans.

Elle a pour but (art. I, sect. II de son règlement) *l'établissement et l'entretien de Kindergartens gratuits à San Francisco et aux environs; l'entretien d'une École normale gratuite pour la formation des maîtresses de Kindergarten, et le développement de l'œuvre des Kindergartens pour les enfants nécessiteux et abandonnés.*

Voici le frappant tableau de la rapide croissance de cette association philanthropique entre toutes :

| Année. | Nombre d'écoles. | Enfants inscrits. | Recettes. |
|---|---|---|---|
| A la fin de la 1re année. | 2 écoles de Kindergarten. | 109 | $1 805 |
| — 2e | 4 | 228 | 3 227 |
| — 3e | 5 | 297 | 3 446 |
| — 4e | 6 | 342 | 4 700 |
| — 5e | 8 | 467 | 10 624 |
| — 6e | 12 | 819 | 14 016 |
| — 7e | 13 | 983 | 16 507 |
| — 8e | 15 | 1 105 | 17 307 |
| — 9e | 17 | 1 378 | 19 128 |
| — 10e | 19 | 1 517 | 25 295 |
| — 11e | 24 | 2 133 | 31 667 |
| — 12e | 32 | 2 637 | 42 376 |
| — 13e | 35 | 3 108 | 43 731 |

« Notre plus jeune recrue, dit le rapport, a été une petite fille de 16 mois, que nous avons gardée 4 ans. C'était un rayon de soleil. *She was like a sunbeam, every body loved her.* Elle est entrée dans la public school, droit dans le premier grade, et a été classée à un rang élevé dans le grade suivant. On ne lui reprochait qu'une chose à l'école : elle faisait trop de questions et voulait tout connaître.

C'est précisément la preuve que le Kindergarten avait fait son œuvre et avait éveillé en elle, ou plutôt n'avait pas émoussé en elle cette curiosité qui est une des premières conditions d'un développement intellectuel sain et normal. Parlant des 14 000 enfants dont elle a si soigneusement préparé la première éducation, l'Association se demande : « Quel sera l'avenir de ces enfants? Il y a une chose certaine, c'est qu'on leur a enseigné à aimer ce qui est bon. On les a habitués aux manières douces, on leur a appris à se traiter les uns les autres avec une affectueuse courtoisie. Leurs patientes maîtresses n'ont pas épargné leurs peines pour faire prédominer en leurs natures le bien sur le mal. Elles ont été des mères pour beaucoup d'entre eux. »

La presse californienne a beaucoup contribué au succès de cette œuvre de charité et de prévoyance sociales [1]. Un grand nombre de généreux donateurs ont répondu aux appels éloquents de mistress Cooper, qui a toute la ferveur et l'enthousiasme communicatif d'un apôtre. Voici de quelle façon pressante elle recommande ses petits protégés au public californien :

« *Remember the Kindergartens!* N'oubliez pas les jardins d'enfants, les Kindergartens gratuits. La meilleure œuvre à faire pour une société, c'est une œuvre parmi les enfants nécessiteux. Après treize années, nous pouvons montrer les résultats les plus réels. Nous avons éduqué plus de 14 000 enfants. qui sont à présent d'excellents élèves des écoles publiques. Par eux, notre influence va jusqu'à leurs *homes*, à leurs familles. et les relève. Les parents sentent un regain de courage et font des efforts pour s'améliorer. Chaque dollar qu'on nous donne va droit aux enfants, et nous nous efforçons de faire produire à chaque dollar la valeur de deux.

« Songez à ces *Free Kindergartens* en préparant vos testaments! 40 000 dollars peuvent assurer l'entretien à perpétuité

---

1. On trouvera dans le *13th Annual Report of the Golden Gate Free Kindergarten Association* (San Francisco, 1892), un intéressant résumé historique de ce mouvement avec la réimpression des principaux articles qui ont paru dans le *Daily Evening Bulletin*, depuis 1878.

d'un Kindergarten de 60 enfants. 14 000 dollars suffisent pour un Kindergarten de 30 enfants. Quel courant de bienfaisante influence on peut ainsi créer pour l'avenir! Multipliez les *Kindergartens* gratuits et vous réduirez le nombre des prisons et des maisons de charité. Multipliez les Kindergartens gratuits et vous aurez, dans les années à venir, de meilleurs citoyens, plus purs, plus sains physiquement et moralement.

« Tout le bien que nous voulons avoir dans la Nation, c'est dans les enfants qu'il faut le semer. On ne voit dans aucune ville d'enfants plus intelligents que ceux de San Francisco. Il n'y a pas dans le monde entier de gens au cœur plus généreux que les gens de San Francisco... l'espoir du monde repose sur les enfants. Qui veut doter un Kindergarten gratuit de plus?

« SARAH B. COOPER.

« Présidente de l'Association des Kindergartens gratuits de la Porte d'Or (*Golden Gate*). »

La femme du sénateur Leland Standford, fondateur de l'*Université* de Palo Alto, a aussi fondé 7 Kindergartens organisés par l'association de la Golden Gate, qui a reçu d'elle, pour cet objet, une somme de 167 000 dollars (835 000 francs).

Une autre dame généreuse, la femme du sénateur George Hearst, a aussi fondé 3 Kindergartens; après quoi elle a eu l'idée de fonder pour les enfants qui y avaient reçu leur première éducation, une école d'apprentissage industriel, sur le plan de la North Bennett Street industrial school de Boston, fondée par la fille d'Agassiz (Mrs Quincy A. Shaw).

Ces exemples ont été suivis par d'autres bienfaitrices, même par des étrangères, comme miss Emily Faithfull, la brillante conférencière anglaise, et par diverses sociétés, entre autres, la *San Francisco Produce Exchange C°*, la première société commerciale sans doute qui se soit faite patronne d'un jardin d'enfants!

Notons encore le Kindergarten pour enfants convalescents du Children's Hospital de California Street.

Enfin mentionnons que l'Association a créé, outre son école normale de *Kindergarteners*, un cercle d'études et d'observations sur l'enfance, intitulé *The Child Study Circle*, qui s'occupe de la

psychologie appliquée à l'éducation, en s'inspirant des ouvrages
de Welch, Boldewin, Perez, Compayré, etc.

M. Swett m'a encore montré une troisième école, celle de
Broadway. Elle est destinée principalement à des enfants étrangers, italiens, espagnols, etc., habitant un quartier excentrique,
un des rares endroits de la ville où n'arrive pas le tramway, le
merveilleux tramway funiculaire de San Francisco, si léger, si
alerte, qui fonctionne depuis près de 30 ans, montant et descendant des côtes à pic, tandis que nous traînons encore à
Paris en de lourds omnibus-pataches. Le dessin est un des
exercices les plus réussis dans cette école où domine l'élément
italien, c'est-à-dire où il y a beaucoup d'enfants doués, par
suite de l'hérédité sans doute, d'aptitudes artistiques particulières.

Enfin j'ai vu une école primaire de filles tout à fait remarquable comme organisation, comme discipline, comme résultats d'enseignement, notamment en dessin. Le comité scolaire
de San Francisco est partisan du dessin tel qu'on le comprend
en France, c'est-à-dire enseigné non seulement pour faire
l'éducation de la main et de l'œil, et pour servir en vue de
l'industrie, mais pour éveiller le goût artistique. Au lieu de se
borner à suivre la méthode de dessin industriel et géométrique
importée du South Kensington Museum d'Angleterre par
Walter Smith, on veut amener les enfants à voir l'objet réel,
et à chercher par eux-mêmes à comprendre et à rendre les
formes. De là un dessin de fleurs, fruits, vases, d'après nature,
et jusqu'à des essais de dessin d'après le modèle vivant. J'ai
assisté à une classe où cet exercice avait lieu. Une petite fille
montait sur une chaise et ses camarades faisaient non pas son
portrait, ce qui évidemment était au-dessus de leurs forces,
mais une étude de dos et de vêtement, s'efforçant de rendre
l'attitude et les proportions, sans chercher à dessiner les traits
du visage. En une demi-heure plusieurs élèves arrivèrent à des
résultats très satisfaisants. L'avantage de cette méthode est
que bon nombre d'élèves prennent goût au dessin, et s'y
exercent à la maison.

Voici quelques chiffres relatifs à l'instruction publique en
Californie :

|                                      | 1870      | 1880      | 1890                            |
|--------------------------------------|-----------|-----------|---------------------------------|
| Population                           | 560 247   | 861 694   | 1 208 130                       |
| Enrôlement des élè-ves               | 85 808    | 158 765   | 221 756                         |
| Assiduité moyenne                    | 54 271    | 100 966   | 146 589                         |
| Nombre de jours de classe            | 104,2     | 126       | 146,6                           |
| Nombre d'élèves dans les écoles privées | »      | »         | 21 460                          |
| Nombre d'écoles                      | »         | »         | 3 121                           |
| Nombre de teachers                   | »         | »         | 5 434 dont { 1162 hommes. 4272 femmes. } |
| Ressources scolaires de diverses provenances | »  | »         | 5 086 964 dollars.              |
| Dépenses                             | 1 529 047 | 2 864 571 | 5 187 162                       |

Aucun État ne pousse plus loin les largesses envers les écoles publiques. Aucun ne pourvoit plus libéralement aux fournitures scolaires; M. Harris calcule que la Californie dépense pour les écoles la grosse somme de 1 dollar 99 cents (près de 10 francs) par tête d'habitant, ce qui dépasse de beaucoup tout ce que dépensent les autres États, même le New Jersey.

C'est la Californie, avec le Colorado, qui dépense le plus pour les bâtiments scolaires : 4 dollars (20 francs) par tête d'habitant; c'est elle aussi qui dépense le plus pour l'enseignement : 3 dollars 03 par tête d'habitant; elle aussi qui paie les plus gros traitements.

Voici ceux de San Francisco :

| Principal de high school          | 3 000 dollars = | 15 000 fr.      |
|-----------------------------------|-----------------|-----------------|
| Maîtres adjoints                  | 1 680       —   | 8 400 —         |
| Directeurs d'écoles élémentaires  | de 1 200 à 2 400 — | 6 000 à 12 000 — |
| Maîtres adjoints d'écoles élémentaires | de 600 à 960 — | 3 000 à 4 800 — |

A Oakland et à Los Angeles, les traitements sont très élevés aussi.

A Oakland, ville très progressive, et d'une croissance rapide, à proximité de San Francisco, j'ai eu la bonne fortune d'être adressé à un de nos compatriotes, M. Paul Garin, directeur de l'enseignement du dessin dans les écoles publiques, et auteur d'une méthode de dessin, en deux volumes, que j'ai rapportée au Musée pédagogique, et qui est le fruit de son expérience déjà longue. J'ai visité avec lui quelques écoles nouvelles, dignes de leurs rivales de San Francisco; il m'a conduit ensuite jusqu'à Berkeley, qui est rattaché à Oakland par un tramway électrique, et où j'ai admiré la belle situation de l'université de Californie.

Mais l'université qui m'attirait surtout en Californie était celle de Palo Alto, toute nouvelle encore, et déjà si célèbre à cause de sa dotation fabuleuse de cent millions de francs, par le sénateur Standford, qui a voulu faire de cette institution, le futur Harvard de la Californie, une sorte de grandiose mausolée à la mémoire de son fils mort à la fleur de l'âge. De là le nom de *Leland Standford junior University*.

Je me borne à parler ici de ce qui m'intéressait spécialement à Palo Alto au point de vue de notre mission particulière; c'était la renommée du professeur Earl Barnes, directeur du département de pédagogie et de psychologie, et pour lequel j'avais une introduction. M. le consul de France, curieux aussi de visiter la nouvelle université, dont on parle tant à San Francisco, m'avait accompagné. Nous avons trouvé le professeur Barnes, dans une des jolies villas que l'on vient de bâtir pour les professeurs sur le vaste terrain de l'université, à proximité du « quadrangle » déjà en partie achevé. Il nous a fort bien accueillis, nous a présentés à Mistress Barnes, qui est professeur aussi à Palo Alto, puis au président Jordan, chef de l'université, à qui nous avions déjà entendu dire des choses originales et spirituelles, sur la question du grec au Congrès d'éducation de Chicago, bien qu'il soit lui-même, non un classique, mais un scientifique.

Sans vouloir parler en détail de l'université de Palo Alto et de ses hautes destinées, nous rappelons que le plan du Dr Jordan semble être d'employer ses millions, non à multiplier les constructions grandioses, mais à choisir parmi les savants et lettrés des deux mondes, une élite de professeurs, c'est-à-dire de marcher sur les traces de l'université Johns Hopkins de Baltimore, qui est arrivée par ce moyen, en si peu d'années, à prendre rang parmi les premiers centres d'études du monde.

Pour ce qui regarde la pédagogie et la psychologie expérimentales, arrêtons-nous dans le bureau de M. Barnes. Jamais je n'avais vu une si complète collection de revues et périodiques d'éducation, au moins pour l'année courante.

Le professeur Barnes dont nous avons déjà parlé est connu des lecteurs de la *Revue pédagogique* [1], auxquels on a signalé il y a quelque temps une de ces enquêtes psychologiques *de minimis* dont il est coutumier. Il estime qu'en psychologie il n'y a pas de quantités négligeables [2].

C'était le relevé analytique des réponses faites à diverses questions posées à des enfants, instruits dans des écoles primaires et secondaires de Californie, et même élevés *at home*. Ces questions avaient trait aux idées que les enfants se font sur les dogmes religieux dont on leur parle dans leur famille, à l'église ou à la *sunday school*. « Il y a là, dit la *Revue pédagogique*, une mine de matériaux dans le genre de ceux que réclamait naguère avec tant d'instance M. Bizet dans la *Revue philosophique*. » On interrogeait les enfants sur Dieu, la mort, le ciel, l'enfer, les anges, les fantômes, les sorcières, les prières, le sens des cérémonies religieuses. Ils ont tous — sauf deux ou trois — essayé de répondre sérieusement, naïvement, de leur mieux. Toutes les variétés de croyances et superstitions se reflétaient dans ce curieux document, provenant d'enfants catholiques, méthodistes, presbytériens, universalistes, chrétiens, scientistes, mormons, baptistes, adventistes, spirites, etc.

On peut encore citer du même psychologue d'autres petites études analogues, dont le Congrès d'éducation de Chicago avait eu la primeur, par exemple son petit mémoire *On Children's imaginary companions*, et *A Study on Children's interests*, extrait du *Pacific Educational Journal*, février 1893. Voir aussi, dans le Rapport du Comité des Quinze (p. 137), son opinion sur la formation des *teachers*, et p. 201, ses avis sur le rôle et les attributions des autorités scolaires.

Je ne voudrais pas clore ces notes sur la Californie sans mentionner ma visite au très florissant *Cercle français de San*

---

1. Voir la *Revue pédagogique* d'avril 1894. p. 323.

2. Voir, pour les communications du Prof. Earl Barnes au Congrès d'éducation de Chicago, le volume des *Addresses and Proceedings*, p. 322, 355, 446, 713, 715, 765, et *The Pedagogical Seminary* de Clark University, déc. 1893.

*Francisco* [1], où m'a présenté notre consul, et où j'ai trouvé très bonne compagnie et excellent accueil. Mentionnons encore la *Bibliothèque publique* installée dans le Town Hall, dont une des principales bibliothécaires est Française, et qui possède un catalogue par ordre de matières, vrai chef-d'œuvre de bibliographie. Mentionnons enfin une visite à la *Bibliothèque française*, située à peu de distance du Town Hall, et où j'ai trouvé plusieurs journaux américains publiés en français. S'il pouvait s'établir dans beaucoup de villes de l'étranger des institutions comme le Cercle français et la Bibliothèque française de San Francisco, notre influence et notre commerce ne tarderaient pas à s'en trouver bien.

**État de Washington.** — Avant de quitter l'Extrême-Ouest, rendons encore hommage au rapide développement scolaire d'un État, hier encore simple territoire, le Washington, situé au nord de l'Orégon, et borné à l'ouest par l'océan Pacifique. J'ai sous les yeux de magnifiques rapports de plusieurs villes de cet État, notamment Seattle et Spokane; des photogravures nombreuses de leurs écoles mettent indéniablement en relief devant nous les preuves de leur merveilleuse précocité.

| | | |
|---|---|---|
| *Seattle.* Population 1892..................... | | 58 000 hab. |
| Personnes de 4 à 21 ans..................... | | 9 200 |
| Élèves inscrits dans les écoles publiques... | | |
| High School........ | 227 | |
| Grammar School... | 1 702 | 6 417 |
| Primary School.... | 4 488 | |

1. On trouvera de bien intéressants détails sur nos compatriotes établis sur les bords du Pacifique, dans un joli livre intitulé *les Français en Californie*, par Daniel Lévy, S. F., 1885, qui se vend au profit de la *Bibliothèque de la Ligue nationale française* de San Francisco. D'après un document américain cité dans ce livre, le recensement décennal de 1880, il y aurait eu dans l'Union américaine, à cette époque, 106 971 Français, disséminés comme suit : district de Columbia (Washington et environs), 293; consulat général de New York, 46 870; consulat de la Nouvelle-Orléans. 14 134; consulat de San Francisco (Californie, Orégon, Washington, Nevada. et Territoires d'Utah et Arizona), 11 446; consulat de Chicago, 31 169; consulat de Charleston, 3 036. M. Lévy estime qu'il y a plus de 10 000 Français en Californie et plus de 6 000 à San Francisco, 1 500 à 2 000 à Los Angeles, 600 à Santa Clara, 500 à San José. Autrefois à San Francisco nos compatriotes habitaient un quartier particulier, celui de North Beach. Là notre langue dominait; on eût dit un quartier de ville française. Aujourd'hui ils sont disséminés sur tous les points de la cité.

Assiduité moyenne.............................  4 607
Valeur totale des propriétés scolaires........  $ 613 292
Nombre d'écoles................................      27
    —    de classes............................     128
Nombre de places dans les écoles..............  6 776 [1]

## V. — Les États du Sud.

Parmi les États du Sud j'ai surtout noté l'exposition scolaire du Kentucky, de la Louisiane, de la Floride, du Maryland et de l'Arkansas.

Dans l'exposition scolaire du Kentucky, j'ai remarqué des travaux de Kindergarten de Lexington : jolis petits travaux relatifs aux mois et aux saisons, etc., deux vitrines de bons travaux de menuiserie et tour de la *Manual Training High School* de Louisville, les belles photographies des écoles publiques de Francfort, et des vues de l'université de Kentucky : bâtiments, salles, groupes d'étudiants, etc.

Quand on a eu le privilège de séjourner près d'une année en Louisiane, ce pays où le souvenir de la France est resté si vivant, il est presque impossible de ne pas s'y intéresser à tout jamais. Aussi est-ce avec le plus grand plaisir que j'ai examiné à Chicago les envois des écoles de la Louisiane, et surtout ceux de la Nouvelle-Orléans. Plusieurs de ces écoles, je les avais visitées en 1884-85, et j'ai pu constater que, depuis cette date, elles n'ont fait que croître et se perfectionner. J'ai éprouvé le plus vif intérêt à visiter le Pavillon de la Louisiane, dont l'architecture reproduisait celle des grandes maisons en bois, qui bordent les larges avenues de la Nouvelle-Orléans. J'ai été fort heureux surtout de rencontrer des personnes qui m'ont renseigné sur la colonie française, au sein de laquelle j'avais été si bien accueilli en 1884, et dont j'ai gardé un si agréable souvenir. J'ai appris que l'*Alliance française* y est toujours dignement représentée par l'honorable M. François Tujague, qui, déjà à cette époque, avait bien mérité de la patrie, en fondant l'école de l'Union française, toujours prospère, et à laquelle j'ai eu le plaisir d'offrir, au nom du Ministère, à la fin de l'exposi-

1. Voir le *Report of the Board of Education of the City of Seattle*, 1891-92.

tion de la Nouvelle-Orléans, un lot de matériel scolaire, livres, cartes, etc., accepté avec gratitude. On me dit que les Français de la Nouvelle-Orléans, principalement les rédacteurs de l'*Abeille* et les membres de l'*Athénée*, un petit institut français de Louisiane, qui donne de fort jolies soirées littéraires, s'efforcent toujours de faire revenir les autorités scolaires de la mesure peu libérale qui a supprimé l'enseignement du français dans les écoles publiques. Il reste pourtant à la Nouvelle-Orléans nombre de familles françaises. Il est vrai que, depuis 1891, le français a été rétabli dans le programme des deux *high schools*. Mais ce n'est pas assez, et nous persistons à espérer que les Américains, qui se plaisent toujours à parler avec gratitude des relations de la France avec l'Amérique et des origines françaises de la Louisiane, rendront une petite place dans l'enseignement primaire à l'étude de notre langue; même pour les Américains du Nord, établis en Louisiane, le français ne devrait pas être considéré comme une langue étrangère.

Voici quelques chiffres relevés dans l'exposition scolaire de la Floride :

Nombre total des enfants d'âge scolaire en 1891-92 : 144 106; savoir, blancs : 79 719; de couleur : 64 387.

Nombre d'écoles publiques : 2 369; dont 1 774 pour les blancs, 594 pour les enfants de couleur.

Augmentation sur 1888 : écoles, 119 : teachers, 2 782; École normale pour les blancs à De Funiak Springs (75 élèves); pour les gens de couleur à Tallahassu.

*Éducation des races de couleur.* — Les anciens États à esclaves sont les 17 suivants, contenant une population blanche de 15 millions d'habitants et une population de couleur de près de 7 millions : Alabama, Arkansas, Delaware, district of Colombia, Floride, Géorgie, Kentucky, Louisiane, Maryland, Mississipi, Missouri, Caroline du Nord, Caroline du Sud, Tennessee, Texas, Virginie, Virginie de l'Ouest.

En moyenne, la population de couleur était dans ces États en 1890-91 de 30,98 pour 100 et le nombre total des élèves de couleur, inscrits dans les écoles publiques, était 1 324 937, soit 52,08 pour cent de la population d'âge scolaire, tandis que dans les mêmes États, il y avait dans les écoles des enfants de race blanche 3 539 670 inscrits, soit 67,83 pour 100.

Le nombre des instituteurs et institutrices était de plus de 100 000, dont plus de 25 000 de couleur.

Voilà des chiffres qui donnent à réfléchir. Il y a là des résultats sérieux.

Le rapport du D<sup>r</sup> Harris mentionne des témoignages divers d'un caractère encourageant. « J'ai observé, dit M. W. H. Council, qui a dirigé des sessions normales de *teachers* de couleur dans l'Alabama : 1° de grands progrès de toute façon parmi les teachers de couleur; 2° partout un grand désir de recevoir l'instruction industrielle; 3° que les masses progressent en intelligence et en appréciation des bienfaits de l'éducation; 4° qu'il y a rapprochement sensible entre blancs et noirs sur toutes les questions de morale, religion, tempérance et éducation, et que les blancs désirent partout aider les gens de couleur de toute manière; 5° que l'éducation et les sessions normales ont la meilleure influence civilisatrice dans le pays. Mêmes renseignements satisfaisants et encourageants du Kentucky; mais on y a des difficultés pour trouver de bons trustees dans les écoles de couleur. Les teachers ne sont pas toujours assez bien préparés. En Louisiane, le surintendant scolaire d'État, M. W. H. Jack, remarque une amélioration dans les rapports entre la race blanche et les races de couleur. L'éducation et l'instruction, voilà, selon lui, les grands moyens d'assimilation. (« Our method of solving the race problem is not by amalgamation or deportation, but by education of the negro children. »)

L'enseignement industriel et manuel est maintenant donné dans 23, sur 25 des universités spéciales aux races de couleur les travaux manuels enseignés sont la typographie, la menuiserie, la peinture, la cordonnerie, l'agriculture, l'horticulture, la forge, etc., et pour les femmes la couture, la coupe, l'art culinaire et le soin des malades).

Les sociétés religieuses qui ont entrepris avec tant d'activité et de succès l'éducation des races de couleur, la *Freedman's Aid Society* et la *Southern Education Society of the Methodist Episcopal Church*, ont donné une grande impulsion à l'enseignement manuel et professionnel. Elles nous semblent, en cela, tout à fait dans la bonne voie.

Cependant un grand nombre de jeunes gens et jeunes filles de couleur poursuivent encore des études trop ambitieuses, dans ces établissements confessionnels, qui s'intitulent trop pompeusement académies et universités!

Nous avons eu à Chicago plusieurs conversations avec des gradés de ces universités, notamment avec le représentant de celle d'Atlanta (Géorgie), dont la réputation est établie, et qui est, en effet, un important centre de progrès et de civilisation pour les races de couleur.

C'était un jeune maître instruit et intelligent. Il paraissait curieux de savoir de quelle manière on traite les gens de couleur au Sénégal et dans nos colonies de l'Afrique du Nord, et nous avons vu ses yeux s'allumer d'enthousiasme à l'idée de venir coopérer avec nous au relèvement, au progrès de sa race dans les pays d'origine de ses ancêtres.

Nous avons sous les yeux le *Bulletin* de cette *Atlanta University* rédigé et imprimé par les étudiants. On y voit la photogravure (faite par un étudiant) : 1º de la *Senior normal Class* d'élèves-maîtresses sorties en 1893 : une quinzaine de jeunes ladies plus ou moins colorées, mais toutes ayant une attitude très comme il faut, très *ladylike*, et une physionomie ouverte et intelligente; 2º à la dernière page, preuve de modestie sans doute, un groupe de 7 jeunes gens, qui sont aussi la *senior class* des étudiants hommes, tous vêtus à la dernière mode, et paraissant capables de faire très bonne figure dans le monde[1].

D'après le rapport pour 1892 de l'hon. J. L. M Curry[2], agent général du Peabody Education Fund, nous apprenons que de grands progrès ont été accomplis dans le Sud pour l'instruc-

---

1. Voir dans le rapport du Dʳ Harris les notes sur la coéducation des races et le negro-problem. p. 967 à 980.
2. Publié par Josiah H. Shinn, surintendant de l'Instruction publique pour l'État d'Arkansas, dans son *Biennial Report for 1891 and 1892.* Little Rock, 1893, p. 288, 396 et suiv. Présenté à l'hon. J. H. Shinn par M Monroe, j'ai eu le privilège d'une conversation fort instructive avec cet éminent homme d'État, si dévoué à la cause de l'éducation des races de couleur. J'ai examiné avec intérêt un lot de travaux scolaires d'élèves des écoles d'Arkansas qu'il a bien voulu m'envoyer.

tion en général et en particulier pour celle des races de couleur.

C'est ainsi que pour l'année qui s'est close au 1er octobre 1891
les administrateurs (*trustees*) du célèbre *Peabody Fund*[1] avaient
consacré à la fondation ou à l'encouragement des Écoles normales du Sud les sommes suivantes :

| | | |
|---|---|---|
| Alabama | 4 400 | dollars. |
| Géorgie | 1 200 | — |
| Louisiane | 2 500 | — |
| Caroline du Sud | 3 000 | — |
| Caroline du Nord | 1 000 | — |
| Texas | 2 000 | — |
| Virginie | 2 800 | — |
| West Virginia | 1 000 | — |
| Arkansas | 4 000 | — |

Ces subventions et les subventions pour bourses accordées
aux élèves ainsi que pour les sessions normales, *teachers institutes*, s'élevaient en 1891 à plus de 400 000 francs.

Il existe à Nashville (Tennessee) une grande École normale
centrale, appelée *the Peabody Normal College*, qui a déjà formé
depuis 1878 un grand nombre de maîtres et maîtresses pour
les écoles de couleur. On y entre au moyen d'une bourse
(*scholarship*) de 100 dollars, par an, pour deux années consécu-
tives; il y en a 177; elles sont distribuées proportionnellement
entre les 10 États du Sud; les candidats doivent avoir dix-sept
ans au minimum, et trente au maximum, et remplir des conditions prescrites de santé et de moralité, et promettre de se
vouer à l'enseignement. *L'usage du tabac, sous n'importe quelle
forme, est une cause d'exclusion du concours.* Notons encore le
règlement suivant qui semble indiquer la pénurie d'instituteurs
du sexe masculin dans les races de couleur :

VI, § 5. — Quand il faudra choisir entre deux candidats, ayant obtenu
au concours d'admission un même nombre de points, l'un homme,
l'autre femme, c'est le candidat homme qui sera préféré.

En somme, le niveau monte; le rapprochement de races,
sinon la fusion, se fait. Il m'a semblé en 1893 que le nombre

<hr>

1. Parmi les 23 noms qui composent la liste de ces *trustees*, nous trouvons ceux des Présidents R. B. Hayes et Grover Cleveland.

des gens de couleur exerçant des professions libérales et admis dans la société était bien plus grand déjà qu'en 1884, lors de mon séjour en Louisiane. L'animosité des anciens propriétaires d'esclaves contre les nègres n'a pas encore tout à fait disparu sans doute. Elle se trahit encore trop souvent par d'impitoyables lynchages, mais que l'opinion publique réprouve de plus en plus. L'oncle Sam devient chaque jour plus enclin à traiter l'oncle Tom avec justice et même avec générosité.

## VI. — LES ÉCOLES PRIVÉES.

M. Harris a calculé dans son rapport pour 1889-90 qu'il y avait environ 1 611 000 enfants dans les écoles privées, les unes laïques, les autres, le plus grand nombre, confessionnelles. Ce sont surtout certaines sections des classes bourgeoises, et les populations catholiques canadiennes ou irlandaises et ennemies de la coéducation, qui préfèrent les écoles paroissiales aux écoles publiques, laïques et mixtes. Dans le rapport de l'État de Massachusetts, le Comité d'éducation ne manque pas de faire ressortir les dangers sociaux de cette séparation; il est probable que cet État, tout en respectant la liberté des parents, adoptera des mesures de contrôle, pour vérifier si cet enseignement à part ne lèse pas trop les droits des enfants eux-mêmes.

Voici les principaux États où les écoles privées sont le plus fréquentées :

| États. | Nombre d'élèves des écoles privées. | Nombre d'élèves des écoles publiques. |
| --- | --- | --- |
| New York | 208 109 | 1 042 160 |
| Illinois | 105 232 | 778 319 |
| Massachusetts | 58 179 | 371 492 |
| New Jersey | 47 279 | 234 072 |
| Tennessee | 54 500 | 447 950 |
| Michigan | 39 900 | 427 032 |
| Mississipi | 25 100 | 325 862 |
| Californie | 21 460 | 221 756 |
| Utah | 9 894 | 37 279 |

Dans ce dernier État, la grande proportion des écoles privées vient, comme nous l'avons montré plus haut, de ce que les écoles des Mormons sont considérées comme écoles privées.

M. Levasseur remarque, en citant les statistiques américaines, que dans les nouveaux États de l'Ouest « où la démocratie règne en souveraine incontestée, l'enfance est presque toute coulée dans le moule de l'École publique ».

Y compris les écoles privées, le total des élèves recevant l'instruction primaire et primaire supérieure et normale en Amérique aurait été en 1891-92 de plus de 14 600 000 [1].

Et depuis cette date un progrès considérable a été accompli.

Écoles publiques et privées réunies, les Américains dépenseraient annuellement pour l'enseignement élémentaire seul plus de 135 700 000 dollars, plus de 678 500 000 francs, soit plus de 2 dollars 23 cents ou 11 francs par habitant [2].

Le Nouveau-Monde fait la leçon à l'Ancien.

## VII. — L'EXPOSITION SCOLAIRE CATHOLIQUE.

Nous avons visité un peu rapidement, mais avec grand intérêt cette exposition, sous la conduite du Frère Maurelian, directeur du collège des Frères, à Memphis (Tennessee), qui a eu l'honneur d'organiser ce magnifique exhibit. Déjà en 1884, à la Nouvelle-Orléans, le Frère Maurelian avait été chargé d'une

[1]. Voici une statistique du Bureau d'éducation relative à la moyenne pour 100 des illettrés, par rapport à la population, en 1880, à l'époque du recensement, pour l'ensemble des États et Territoires :

| PERSONNES de 10 ans et au-dessus ne sachant | | PERSONNES DE RACE BLANCHE ne sachant pas écrire. | | | | | PERSONNES DE COULEUR ne sachant pas écrire. | | |
|---|---|---|---|---|---|---|---|---|---|
| pas lire. | pas écrire. | De 10 ans et au-dessus. | Nées aux États-Unis, de 10 ans et au-dessus. | Nées à l'étranger, de 10 ans et au-dessus. | Hommes de 21 ans et au-dessus. | Femmes de 21 ans et au-dessus. | Enfants de 10 ans et au-dessus. | Hommes de 21 ans et au-dessus. | Femmes de 21 ans et au-dessus. |
| 13,4 | 17,0 | 9,4 | 8,7 | 12,0 | 8,7 | 11,0 | 70,0 | 68,7 | 77,6 |

2. Pour les détails, voir E. Levasseur. *Revue pédagogique*, oct. 1894, p. 34.

mission semblable, dont il s'était admirablement acquitté, et nous avions eu, surtout pendant les opérations du jury international dont il faisait partie aussi, l'occasion d'entrer en relations suivies et fort agréables avec lui. A Chicago, nous n'avons eu encore qu'à nous louer de son extrême courtoisie, et qu'à le complimenter sur la manière dont il avait disposé les innombrables spécimens qu'on lui avait envoyés de tous les points des États-Unis, et de plusieurs contrées du globe. L'enseignement des Frères des écoles chrétiennes n'avait probablement jamais été plus largement représenté [1], excepté aux expositions de Londres, 1884, et de Paris, 1889. Nous devons dire que les envois de France (écoles des Frères de Saint-Omer, Hazebrouck, Lille, Douai, le Havre, etc., et surtout ceux de l'école professionnelle de Saint-Nicolas) étaient à notre avis la plus remarquable partie de cette exposition. Aussi avons-nous regretté une fois de plus que, dans les expositions scolaires, la nationalité fût ainsi sacrifiée à la préoccupation religieuse.

Un grand nombre de visiteurs, qui n'auront pas pris la peine de se renseigner minutieusement, auront cru que ces beaux envois faisaient partie de l'exposition scolaire américaine; ils auront peut-être même pensé, grâce à ce précieux appoint, que les écoles catholiques des États-Unis l'emportaient sur les écoles publiques de certains États de l'Union, et pouvaient rivaliser avec les nôtres, tandis qu'en réalité, ce qu'il y avait de plus saillant dans cette section était de provenance française, et devait probablement une bonne part de son excellence à cette fructueuse émulation qui existe chez nous entre les écoles laïques et les écoles congréganistes depuis les lois nouvelles.

L'espace accordé à l'exhibit catholique était immense, bien plus grand que l'espace accordé à l'enseignement officiel français. Plus de 1 200 institutions y étaient représentées. Il comprenait plus de 115 salles ou sections dans le Palais des Arts

---

1. Un rédacteur de l'*Inter-Ocean*, un des grands journaux de Chicago, prétend avoir compté les objets exposés par les écoles de Frères à Chicago, et avoir trouvé : 5 086 cahiers, 1 008 dessins séparés, 919 albums de dessin, etc. (*Inter-Ocean*, 6 sept. 1893.)

libéraux, soit 29 214 pieds carrés, ou plus de 60 000 pieds carrés de surface murale ou de tables et vitrines, environ un
sixième de l'espace total consacré à l'enseignement dans ce
gigantesque bâtiment [1].

Malgré une disposition méthodique très bien ordonnée,
l'exposition catholique présentait un certain défaut de monotonie, sans doute inévitable. Elle consistait surtout en un amas
de travaux d'élèves où prédominaient les travaux de couture
et broderie, provenant de très nombreuses maisons religieuses;
où les travaux de maîtresses étaient souvent fort difficiles à
distinguer de ceux des élèves, et l'ensemble produisait un peu
l'effet d'un déballage de magasin de nouveautés, plutôt que
d'une exposition scolaire proprement dite. Les tableaux encadrés représentant « Sa Sainteté Léon XIII » ou d'éminents
prélats, étaient innombrables et occupaient un énorme espace
mural. Tantôt c'était un ecclésiastique à la plume, tantôt un
évêque aux deux crayons, parfois même, hélas! à l'aquarelle ou
à l'huile, à moins que ce ne fût un laborieux portrait en broderie ou en cheveux! Toutes ces œuvres, presque toujours fort
au-dessus de la capacité des jeunes artistes, témoignaient de
beaucoup de ferveur plutôt que d'une méthode rationnelle
d'enseignement du dessin. Mais parmi la masse colossale des
travaux à l'aiguille exposés, mitres, bonnets d'évêques, étoles,
surplis, bannières, etc., il y en avait un très grand nombre de
fort beaux, trop beaux même pour être de simples exercices
d'enseignement pratique. Cela provenait sans doute, en grande
partie, des ouvroirs de couvents.

L'exposition scolaire catholique a donné au clergé plusieurs
occasions d'argumenter sur la nécessité de l'enseignement religieux à l'école. L'a-t-il toujours fait avec loyauté? nous n'avons
pas à le dire : en tout cas il l'a fait souvent avec beaucoup
d'habileté! Voici par exemple comment le Right Reverend

---

1. « Occupying about one sixth of the entire space set apart for educational purposes in the Department of Liberal Arts, and embracing, subjects in range from the Kindergarten to the university... *your exhibit* has
been seen by hundreds of thousands of visitors from abroad, and may be
regarded as one of the marked successes of the exposition. » (Lettre du
Directeur général de l'Exposition de Chicago, M. G. R. Davis, au Frère
Maurelian, 17 avril 1894.)

Bishop I. L. Spalding, évêque de Peoria (Illinois), et président de l'*Educational catholic exhibit*, présente la question : « Quelle espèce d'éducation peut donner, dit-il, un instituteur qui n'a pas le droit de parler du mal, du péché, des dommages causés par la vanité, la jalousie, l'envie, la poltronnerie, la haine, la vulgarité de la pensée et de la parole ? S'il lui est interdit de pénétrer dans la vie intime de l'homme, comment son âme sera-t-elle jamais amenée en contact avec les âmes de ses élèves ? Il devient une machine, et sa personnalité vivante, qui devrait être son vrai pouvoir éducatif, est condamnée à l'inaction [1] » ; et ainsi de suite. Où le Très Rev. prélat a-t-il pris qu'on interdise à l'instituteur laïque les leçons morales quand au contraire on les lui recommande ? On voit qu'en Amérique, comme dans l'ancien monde, les propagateurs de l'école confessionnelle excellent à semer « les pieux mensonges », *absit verbo invidia!* et à employer des *moyens* justifiés sans doute par la sainteté de la *fin*, et la pureté des intentions.

Ce qui est plus vrai, c'est le fait que les catholiques du Nouveau-Monde font pour l'enseignement confessionnel des efforts pécuniaires considérables.

« Quand notre système américain de la *common school* a été définitivement organisé comme exclusivement non confessionel (*secular*), il n'est plus resté aux catholiques, dit plus loin le même prélat, qu'à bâtir et à entretenir leurs propres écoles, où l'on pût faire l'éducation de la volonté, du cœur et de la conscience, aussi bien que de l'intelligence. Si les enfants catholiques ont droit à l'éducation catholique, il suit de là que les catholiques ont pour devoir de se procurer les moyens de la donner. Or cette tâche, les catholiques des États-Unis l'ont acceptée avec un esprit de généreux sacrifice, au-dessus de tout éloge. Ils ont construit 3 500 écoles paroissiales, où 700 000 enfants catholiques reçoivent une éducation chrétienne [2]. Ils ont aussi établi et entretenu un grand nombre d'universités, séminaires, col-

---

1. *The Catholic educational Exhibit* in the Columbian exposition, by the Right Rev. Bishop Spalding (*Catholic World*, juillet 1892).

2. M. Levasseur évalue approximativement à 10 millions le nombre des catholiques dans l'Union américaine, par suite de l'immigration des Irlandais, des Allemands du Sud, des Italiens et des Canadiens français.

lèges, académies (pensionnats secondaires), maisons de correction et asiles de refuge, où l'éducation et l'instruction sont pénétrées de l'influence religieuse. »

Après avoir rappelé, d'après les paroles de Pie IX, de Léon XIII et de nombre de prélats du monde catholique, et notamment de ceux qui composaient le concile de Baltimore en 1884, qu'une éducation purement non confessionnelle est une mauvaise éducation, — *a purely secular education is a bad education*, — l'évêque Spalding expliquait les avantages que l'Église pouvait attendre de l'exposition scolaire catholique. Parmi ces avantages, il mentionne la possibilité de fonder un périodique pédagogique catholique, *a Catholic educational Magazine*. Il assure que cette création pourrait même être un succès financièrement. « Nous avons, dit-il, près de 4 000 écoles; les chefs au moins d'un grand nombre de ces écoles s'y abonneraient, ainsi qu'un grand nombre d'ecclésiastiques qui s'intéressent à l'éducation, et, comme moyen de réclame et d'annonces, cet organe aurait des avantages spéciaux. »

M. Levasseur a résumé le débat qu'ont provoqué, à plusieurs reprises, les catholiques d'une part, et les luthériens d'autre part, pour essayer de faire revenir plusieurs États du principe de la neutralité religieuse qu'ils pratiquent dans l'école. Les catholiques d'Amérique invoquent souvent l'exemple du Canada français [1], où l'école publique enseigne le catéchisme, les malicieux lui reprochent même de n'enseigner bien que le catéchisme. Ils maintiennent aussi que ceux qui paient les taxes devraient tous bénéficier des subventions de l'État, « que les écoles paroissiales épargnent des dépenses considérables à la communauté, et donnent une instruction reconnue aussi bonne que celle des autres écoles. Mgr Ireland, archevêque de

---

1. C'est ce que fait le cardinal Gibbons, qui déclare que l'enseignement du catéchisme donné une fois par semaine dans les écoles du dimanche, quelque fructueux qu'il soit, est insuffisant pour les besoins religieux des enfants catholiques.... La réunion de l'enseignement religieux et séculier est facile dans les écoles confessionnelles. Mais quant aux écoles publiques, il se demande jusqu'à quel point la religion peut y être enseignée sans blesser la conscience de quelques enfants, puisque ces écoles, dit-il, sont fréquentées par des enfants appartenant à diverses confessions chrétiennes, et aussi par des juifs et par des enfants qui ne professent aucune religion.

Saint-Paul (Minnesota), un des orateurs les plus remarquables du clergé catholique — j'ai eu l'occasion de l'entendre à un meeting monstre du Congrès catholique à Chicago, — propose à l'État « de payer, comme en Angleterre, les écoles catholiques aussi bien que protestantes uniquement d'après les résultats d'un examen que feraient les inspecteurs d'État; il recommande aussi le système libéral de la municipalité de Pough Keepsie (État de New York) qui subventionne deux écoles catholiques, où l'enseignement séculier, non confessionnel, est donné de neuf heures à trois, et où le catéchisme peut être enseigné avant neuf heures et après trois heures [1].

Un article sur l'exhibit scolaire catholique, publié dans le *Social Graphic* de Memphis (Tennessee), et qui est évidemment écrit par une plume catholique, déclare que les écoles catholiques l'emportent sur les écoles publiques, parce qu'elles *sont plus flexibles!* Un autre article, de complaisance aussi, traduit du *Chicago Staats Zeitung*, immole ridiculement les écoles publiques en bloc à la plus grande gloire de l'école confession-nelle catholique. Voici un échantillon de ce compte rendu dithyrambique :

« Depuis la rédaction, *On the Dog*, par le petit Johnnie, âgé de dix ans, jusqu'à la dissertation philosophique qu'expose un étudiant déjà âgé, et à la traduction en latin et en grec du Message du Président Grover Cleveland, depuis les problèmes élémentaires d'arithmétique jusqu'aux formules mathémati-ques abstruses, depuis les barres droites des commençants jus-qu'aux paraphes des calligraphes et aux dessins difficiles à dis-tinguer de la gravure et de la lithographie, aux compositions musicales, aux travaux manuels de menuiserie, de sculpture, de forge, dignes de maîtres plutôt que d'élèves, et aux travaux d'aiguille et aux broderies, œuvres des doigts délicats des jeunes filles, on trouve dans ce tableau bigarré, constamment varié, toutes les branches imaginables de l'éducation. »

J'ai sous les yeux de belles photographies des principales alcôves de l'exhibit catholique que l'organisateur, le Frère Mau-

___

[1]. Quelques essais semblables — car en Amérique on essaie tout ce qui peut avoir quelque raison d'être — ont eu lieu en Géorgie et dans le Dakota.

relian de Memphis, m'a fait la gracieuseté de m'envoyer. J'y revois toutes les principales parties de l'exposition, que j'avais remarquées, entre autres choses les suivantes :

L'alcôve de la *Notre-Dame university* avec le portrait en pied du feu supérieur général, le Very Reverend Father Sorin. La salle des reliques et objets historiques, collection de mitres, crosses, parchemins, etc. La plus ancienne mitre portée en Amérique est de 1470.

L'exposition collective des Sœurs de Notre-Dame de Milwaukee et Baltimore : cahiers, dessins, herbiers, tableaux à l'huile, paysages, une Judith le glaive en main, etc. Le chiffre de 73 703, qui est mis en évidence, est, parait-il, celui des élèves sorties des écoles de cette congrégation.

(Nous signalons, à ce propos, un curieux mémoire sur l'éducation dans les couvents en Angleterre, par M. F., auteur dont nous ne pouvons percer l'anonyme, bien que nous sachions que c'est un principal d'École normale.)

Exposition des Sœurs dominicaines de Milwaukee, Nashville, Saint-Paul, Grand-Rapids, et des Sœurs de Notre-Dame de Cincinnati, Boston, Springfield : bons spécimens de couture et broderie, et tableaux encore : enfants en prière, une copie du tableau de Millais qui sert de réclame au savon de Pear, et une copie de l'*Angelus* de Millet. Enluminures, calligraphie (Boston et Cincinnati).

Débarquement de Christophe Colomb en Amérique, tableau en cheveux, par les Sœurs de l'Humilité de Marie, de Villa Maria, Pensylvanie.

Antependium, tableau religieux en broderie d'art, par les Sœurs du Précieux-Sang, O'Fallon, Missouri.

Alcôves 13 et 14 (*Archidiocèse de New York*). — Travaux des élèves du *Catholic Protectory de New York*, tenu par les Frères des écoles chrétiennes et fondé en 1868. Au centre une grande vitrine pleine de broderies sur soies, une espèce de mappe-monde en travail à l'aiguille ! un vrai tour de force. Excellents travaux de garçons. Le Protectory est une sorte de maison de correction et école industrielle d'arts et métiers, contenant 1 600 garçons et 1 500 filles. La fanfare des garçons du *Protectory* est toute une armée.

Le diocèse de New York possède 168 écoles paroissiales; les établissements catholiques de ce diocèse possèdent des propriétés évaluées à 4 millions de dollars (25 millions de francs).

Alcôves 15 et 16 (*Archidiocese of Philadelphia*). — Travaux industriels, bois et fer, modelage, moulage, sculpture sur bois, dessin, mais toujours le dessin d'après l'estampe. Des montagnes de cahiers de classe sur toutes les tables du pourtour, et sur la table centrale, des centaines de volumes reliés : documents, programmes, albums de dessin, etc.

Plus loin la très remarquable *San Francis industrial School* d'Eddington (Pensylvanie) : assemblage de bois, sculpture sur bois, et surtout excellents travaux de forge et de tournage de fer, et de plomberie.

Très remarqué aussi l'autel sculpté par les élèves du *Josephinum Collegium* de Columbus (Ohio).

Mais, répétons-le, la perle de l'exposition catholique était l'envoi des écoles professionnelles des Frères de France, notamment celles de Lyon et Douai (dessins, forge et ajustage, trait de bois, pièces de mécanique, organes de machines, etc.), enfin et surtout le magnifique exhibit de l'école professionnelle Saint-Nicolas, à Issy (Paris); spécimens de travail artistique en bronze et cuivre, gravure sur bois, instruments d'optique et d'arpentage, ébénisterie, sculpture sur bois dur; travaux de cuir, fabrication de malles, valises et sacs de voyages, instruments de musique en cuivre et argent, spécimens de modelage, reliure, typographie et électrotypie.

La vitrine des instruments de musique, les meubles, entre autres un exquis buffet en bois sculpté et un lustre en cuivre découpé, attiraient tout particulièrement l'attention [1].

---

1. Notons aussi la calligraphie exposée par le De la Salle Penmen club, section des Frères d'Amérique; travaux de phonographie de l'Academy De la Salle à Providence (Rh. I.) et les devoirs classiques et autres du Manhattan College, N. Y., et l'orphelinat fondé par miss Drexel.

## VIII. — L'Exposition de l'Alliance israélite universelle.

Cette association bien connue, formée à Paris en 1860 et qui compte actuellement, d'après son prospectus, 40 000 membres de toutes les nationalités, avait exposé dans la galerie d'Éducation au Palais des Arts libéraux des documents et des spécimens de travaux d'élèves.

Elle a pour but de travailler « à l'émancipation et au progrès moral du peuple juif dans les pays où on lui refuse encore la liberté civile et politique »; la presque totalité de son budget est employée à des œuvres d'instruction.

Depuis vingt-deux ans l'Alliance a suivi cette ligne de conduite. Elle a évité les discussions religieuses et l'ingérence politique. Elle recommande sans cesse, dit-elle, à ses coreligionnaires, d'apprendre la langue du pays qu'ils habitent, le turc en Turquie, l'arabe au Maroc, et d'être patriotes, « c'est-à-dire Français en France, Allemands en Allemagne, Anglais dans les colonies anglaises. Son but est de niveler les barrières qui séparent les juifs des autres peuples, de faire du judaïsme un credo vivant, et non une division politique. L'éducation est ainsi l'œuvre unique de l'Alliance : elle enseigne aux enfants des pauvres, ignorant la langue et les traditions de leur pays natal, qu'ils ne doivent pas rester des étrangers dans leur pays; d'autre part elle enseigne la tolérance aux représentants de l'autorité, dans les régions où le préjugé ténébreux et les lois restrictives soumettent encore les juifs aux mauvais traitements et à de criantes injustices. »

Les écoles de l'Alliance israélite universelle sont établies le long des échelles de la Méditerranée, et égrenées en Turquie[1] et en Bulgarie; on les trouve en Asie, elles sont florissantes au Maroc. Au lieu de la petite école ou *torah talmudique* d'autrefois, sans ventilation, les écoles de l'Alliance sont confortables, bien aérées, au courant des méthodes nouvelles, et pour-

---

1. En 1873, le baron de Hirsch a fait don d'un million de francs à l'*Alliance israélite* pour ses écoles de Turquie; il lui accorde en outre, depuis 5 ans, une subvention annuelle de 47000 francs pour l'œuvre de l'apprentissage en Orient.

vues de maîtres capables de varier l'instruction. On enseigne aux enfants à être des citoyens du monde, et leurs yeux dépassent l'horizon limité où ils se renfermaient autrefois. Chaque école a une bibliothèque. Outre l'instruction primaire ordinaire, on leur enseigne les métiers et l'agriculture. A l'école de Jérusalem, il y a six ateliers (ateliers de tapissiers, de tailleurs, de cordonniers, de tourneurs, etc.). A Jaffa, dont les Juifs de Tunis viennent de suivre l'exemple, on a créé, depuis 1870, une école d'agriculture ou ferme-école qui produit beaucoup de bétail et de fruits, surtout d'oranges. Les élèves sont jardiniers, vignerons, charpentiers, tanneurs et forgerons. Il y a 100 élèves, dont 50 sont des enfants d'exilés de Russie, le reste, des Juifs de Turquie ou de Roumanie. A leur sortie de cette école d'agriculture, les élèves diplômés reçoivent une gratification de près de 1 000 francs, et trouvent facilement à se placer comme directeurs d'autres écoles ou fermes-écoles en Orient ou dans la République Argentine. Les dépenses annuelles de l'école sont de 98 000 francs. Elle n'a encore qu'un revenu annuel de 75 000.

Voici le tableau des écoles fondées et dirigées par l'Alliance israélite universelle, et dont un grand nombre étaient représentées par quelque envoi (carte, dessin, broderie, travail industriel, etc.), à l'exposition de Chicago.

| Écoles. | NOMBRE D'ÉLÈVES | |
| --- | --- | --- |
| | Garçons. | Filles. |
| Alep............................................ | 105 | 114 |
| Andrinople.................................... | 786 | 451 |
| Bagdad........................................ | 114 | — |
| Beyrout ...................................... | 92 | 95 |
| Bottosani..................................... | 243 | — |
| Bursa.......................................... | 80 | 40 |
| Choumla (Bulgarie)........................ | 147 | 102 |
| Constantinople.............................. | 1 020 | 719 |
| Damas......................................... | 536 | 137 |
| Dardanelles.................................. | 100 | 95 |
| Fez............................................ | 120 | — |
| Haïfa.......................................... | 130 | — |
| Jaffa.......................................... | 180 | — |
| Jerusalem .................................... | 200 | — |
| Magnesie ..................................... | 160 | — |
| Mogador...................................... | 82 | — |
| A reporter......... | 4 125 | 1 783 |

| | | |
|---|---:|---:|
| Report........... .. | 4 125 | 1 783 |
| Philippopoli....................... | 276 | 131 |
| Roustchouk......................... | 215 | 150 |
| Salonique.......................... | 332 | 300 |
| Samcoff............................ | 105 | — |
| Smyrne ............................ | 979 | 233 |
| Sofia ............................. | 224 | 279 |
| Sousse............................. | 229 | -- |
| Tanger............................. | 419 | 217 |
| Tatar Bazardjick................... | 168 | 239 |
| Tetouan ........................... | 293 | 252 |
| Tunis ............................. | 1 318 | 870 |
| Varna ............................. | 89 | — |
| Yamboli........................... | 116 | -- |
| Total............. | 8 888 | 4 434 |

C'est donc plus de 13 000 élèves dont l'Alliance s'occupe! Sur
ce nombre, il y a 476 garçons et 416 filles qui apprennent des
métiers.

En Amérique, les principales branches de l'Alliance sont à
New York, Philadelphie, Baltimore, San Francisco. A Chicago,
il y a beaucoup de juifs, et il existe une école de travail manuel
de premier ordre, qui reçoit du reste des enfants des autres
confessions, et mérite les plus grands éloges pour les méthodes
comme pour les résultats, mais cette école ne dépend pas de
l'Alliance israélite. Cette école, la *Jewish Training School*, située
91, Judd Street, et que les membres du Congrès d'éducation ont
été invités à visiter, nous a paru extrêmement intéressante :
1º parce que, malgré son nom et son origine, elle n'est pas
exclusivement réservée aux israélites; au contraire, elle se
déclare absolument *unsectarian*, et ouverte à toutes les nationalités, et aux deux sexes; 2º parce qu'elle est spécialement destinée à l'éducation — mais à l'éducation extrêmement soignée,
certains de nos pédagogues diraient intégrale — des enfants,
de trois à quatorze ans, de *familles très pauvres*. Elle ne dépend
pas de l'Alliance israélite universelle, mais d'une société israélite locale, la *Jewish Training School Society* de Chicago. Elle
compte 800 enfants. Elle est basée sur d'excellents principes
pédagogiques, dont le principal est que les plus pauvres *ont
besoin des bienfaits des méthodes éducationnelles les plus avancées et les plus éclairées*. Elle attache la plus grande importance
au travail manuel *pour sa valeur éducative seule, on purely peda-*

*gogical grounds.* Ces déclarations de principe, bien qu'exposées sur un ton qui rappelle un peu la réclame (mais cela est si naturel à Chicago), méritent d'être mentionnées :

Nous ne prétendons pas éduquer des artisans, mais nous prétendons montrer :

1. Que le travail manuel est une aide inappréciable et nécessaire pour le développement cérébral.

2. Que tout être est bon à quelque chose.

3. Nous donnons à nos élèves chance de montrer ce dont ils sont capables, de révéler leurs aptitudes naturelles. Cette découverte faite, nous sommes dans la position d'un médecin consciencieux qui a réussi à faire un diagnostic correct....

4. Nous amenons nos élèves à l'activité spontanée (*self activity*), à la pensée personnelle, d'autant plus qu'ils se servent de leurs propres mains à l'atelier; les résultats de cette éducation sont l'indépendance de la pensée et de l'action, qui forme les bons républicains incapables de devenir les esclaves ou les partisans de politiciens ou de démagogues égoïstes.

5. Nous enseignons aux enfants *l'amour du travail* et nous croyons contribuer beaucoup ainsi à la solution du problème du travail (*labor question*).

6. Le travail, le travail honnête, étant le meilleur antidote contre le vice et le crime, nos méthodes enseignent la *moralité*, c'est-à-dire la vraie religion.

7. Nous essayons d'élever une génération d'hommes et de femmes qui allieront l'intelligence avec la force et l'adresse physiques, capables de se passer du contremaitre, et qui seront adultes, *majeurs*, dans l'accomplissement de la tâche de leur vie.

8. Notre but est un développement harmonieux de l'être entier, de toutes les facultés intellectuelles, morales et physiques; notre section artistique a spécialement la haute mission de cultiver le sens esthétique, d'affiner le goût et la conduite....

9. Les résultats visibles de l'instruction ont peu d'importance à nos yeux. L'enfant lui-même est le but unique et constant que nous visons, etc.

10. Nous prétendons que notre école est une école modèle de travail manuel, parce que tout ce qui s'y fait est conduit d'après de sains principes pédagogiques, etc.

11. Ce qui a une valeur éducative pour les garçons, en a une également pour les filles. C'est pourquoi les filles ont leur part de travail manuel.

12. Toutes les matières étudiées sont obligatoires. Rien n'est laissé à l'option, et les travaux intellectuels et manuels sont alternés de façon à reposer d'une occupation par une autre.

13. Nous commençons le travail manuel dès les basses classes, les
enfants ayant un désir inné d'activité (*thaetigkeitstrieb*) [1].

Tout cela est fort beau, quoique mêlé d'un grain de pédan-
tisme allemand, mais les intentions, évidemment, sont excellentes, et on ne pouvait manquer d'admirer, à l'exposition, les
résultats visibles du travail manuel, bien que les pédagogues
de la *Jewish School* nous avertissent qu'ils ne tiennent qu'aux
résultats invisibles : la formation intellectuelle et morale de
l'enfant.

Revenons à l'Alliance israélite. Les envois de travaux d'écoliers et écolières de l'Alliance, exposés à Chicago, étaient plus
intéressants par leur provenance et leur variété, que par une
valeur pédagogique facile à apprécier. Il y avait force spécimens de tissage de tapis de Smyrne, de travaux de bois et de
broderies, comme il en vient tant d'Asie Mineure en Europe.
On remarquait les photographies représentant l'école des
enfants d'Orient à Paris, une classe talmudique à Andrinople,
une école de Chaldée, des groupes d'écoliers et écolières de
Beyrout et Damas, les ateliers de travaux manuels de Jérusalem, de Philippopoli, de Salonique et Smyrne, des vues
photographiques de la ferme-école de Jaffa et des écoles de
l'Alliance à Tunis; ces écoles de filles et garçons comptent,
nous pouvons l'attester en témoin oculaire, près de 2 000 élèves.

Le siège de l'Alliance israélite en Amérique est à New York,
46, Broadway, chez le président, M. A. S. Solomons.

L'exhibit était envoyé de Paris par l'office central, qui a son
siège social, 35, rue de Trévise.

1. Voir encore, sur cette école, le Rapport de notre collègue M. Eug.
Martin.

# CHAPITRE VI

## Résumé et conclusions.

Pour conclure, nous croyons devoir signaler surtout les points suivants à l'attention des éducateurs, comme le résultat de nos impressions tant du Congrès d'éducation que de l'exposition scolaire et de nos visites aux établissements d'instruction d'outre-mer. Notre intention n'est pas de proposer l'imitation servile, ni l'importation de toutes pièces d'aucune des coutumes de l'étranger, mais de provoquer, par la comparaison, des réflexions qui ne peuvent manquer d'être fructueuses.

### I. — Architecture et installation matérielle des écoles.

Des nombreux bâtiments que nous avons vus ou des photographies et plans scolaires de divers pays que nous avons examinés, il résulte d'abord l'impression que notre récente architecture scolaire urbaine et rurale peut tenir un bon rang, si on la compare à ce qui se fait de mieux à l'étranger. Nos groupes scolaires urbains, sans être des palais scolaires, comme on l'a dit, ont, selon nous, un avantage sur ceux des grandes villes d'Angleterre et d'Amérique. C'est précisément qu'ils sont moins des palais, qu'ils sont moins compacts, ne dépassent pas deux étages, ne permettent pas une aussi grande agglomération d'enfants (500 au plus), rendent les dangers d'incendie et de contagion en cas d'épidémie moins à redouter, sont plus faciles à éclairer, à ventiler, sont presque toujours entourés d'un espace suffisant pour le jeu en plein air, avec portique de gymnastique et abri en cas de pluie, ce qui manque dans beaucoup d'écoles urbaines d'Amérique. Il est vrai que les nouvelles écoles urbaines américaines ont toutes au sous-sol de vastes préaux qui rendent de grands services en hiver et permettent aux enfants, pendant la récréation de 10 minutes du matin et du soir (*recess*), de prendre joyeusement leurs ébats sans avoir à sortir au dehors et à passer de la classe trop chaude[1] à la cour glaciale. Mais pendant les mois de printemps et d'été nos cours de récréation à l'air libre sont préférables au système américain, et avec des précautions, elles le sont même l'hiver.

Je fais remarquer à ce propos, pour ceux qui parlent souvent par ouï-dire de la coéducation aux États-Unis, que cette coéducation tant discutée se borne, dans les externats — et les écoles publiques sont toutes des externats, — à la rencontre en classe, mais non pendant les récréations, ni dans la rue. Les rares jeunes filles qui ne rentrent pas *luncher* chez elles, restent bien à l'école, se tenant généralement dans le spacieux corridor central, mais les garçons sortent généralement. Quant au *recess* (intervalle de 10 à 15 minutes du matin et du soir), il se passe aussi séparément; toutes les écoles mixtes que nous avons visitées ont au sous-sol deux préaux distincts, sans aucune communication, l'un pour les garçons, l'autre pour les filles. Les *privés* sont attenants à ces préaux séparés, dont une partie est occupée aussi par le logement du *janitor*, ou gardien, et par les appareils de ventilation et de chauffage.

Ces appareils sont en Amérique une des grosses dépenses d'installation. La ventilation surtout est organisée à grands frais dans les récentes écoles. Avouons que, sur ce point, nous avons des enseignements à prendre de l'autre côté de l'océan. Mais nous ne parlons que des constructions toutes récentes.

[1]. La température recommandée par le Dʳ White dans son manuel *on School Management* est 68 ou 70 degrés Fahrenheit à 5 pieds du plancher : « on ne doit jamais ni dépasser 72 ni tomber au-dessous de 68 ».

Les vieilles écoles laissent souvent beaucoup plus à désirer que chez nous pour la propreté et l'aération, surtout dans les villes industrielles, où l'usage de la houille et la proximité des usines rendent si difficiles les moyens de nettoyage.

Depuis les rapports qui ont suivi les expositions de Philadelphie et de la Nouvelle-Orléans, les types d'écoles publiques élémentaires, *primary and grammar schools*, et d'écoles primaires supérieures ou *high schools*, ont continué à s'améliorer. Cependant ce que nous avons vu de plus récent et de plus confortablement installé à Chicago, à New York, à Salt Lake, à San Francisco, au Canada, ne dépasse guère les meilleurs types déjà décrits dans le rapport de 1878, par exemple certaines écoles de Boston et de Cleveland (Ohio).

Une disposition déjà notée antérieurement, mais qui s'est généralisée, consiste à séparer plusieurs classes par de simples cloisons mobiles, qui glissent sur des roulettes ou poulies, et permettent de transformer deux, trois et jusqu'à cinq classes en une seule, pour faire suivre à 200 ou 300 enfants ensemble une même leçon de choses, par exemple, une même démonstration de gymnastique d'assouplissement. Cela permet encore, en cas de besoin, d'avoir sans frais une grande salle de réunion, une *assembly room* pour une cérémonie ou une fête scolaires.

Dans les écoles récentes, et c'est ce qui frappe toujours l'Européen arrivant en Amérique, cette *assembly room* est une très grande salle spéciale, capable de contenir toute l'école, et qui est un peu ce qu'était autrefois la chapelle dans les collèges. Les élèves s'y rendent au son du piano, qui joue une marche; on y réunit chaque matin la totalité des écoliers et écolières pour les *opening exercises*, qui, suivant les localités, sont plus ou moins des exercices religieux d'un caractère neutre, ou de simples exhortations morales. Il y a au fond une plate-forme élevée, quelquefois une véritable scène; souvent les élèves sont chargés de réciter ou de déclamer à tour de rôle un passage célèbre, ayant un caractère élevé, ou une anecdote morale, un trait héroïque de l'histoire nationale. Si nous croyons que la morale, qui est en somme la moelle de toutes les religions, est appelée à exercer un jour dans la société l'influence vivifiante que la religion y a si longtemps exercée, n'est-il pas naturel de commencer à lui donner ce rôle dès l'école? En tout cas, il est bon de connaître la disposition particulière des écoles américaines, qui permet de rassembler tous les enfants au commencement de la journée pour une courte lecture ou allocution morale, ou pour un chant accompagné sur le piano ou l'harmonium. Fait en commun, cet exercice est toujours plus impressionnant que s'il avait lieu dans chaque classe séparément; je me suis convaincu qu'on y tient de plus en plus, en Amérique, comme à un puissant auxiliaire de la discipline, et partout où cette *assembly room* manque, on le déplore.

Savoir parler à beaucoup d'enfants réunis, les intéresser, les toucher, exercer une action sur eux, c'est un art difficile. Nombre de maîtres américains y excellent, dit-on. Que nos maîtres s'y essaient aussi; ils réussiront de même, s'ils y mettent de leur cœur, et peut-être est-ce là le secret d'allumer, d'entretenir ce feu sacré, cette *âme* de l'école, que nous cherchons.

La fameuse école *log house*, ou cabane en troncs équarris, ne figurait plus que pour mémoire, à titre de souvenir historique, dans les albums des divers États, même ceux de l'Ouest. L'école-chalet (*frame house*) se rencontre encore fréquemment; mais, dans les villes, sauf tout à fait dans l'Ouest, où l'on bâtit presque exclusivement en bois même les plus riches maisons, elle est remplacée, comme chez nous, par l'école en briques et en pierres.

Est-il indispensable que l'instituteur ou l'institutrice loge dans l'école? Les États-Unis répondent unanimement : Non. Peut-être, en adoptant cette disposition, nos communes pourraient-elles économiser sur les constructions scolaires, sauf à payer des indemnités de logement au personnel enseignant. Mais, à la longue, cela ne serait probablement pas une grande économie.

Notre collègue M. Serrurier, du Havre, dans un rapport qu'il adressait au président de notre délégation, M. Compayré, lui exprimait son admiration pour les belles écoles américaines « surmontées de dômes, de tours, de clochetons et même de véritables clochers, tandis que les habitations environnantes

sont presque toutes construites d'après un plan uniforme. »
Il ajoutait : « Aux États-Unis, les écoles sont rarement sur le
bord des routes; elles sont généralement entourées d'un par-
terre de gazon court et vert, qui leur donnent l'air de frai-
cheur et de gaieté que possèdent les habitations des grandes
avenues. Cette disposition a aussi pour effet de faire ressortir
leurs vastes proportions.... »

Écoutons encore M. Serrurier décrire ses impressions des
écoles d'Amérique en arrivant du Havre, une des villes de
France, pourtant, où les écoles et le mobilier scolaire sont le
plus soignés. Pour se rendre compte, dit-il, du confortable
qui existe dans les écoles élémentaires, il faut en visiter
quelques-unes depuis le sous-sol jusqu'aux étages supérieurs.
C'est ce que nous allons faire en commençant par l'école nᵒ 94,
la dernière créée à New York, et située à proximité du *Central
Park*.

*Rez-de-chaussée :* Vaste préau couvert où se réunissent les
élèves. *Privés :* Sièges très propres, en bois, avec papier sur
rouleau à portée de la main; système de lavage par un jet
d'eau intermittent avec chasse à forte pression; une simple
planche empêche les enfants de monter sur les sièges. *Uri-
noirs pour les garçons :* hautes et larges dalles de marbre avec
eau en abondance. *Grande salle de réunion*, pour les élèves de
toutes les classes, avec jolie estrade garnie de timbres aver-
tisseurs pour les divers services : concierge, maîtresses,
exercices d'ensemble, etc. A l'une des extrémités de l'estrade
se trouve un harmonium très puissant pour l'accompagne-
ment des chœurs. L'estrade seule a coûté 3 000 dollars.

*Étages* L'école compte quatre étages, mais elle est pourvue
d'escaliers doubles, très larges, séparés par une muraille
épaisse, pour empêcher le bruit et éviter la rencontre des
élèves qui montent ou descendent en même temps.

*Dispositions hygiéniques.* Dans toutes les salles les élèves
reçoivent la lumière de gauche à droite; les angles des murs
sont arrondis de manière à faciliter l'entretien de la propreté;
il en est de même des coins de chaque marche d'escalier; le
plafond en zinc blanc repoussé est d'un bel effet décoratif.

Aucun vêtement, manteau, pardessus, chapeau ou casquette

ne se voit dans les classes ni dans les corridors; le tout est renfermé dans de longues armoires portemanteaux, placées sur un des côtés de chaque salle. — *Chauffage*. Les classes sont chauffées au moyen d'une puissante machine à vapeur installée dans le sous-sol. — Sérieuses précautions en cas d'incendie — seaux et grenades dans les corridors. Le concierge a sous ses ordres un homme et une femme de service pour le nettoyage journalier des différentes salles. M. Serrurier n'a pas moins admiré d'autres écoles à Boston, Washington, Philadelphie et Chicago. En cette ville il a été frappé comme nous de la dimension des classes (9 mètres sur 10), avec 54 places ou bureaux isolés, dont la hauteur est proportionnée aux âges et aux tailles des élèves. Ces bureaux sont fixés au plancher à l'aide d'un pied divisé en quatre branches.... Il mentionne aussi, comme avantageux, le système des cloisons à coulisses qui permet de transformer plusieurs classes en *assembly room* [1]. « A Philadelphie, j'ai eu, dit-il, le plaisir d'assister à une leçon de choses faite à la fois aux élèves de cinq classes d'une école primaire. On avait glissé les cloisons qui séparent ces classes, et un joli cheval de bois peint en rouge, d'une hauteur de 0 m. 60, avait été posé sur une table élevée, placée au milieu de la classe centrale. Bien qu'il s'agit d'un animal très connu, et que les élèves fussent nombreux, le silence ne fut pas un instant troublé, et toutes les figures, dirigées vers le même but, restèrent attentives et souriantes jusqu'à la fin, tant la maîtresse sut intéresser les enfants par ses questions aussi simples que variées. »

[1]. Voir, sur l'architecture scolaire, les conseils du Président de l'université Clark, M. Stanley Hall, dans le *Report du D' Harris for 1890-91*. « A mon avis, dit-il, p. 1042, ce n'est pas exagérer que d'affirmer en ce qui concerne l'école, que bâtiments, sièges, tables, heures, matières, méthodes d'enseignement, tout devrait être calculé en première ligne en vue de l'hygiène; car c'est d'elle que dépend, dans une large mesure, la moralité même, principalement chez les enfants. »

### II. — MOBILIER SCOLAIRE.

Il est inutile de répéter ce que tout le monde sait, que le mobilier des écoles du Nouveau-Monde est très élégant et confortable, et que nous aurions de la peine à l'égaler. Quelques villes seulement, comme le Havre, ont essayé chez nous d'introduire partiellement l'usage du pupitre et siège isolés des États-Unis (*single desk*). La table à deux places devient une rareté là-bas. Le système du siège isolé, qui prend beaucoup de place, mais qui facilite la discipline et permet d'adapter table et siège à la taille de chaque élève, s'est généralisé partout. Je l'ai trouvé chez les Mormons et à San Francisco, comme au Centre et dans l'Est et au Canada.

Nos tables et bancs de classe, peints en noir, comme pour encourager les élèves à y répandre l'encre sans scrupule, font un pénible contraste à côté des jolis pupitres américains ou canadiens, en bois verni, qu'on arrive à faire tenir propres aux enfants. Resterons-nous toujours le peuple *voué au noir*, par une sorte de mystique survivance du lugubre moyen âge, dont nous avons tant de peine à nous émanciper?

Signalons encore une fois aussi, comme un exemple que nous n'avons pas encore réussi à suivre, le système du tableau ardoisé sur trois au moins des murs de la classe. Cela permet de faire passer simultanément au tableau plusieurs élèves, lesquels font, soit le même exercice, soit diverses parties du même exercice que l'on corrige ensuite collectivement. De cette façon plus d'élèves suivent les corrections faites au tableau, à portée de leur vue, et plus d'élèves peuvent être interrogés en moins de temps. Pour rendre la classe plus attrayante, certaines institutrices, surtout dans les classes élémentaires, ornent les coins de ces tableaux ardoisés d'un dessin fait avec des craies de plusieurs couleurs : un bouquet, un oiseau, un bateau, etc., ou tout autre objet qui sert de sujet à des leçons de langage et reste ensuite pendant quelques jours exposé aux regards charmés des enfants. C'est aussi un stimulant pour le dessin; on exerce les élèves à dessiner ainsi au tableau noir avec des pastels de couleur, ce qui leur donne de l'assurance et éveille leur goût artistique. Un détail encore, à ce propos, mais qui a son importance. N'arrivera-t-on pas à adopter en Europe la craie moins friable et moins poudreuse employée en Amérique, et la brosse en bois et feutre qui remplace si avantageusement, au point de vue de la propreté et de l'hygiène, nos torchons ou éponges pour tableau noir?

Enfin rappelons, pour les salles de cours des *high schools* et Écoles normales, la suppression des tables; on les remplace par une tablette fixée au bras droit du siège, en forme de fauteuil, de chaque élève. Cette tablette, qui occupe très peu de place, suffit pour qu'on puisse prendre des notes, ou, au besoin, poser un livre; mais on supprime la table, c'est-à-dire que les élèves peuvent être plus facilement groupés autour de leur *teacher*, et ils se sentent traités davantage en *students*, et non plus en *pupils*.

## III. — ÉDUCATION DE LA PREMIÈRE ENFANCE.

Bien que les écoles maternelles se soient multipliées et deviennent populaires en France, elles ne semblent pas avoir excité autant d'intérêt, de ferveur, dans les familles, qu'en certaines régions d'Amérique, par exemple à Saint-Louis, New York, Chicago, la Porte, et San Francisco surtout [1]. Il y a lieu de

[1] « S'il fallait choisir entre la suppression de la *high school* ou celle du Kindergarten, dit M. A. S. Draper, surintendant des écoles de l'État de New York, c'est la suppression de la *high school* que je choisirais. » « Il faut convaincre le peuple, comme le fait mistress Quincy A Shaw, dit le surintendant Edwin P. Seawr de Boston, que, de tous les dollars dépensés pour l'instruction publique, c'est le dollar dépensé pour le Kindergarten qui est le mieux employé. » Le Dr Harris, de Washington, ancien surintendant des écoles de Saint-Louis, a raconté aussi comment il s'est converti à la foi au Kindergarten, qui, à l'origine, avait peu de prise sur lui. « Nous voulons ut.....er le jeu », me disait-on. Utiliser le jeu! cela ne me paraissait pas une idée de gens très avisés: « il faut me montrer d'abord, disais-je, comment le jeu peut quelque chose pour la formation du caractère intellectuel en général ». Mais en observant le Kindergarten et son œuvre, j'ai cru découvrir que le jardin d'enfants de Saint-Louis, au lieu de commencer par le jeu, agissait sur l'enfant à la période de transition, à l'âge symbolique et que son œuvre était aussi importante que toute autre partie de l'éducation.... » Plus loin il ajoute : « Ma plus grande fierté à Saint-Louis est d'avoir amené le peuple à payer pour ces *kindergarten schools* ». Voir aussi son rapport sur les *public kindergartens* d'Amérique, dans le *Report*

donner en exemple au monde entier la *Golden Gate free Kindergarten Association*, et l'apostolat couronné de si beaux succès de sa présidente, mistress Sarah B. Cooper, dont il a été parlé avec détails ci-dessus. Qui dira ce que l'Allemagne doit à

*for 1890-91*, p. 676-784. Cf. Louis H. Allen : *Kindergarten progress in New York*, un des jolis manuels illustrés, publiés par l'État de New-York pour l'exposition de Chicago (*Handbook*, n° 28). Le premier Kindergarten de New York date de 1867, c'était un Kindergarten allemand. Une École normale, fondée à New York en 1873, par M. et Mme Kraus, a formé plus de 400 teachers. Le premier Kindergarten gratuit à New York (109 W. 53 th Street) a été organisé par la *Society for Ethical culture* « comme un modèle de l'instruction qu'on devrait donner aux enfants du peuple pour les rendre capables, une fois grands, de se tirer d'affaire, et en même temps pour donner la dignité de l'intellectualité au travail manuel et à la classe ouvrière. Le *Teachers College* a organisé un cours normal de Kindergarten en 1887. D'autres jardins d'enfants gratuits ont été organisés par la *New York Kindergarten Association* (1889); enfin en 1893 il y avait 7 Kindergartens publics à New York. Il y en a autant à Brooklyn.

|  | 1873 | 1882 | 1892 |
|---|---|---|---|
| Accroissement des jardins d'enfants aux États-Unis. |  |  |  |
| Nombre des Kindergartens........ | 12 | 318 | 1 311 |
| —   des teachers............. | 73 | 811 | 2 535 |
| —   des élèves.............. | 1 232 | 16 916 | 65 295 |

En 1892, sur ces 1 311 jardins d'enfants, il y en avait 159 faisant partie des écoles publiques, et 852 privés. Les États où l'on en trouve le plus sont l'Illinois, qui en a 197, dont 189 privés; le New York, qui en a 170, dont 125 privés; la Californie, 80, dont 67 privés; l'Ohio, qui en a 80, dont 73 privés; le Massachusetts, 101, dont 56 publics; le Missouri, 90, dont 83 publics; la Pensylvanie, 95, dont 45 publics. — A Chicago, les plus remarquables expositions de Kindergarten work venaient des villes suivantes : Indianapolis et la Porte (Indiana), Saint-Louis (Missouri), Boston (Mass.), Des Moines et Clinton (Iowa), Lexington et Louisville (Kentucky), Grand-Rapids (Michigan), Minneapolis et Saint-Paul (Minnesota), New York, Rochester, Albany, Buffalo (État de N. Y.), Columbus (O.), Milwaukee (Wisconsin), enfin Philadelphie et Chicago. En ce qui concerne la préparation des maîtresses de Kindergarten, citons avec éloges : la training school du Prof. Kraus et de Mme Kraus-Boelte, auteurs de la *Chicago free Kindergarten Association* et du *Practical guide to the Kindergarten*; le *Chicago Kindergarten College*, l'École normale de Greeley (Colorado); celle de Cook County (Illinois); l'École normale nationale de Kindergarten à Washington (directrice, Mrs. Pollock); la *Silver Street Kindergarten Association* et la *Golden Gate free Kindergarten Association* de San Francisco. — Quelques essais aussi très dignes d'intérêt venaient des écoles d'Indiens du territoire de New Mexico, écoles tenues par les sœurs de charité. — *Étranger*. La France avait de jolis envois, qui en bien des points quoique moins systématiquement présentés, — pouvaient soutenir la comparaison avec ceux de la *Pestalozzi-Fræbel Haus*, de Berlin, exposés à part dans la galerie des Arts libéraux, et ceux du *Fræbel-Verein* de Berlin.

Frœbel? moins encore pour avoir causé la création dans certaines villes de Kindergartens plus ou moins fidèles à sa tradition, que pour avoir gagné tant de mères à sa théorie de l'éducation attentive des sens, du respect de la spontanéité enfantine, et de la culture harmonique de toutes les facultés. Espérons qu'à l'exposition de 1900 on trouvera — mieux qu'en 1889 — les moyens d'intéresser le grand public à cette chose encore si peu comprise, et qui devrait être si sympathique à tous, surtout aux femmes, un *jardin d'enfants*, qui cultive, sans les forcer, soigneusement, méthodiquement, les aptitudes naissantes des tout petits, et prenne encore plus soin de la saine éclosion de leur caractère, que de celle de leur intelligence. Mais il faut bien avouer que, chez nous, les parents sont encore un peu de l'avis de ces pères et mères du Cap de Bonne-Espérance dont nous parle miss May Bengough dans un mémoire sur l'instruction en ce pays, lu à Chicago; ces parents utilitaires s'inquiètent peu que le Kindergarten prépare et surveille avec soin l'éclosion de l'âme, l'éveil des facultés : ils se déclarent fraudés si on fait à l'école enfantine autre chose qu'employer le *Spelling book*, c'est-à-dire l'alphabet et le premier livre de lecture!


## IV. — Enseignement primaire élémentaire.

Ici, faisons bien comprendre ce qu'est la *common school* américaine, non pour l'offrir en exemple, mais afin de permettre à ceux qu'elle intéresse, d'en parler en connaissance de cause. C'est une école qui, à première vue, semble surtout faite *par et pour la femme*. Elle est mixte (sauf dans quelques villes du Sud), mais les garçons restent toujours un peu en minorité dans chaque classe, et ont un peu l'air d'y être tolérés, d'y être

et des écoles de Kindergarten d'Eisenach et de Breslau, dans la section allemande. Le Canada, surtout la province d'Ontario, le *School Board* de Londres, le Japon enfin étaient bien représentés. Le Japon, où l'on adore les bébés, a étonnamment propagé le jardin Frœbel, très bien adapté en effet aux coutumes si pittoresques du pays. Il y a déjà plus de 500 Kindergartens publics au Japon, et près de 14 000 enfants qui reçoivent cette éducation toute maternelle.

admis pour se dégrossir et se civiliser au contact d'êtres de nature plus fine que la leur.

Satisfaits de leur supériorité physique, ils n'en abusent pas, et se contentent du rôle de protecteurs, en cas de besoin, de leurs camarades féminines, et seraient les premiers à rudoyer comme il faut, ou à mettre en quarantaine, le *boy* malotru qui, par ses manières, donnerait occasion à une des *girls* de porter plainte contre lui. Cela tient du reste aux mœurs particulières au Nouveau-Monde, où la femme règne, et où même une fillette s'attend à beaucoup d'égards. D'autre part, les filles sont invitées et habituées à donner le bon exemple de l'attention, de la docilité, à l'école, et elles ont un peu le sentiment que l'on compte sur elles pour entraîner au bien les garçons. Le corps enseignant dans toutes les écoles, même dans beaucoup de *high schools* (enseignement secondaire ou primaire supérieur), est aussi composé en grande majorité de femmes. Pourquoi a-t-on adopté ce système? il est le résultat de causes multiples : bornons-nous à le constater comme une curiosité, comme un phénomène digne du plus haut intérêt. Voilà tout un grand peuple qui est instruit presque entièrement par des femmes, et il faudrait même dire par des jeunes filles, car les institutrices américaines quittent en général l'enseignement dès qu'elles se marient, et elles se marient jeunes pour la plupart. Et, chose non moins surprenante, ce personnel féminin, qui a été élevé pieusement, n'a pas transformé l'école en dépendance de l'église ou de la chapelle; au contraire, il a pratiqué, il pratique mieux qu'on ne le fait en aucun pays peut-être, la stricte neutralité de l'école vis-à-vis des diverses confessions rivales.

Si l'on demande maintenant si c'est par choix que les États-Unis ont des *institutrices* au lieu d'*instituteurs*, nous répondrons — oui, à présent, dans la plupart des États, mais à l'origine, non. Ce fut surtout par nécessité, par économie, que l'on a préféré les femmes, pour ne pas avoir à bâtir deux écoles à la fois, une de garçons, une de filles, et pour ne pas avoir à payer aux hommes des traitements relativement élevés. D'autre part, les hommes instruits trouvaient d'autres débouchés, d'autres vocations qui répondaient mieux à leur instinct de pionniers et de trappeurs, ou à leur ambition de fortune rapide. Si chez

nous l'expansion coloniale continue, si le relèvement industriel et commercial s'accentue, il pourra se faire aussi qu'un
jour (je laisse à d'autres à dire s'il faut le souhaiter ou le
craindre), on voie nos jeunes gens se porter en masse vers la
vie aventureuse du colon, ou vers les spéculations du négo-
ciant et du *business man*, et laisser aux femmes éclairées et
instruites, qui déjà sont légion en France, le soin d'instruire
l'enfance et même la jeunesse des deux sexes.

Très remarquable aussi le succès des institutrices américaines pour maintenir la discipline. Ces jeunes femmes obtien-
nent d'une classe de 40, 50, quelquefois 60 écoliers et écolières, un silence, un bon ordre, une attention, une émulation
qui en Europe feraient honneur à des maîtres expérimentés. La
règle est sévère, il est vrai; l'appel au principal peut amener
(pour les garçons) le châtiment corporel ou l'exclusion. Mais
c'est sur la liberté plutôt que repose la discipline. Les élèves
sont traités en personnes libres, non en gamins; ils se montrent généralement dignes des égards et de la confiance qu'on
leur témoigne.


## V. — PROGRAMME SCOLAIRE [1].


Mais avec un personnel ainsi composé en majeure partie de
femmes, le programme des études, le curriculum, peut-il être
le même qu'en Europe? L'Amérique ne s'est-elle pas bornée
aux matières que les Anglais appellent les trois R? — Non,
et voilà encore ce qui surprend. Ces jeunes *teachers* qui ne
songent à enseigner que jusqu'au jour de leur mariage, n'en
sont pas moins empressées à étendre et à varier l'enseignement, à aborder des matières qu'on n'obtient qu'à grand'peine
des instituteurs en Europe, et elles sont arrivées à ce tour de
force d'enseigner le dessin, les éléments des sciences, la gymnastique, et même, dans ces derniers temps, le *travail manuel*
du bois (sloyd), à leurs élèves des deux sexes. Dire que partout

1. Voir la discussion sur ce sujet dans le *Compte rendu du Congrès
d'Éducation* ci-dessus, et surtout les opinions du Comité des Quinze dont
le rapport vient de paraître.

l'instruction est méthodique, sûrement, sagement donnée, comme dans les bonnes écoles de la vieille Europe, ce serait trop dire évidemment. Les Américains sont les premiers à gémir sur l'infériorité d'un grand nombre des teachers improvisées qu'on emploie en maint endroit, faute de mieux; mais toujours ils rendent justice à leur bonne volonté; et, malgré l'insuffisance de préparation et l'inexpérience, on obtient en somme des résultats comparativement encourageants; enfin, comme le nombre et la qualité des écoles normales vont en s'accroissant tous les jours, il est permis d'espérer que, d'ici à une ou deux décades, le niveau des études aura sensiblement monté[1].

Le plus souvent, dans les écoles à plusieurs classes, ou graduées (*graded schools*), le *Primary course*, qui correspond à peu près à nos cours enfantin et élémentaire, dure de quatre

1. Voici, d'après le Bureau d'Éducation de Washington, un tableau comparatif (abrégé) des programmes d'études des écoles primaires (*Primary and Grammar grades*), ou plutôt la répartition des matières, et du temps consacré à chacune d'elles, dans les principales villes des États-Unis. Ce tableau a été dressé à l'occasion de l'exposition de Chicago. On y voit le tant pour cent du temps entier des études de l'année: nous indiquons seulement la localité du maximum et du minimum.

PROPORTION DU TEMPS CONSACRÉ A CHAQUE FACULTÉ SUR UN TEMPS TOTAL DE 100 DANS LES ÉCOLES ÉLÉMENTAIRES (1890), NON COMPRIS LES HIGH SCHOOLS.

| | Maximum du temps. Heures. | | Minimum du temps. Heures. | |
|---|---|---|---|---|
| Lecture | 11 | Cincinnati | 3.0 | Chicago. |
| Orthogr. | 11.8 | N.-Orléans | 1.7 | Baltimore. |
| Écriture | 15.4 | N. York | 1.1 | Cincinnati. |
| Dessin | 8.7 | Indianapolis | 3.8 | — |
| Musique | 9.5 | Détroit | 3.2 | Baltimore. |
| Leçons de langage | 47.7 | Boston (y compris écriture, lecture, grammaire) | 1.1 | St-Louis. |
| Grammaire anglaise | 8.2 | N.-Orléans | 3.1 | Cincinnati. |
| Hist. des États-Unis | 3.8 | Brooklyn | 1.7 | St-Louis. |
| Géographie | 8.9 | S. Francisco | 2.7 | New York. |
| Arithmétique | 26.2 | N. York | 9.3 | Chicago. |
| Gymnastique | 7.7 | Baltimore | 1.3 | Denver. |
| Sciences physiques et naturelles | 8.6 | Boston | 0.7 | Détroit. |
| Morale et bienséances | 3.1 | N.-Orléans. | | |
| Instruction civique | 1.7 | N.-Orléans. | | |
| Allemand et autres études diverses. | 27.3 | St-Louis. | | |

Parmi les études diverses il faudrait ajouter l'hygiène (leçons relatives à la tempérance), le sloyd et le travail manuel dans un certain nombre de villes.

à cinq ans, le *grammar course* ou cours intermédiaire, qui correspond à peu près à notre cours moyen et supérieur, dure quatre ans. C'est donc huit à neuf années environ, de six à quatorze, que les enfants passent dans les divisions qui précèdent la *high school*. Un bon nombre n'y entrent qu'à quinze et seize ans, pour compléter leur instruction pendant deux ou trois années encore.

Les *ungraded schools*, ou écoles à une seule classe sont généralement les écoles rurales, dont le grand défaut, outre leur programme mal défini, est la courte durée (quelquefois cinq mois seulement) de l'année scolaire [1].

Notre ami, M. C. C. Rounds, principal de l'École normale de Plymouth, semble un peu pessimiste dans son jugement sur les écoles rurales américaines, qu'il déclare en maint endroit presque aussi arriérées qu'il y a un demi-siècle.

Il est difficile de dire en quoi consiste exactement le programme et l'emploi du temps d'une école rurale à une seule classe. Cela dépend du nombre et du degré d'instruction des élèves et des maitresses. Sauf dans quelques États, comme le New Jersey par exemple, on n'a pas essayé d'imposer l'uniformité du programme.

Voici cependant d'après le D⟶ E. E. White, ancien surintendant des écoles de l'Ohio, un emploi du temps qu'il recommande aux écoles rurales, non seulement comme le fruit de sa réflexion et de son expérience, mais comme ayant déjà figuré en 1864 dans le *Report du State Commissioner of common schools for Ohio*, et comme ayant été depuis lors appliqué et éprouvé dans *des centaines d'écoles* de cet État et d'autres États [2].

---

1. Sur ce sujet, le surintendant de l'État de New York affirme qu'il faut arriver, et qu'on le peut, à faire durer l'école dans les districts ruraux jusqu'à 38 semaines par an, au lieu de 28, comme cela se pratique.

2. D⟶ Emerson E. White, *School management. New York, Cincinnati, Chicago*, 1894, p. 90. — Le Wisconsin a un programme différent pour les écoles rurales. On divise les études en 3 cycles de trois ans, et au lieu de faire un peu de tout dans chaque cycle, on n'aborde que quelques matières dans le premier cycle, et on ne passe à d'autres qu'après avoir fait apprendre les premières d'une façon réellement efficace. — Le surintendant R. Edwards, de l'Illinois, se plaint du manque de programme défini : cela, dit-il, a pour conséquence que souvent la maitresse qui entre en fonctions, fait refaire tout ce qui a déjà été fait avec la maitresse précédente.

## PROGRAMME POUR UNE CLASSE SUBDIVISÉE EN TROIS COURS
### (ÉCOLE RURALE, à un seul maître ou maîtresse).

| | HEURE À LAQUELLE CESSE L'EXERCICE | DURÉE DE L'EXERCICE EN MINUTES | COURS ÉLÉMENTAIRE | COURS INTERMÉDIAIRE | COURS SUPÉRIEUR |
|---|---|---|---|---|---|
| **MATIN** | 9.10 | 10 | Exercice commun (*opening exercice*). | | |
| | 9.35 | 25 | Travail à faire (seat work). | Arithmétique. | *Arithmétique.* |
| | 10.00 | 25 | Nombres, préparation sur l'ardoise ou avec des objets | *Arithmétique.* | Géographie. |
| | 10.25 | 25 | *Nombres* (leçon par le *teacher*). | Géographie. | Géographie. |
| | 10.45 | 20 | *Form work,* plissage de papier, bâtonnets, etc. | Géographie. | *Géographie.* |
| | 10.55 | 10 | Récréation (*recess*). | | |
| | 11.15 | 20 | Lecture silencieuse. | *Géographie.* | Grammaire. |
| | 11.35 | 20 | *Lecture et épellation* (orthographe). | Travail à préparer. Carte à dessiner ou à modeler dans le sable. | Grammaire. |
| | 12.00 | 25 | Pas de classe. | Lecture. | *Grammaire.* |
| **APRÈS-MIDI** | 1.10 | 10 | » | » | » |
| | 1.30 | 20 | Form work, travail à préparer, cartonnage ou modelage, etc. | *Lecture.* | Lecture. |
| | 1.50 | 20 | Lecture silencieuse. | Travail à faire (seat work). | *Lecture.* |
| | 2.10 | 20 | *Lecture et épellation* (orthographe). | Étude d'animal ou plante. | Histoire nationale ou physiologie. |
| | 2.40 | 30 | *Écriture* (2) *ou langage* (3). | *Écriture* (2) *ou langage* (3). | *Écriture* (2) *ou langage* (2). |
| | 2.50 | 10 | Récréation (*recess*). | | |
| | 3.10 | 20 | Nombres sur l'ardoise ou avec objets. | Orthographe. | *Histoire nationale ou physiologie.* |
| | 3.35 | 25 | *Dessin* (2), *chant* (2) ou instruction morale (1). | *Dessin* (2), *chant* (2) ou instruction morale (1) | *Dessin* (2), *chant* (2) ou instruction morale. |
| | 3.50 | 15 | Pas de classe. | *Orthographe.* | Orthographe. |
| | 4.00 | 10 | » | Arithmétique. | *Orthographe.* |

N.-B. Les mots en italique indiquent les leçons faites par le *teacher*. — Les chiffres entre parenthèse indiquent le nombre de leçons par semaine.

On remarque l'absence de la gymnastique. Elle se borne sans doute, dans beaucoup d'écoles rurales, à des mouvements d'assouplissement à l'entrée et à la sortie des classes ou en dehors des heures de classe, et ne figure au programme régulier que dans les écoles urbaines[1].

Comme types de programmes d'études d'écoles urbaines (*primary and grammar grades*), je signale surtout ceux des écoles de New Jersey, New York, Washington (D. C.), Chicago, Columbus et Kansas City (Ohio), San Francisco, Philadelphie et tout particulièrement Cambridge et Boston (Massachusetts[2]).

---

1. Le Dr Harris, dans le *Report de 1890-91*, p. 1034, se lamente sur le sort des élèves que le manque de graduation suffisante dans les petites écoles rurales, force à rester trop longtemps et « à marquer le pas » dans la même classe. C'est, paraît-il, le cas dans beaucoup d'écoles rurales de l'Iowa, du Missouri, de l'Illinois, et même du Massachusetts et d'autres États du Nord, où l'on sacrifie ou bien les plus avancés aux plus faibles, ou bien les plus faibles aux plus avancés. Comme remède il indique le retour à un système semi-lancasterien, ou monitorial, appliqué avec précaution. Sans vouloir rétablir le *pupil-teacher-system* abandonné avec raison, il pense qu'on pourrait permettre aux teachers consciencieux de se faire aider par quelques élèves avancés pour rallier les trainards. — Le surintendant des écoles de l'État de N. Jersey, M. A. B. Poland, a exposé à la conférence de la National Educ. Ass. à Boston (1893) le système particulier à cet État, ou *graded system of rural schools*. Depuis vingt ans qu'il est appliqué il a donné de bons résultats. C'est un règlement par comté (arrondissement) pour l'État entier: on ne croit pas qu'on puisse, ni qu'il faille établir l'uniformité pour l'État entier. Ce système divise l'enseignement scolaire en 5 degrés, et permet de fréquentes reclassifications d'élèves: il comprend aussi des examens écrits annuels uniformes, par comtés. Les résultats des 3 premiers degrés sont envoyés au surintendant de comté. — Dans le *Massachusetts*, on a fait récemment de grands efforts pour améliorer les écoles rurales : 1° au moyen de subventions d'autant plus grandes que les villages sont plus pauvres; 2° en permettant l'amalgamation de plusieurs villages, et en permettant le transport par voiture ou chemin de fer, aux frais des communes, des enfants à une école bien organisée et placée dans un centre (cette méthode démocratique, nous dirions presque socialiste, paraît croître en faveur); 3° enfin une loi, datant de 1888, autorise la réunion de 30 à 50 écoles, pour payer un *superintendent* commun, dont le traitement est de 750 dollars, auxquels l'État ajoute 500 dollars. Sur 351 bourgs ou villages du Massachusetts, 200 ont déjà profité de cette combinaison, qui allie l'intervention de l'État et le self-government des communes.

## ÉCOLES ÉLÉMENTAIRES DE BOSTON

### 1° PROGRAMME DES PRIMARY SCHOOLS.

| MATIÈRES | NOMBRE D'HEURES PAR SEMAINE (Cours enfantin et cours élémentaire). | | |
|---|---|---|---|
| | CL. III. | CL. II. | CL. I. |
| 1. Enseignement moral | 1/2 | 1/2 | 1/2 |
| 2. Enseignement physique et récréations | 3 1/2 | 4 | 4 |
| 3. Leçons de choses (appelées leçons d'observation) et travail manuel. | 3 | 3 | 3 |
| 4. Dessin | 1 1/2 | 1 1/2 | 1 1/2 |
| 5. Chant | 1 | 1 | 1 |
| 6. Langue maternelle (exerc. oraux, lecture, écriture) | 13 | 11 1/2 | 11 1/2 |
| 7. Arithmétique | 2 1/2 | 3 1/2 | 3 1/2 |

## ÉCOLES ÉLÉMENTAIRES DE BOSTON

### 2° PROGRAMME DES GRAMMAR SCHOOLS DE BOSTON (1892).

| MATIÈRES | NOMBRE D'HEURES PAR SEMAINE (Cours moyen et supérieur). | | | | | |
|---|---|---|---|---|---|---|
| | CL. VI. | CL. V. | CL. IV. | CL. III. | CL. II. | CL. I. |
| Enseignement moral | 1/2 | 1/2 | 1/2 | 1/2 | 1/2 | 1/2 |
| Enseignement physique | 2 | 2 | 2 | 2 | 2 | 2 |
| Science élémentaire | 1 1/2 | 1 1/2 | 1 1/2 | 1 1/2 | 1 1/2 | 2 |
| Travail manuel { Modelage sloyd et menuiserie (Garç.). Couture (Filles) | 2 | 2 | 2 | 2 | 2 | 2 |
| Dessin | 1 1/2 | 1 1/2 | 1 1/2 | 1 1/2 | 1 1/2 | 1 1/2 |
| Musique | 1 | 1 | 1 | 1 | 1 | 1 |
| Langue maternelle { lecture, écriture | 10 | 10 | 4 1/2 | » | » | » |
| Langue et grammaire | » | » | » | 8 1/2 | 8 | 8 1/4 |
| Géographie | 2 | 2 | 2 | 2 1/2 | 2 1/2 | 2 |
| Histoire | Avec la lecture. | | | 2 | 2 1/2 | 3 |
| Arithmétique | 4 1/2 | 4 1/2 | 4 1/2 | 3 1/2 | 3 1/2 | 3 1/2 |
| Comptabilité | — | — | — | — | — | 1 1/4 |

PROGRAMME DES ÉCOLES PUBLIQUES DE CHICAGO [1] (1892)

PRIMARY DEPARTMENT (CORRESPONDANT AUX COURS ÉLÉMENTAIRE ET MOYEN).

| 1ᵉʳ DEGRÉ | 2ᵉ DEGRÉ | 3ᵉ DEGRÉ | 4ᵉ DEGRÉ |
|---|---|---|---|
| Lang., ex. oraux, lecture, écriture, orthogr. Arithmétique. Musique, 75 min. Dessin, études des formes et couleurs, système Prang, 60 min. Modelage en terre glaise. Diverses conversations sur les choses usuelles, anatomie du corps humain, morale et bienséances. Culture physique. | Lang., ex. oraux, lecture, écriture, orthogr. (usage des majusc. et ponctuat.) Arithmétique. Chant, 75 minut. Dessin, système Prang, 75 min. Modelage. Bienséances et morale. L'horl. et l'heure. Culture physique. Couture (filles). | Lang., ex. oraux, lecture, écriture, orthogr. Arithmétique, calcul mental. Chant, 75 minut. Dessin, 90 minut. Modelage. Bienséances, morale. Culture physique. Couture. | Lang., ex. oraux, lecture (4ᵉ reader), écriture, orthogr. Arithmétique, jusqu'aux règles d'intérêt simple. Chant, 75 minut. Géographie. Dessin, 90 minut. Couleurs. Bienséances et morale. Culture physique. Hygiène. |

Le programme des grades suivants (cours supérieur et High School, mériterait aussi d'être reproduit s'il ne demandait trop de place.

Mais, de tous les documents, le plus important et le plus curieux sur ce sujet est celui qui vient de nous parvenir dans le *Rapport du Comité des Quinze*; nous le reproduisons p. 204.


## VI. — MÉTHODES D'ENSEIGNEMENT.

Pour le détail des matières figurant au programme de l'enseignement primaire et les *méthodes* d'enseigner, on peut mettre particulièrement en relief les points suivants :

*Enseignement moral* [2]. — Voici les recommandations que l'on trouve à ce sujet dans le programme d'études de Boston :

1. Voir, pour la question des programmes d'études, *Contributions to the solution of the problem of the coordination of studies* (thèse pour le doctorat en pédagogie), by Max. P. E. Grozmann, School of Pedagogy, University of the City of N. York, 1894.

2. Voir plus haut les discussions sur ce sujet au Congrès de Chicago.

## PLAN D'ÉTUDES ET EMPLOI DU TEMPS
### PROPOSÉ PAR LE COMITÉ DES QUINZE
Pour les huit années de l'enseignement primaire (enfants de 6 à 14 ans).

| MATIÈRES | 1re ANNÉE | 2e ANNÉE | 3e ANNÉE | 4e ANNÉE | 5e ANNÉE | 6e ANNÉE | 7e ANNÉE | 8e ANNÉE | OBSERVATIONS |
|---|---|---|---|---|---|---|---|---|---|
| Lecture. | 10 leçons par semaine. | 5 leçons par semaine. | | | | | | | 1 leçon par j. pend. les six dern. années. |
| Écriture. | 10 leçons par semaine. | 5 leçons par semaine. | 3 leçons par semaine. | | | | | | |
| Orthographe «Spellings lists». | | | 4 leçons par semaine. | | | | | | Pas de d'être ex. d'épellation de mots usuels et techniques importants. |
| Grammaire. | Oralement et au moyen de courtes dictées ou devoirs de style. | | | | 5 leçons par semaine, avec livre. | | | | |
| Latin ou une langue étrangère: franç. ou all. | | | | | | | | 5 leçons par sem. | La majorité s'est prononcée pour le latin! |
| Arithmétique. | Oralement 60 min. par s. | 5 leçons par semaine avec livre. | | | | | | | |
| Algèbre. | | | | | | | 5 leçons par semaine. | | Seulement dans les deux dern. années |
| Géographie. | Oralement ? min. par s. | 5 leçons par semaine avec atlas et texte. | | | | | 3 leçons par semaine. | | |
| Sciences naturelles et hygiène. | 60 minutes par semaine (y compris les leçons sur le danger des boissons alcooliques). | | | | | | | | 1 h. par sem pendant les huit années de cours. |
| Histoire nationale. | | | | | | 5 leç. par s. | | | |
| Constitution (const. civique). | | | | | | | | 1 leçon par sem. | Dans le 2e semestre seulement de la 8e année. |
| Histoire générale. | Oralement, 60 minutes par semaine. | | | | | | | | |
| Gymnastique. | 60 minutes par semaine. | | | | | | | | On l'appelle *physical culture.* |
| Musique vocale. | 60 minutes par semaine en 4 leçons. | | | | | | | | |
| Dessin. | 60 minutes par semaine. | | | | | | | | |
| Travail manuel ou couture et cuisine. | | | | | | | | Une demi-journée par semaine. | C'est à dire 2 h. 1/2 par semaine. |
| Nombre de leç. par j. | 20 + 7 exerc. | 20 + 7 exerc. | 20 + 5 exerc. | 21 + 5 exerc. | 27 + 5 exerc. | 27 + 5 exerc. | 23 + 6 exerc. | 23 + 6 exerc. | |
| Total des heures d'interrogation. | 12 de 15 m. | 12 de 15 m. | 11 2/3 de 20 m. | 13 de 20 m. | 16 1/4 de 25 m. | 16 1/4 de 25 m. | 17 1/2 de 30 m. | 17 1/2 de 30 m. | C'est ce qu'on appelle en Amérique *recitations.* |

« 1. — Donner au commencement de la classe du matin
(*opening exercise*) et à toute autre occasion favorable, quelques
minutes d'instruction sur les bienséances et la bonne moralité.
*On devra se tenir strictement dans les limites de la morale et des
bienséances, et éviter les occasions de toucher ou de faire allusion
aux sujets sectaires.*

« 2. — Les statuts généraux de l'État de Massachusetts,
chapitre 38, section 10, portent que : « il est du devoir de tous
précepteurs et *teachers* d'écoles secondaires et d'autres écoles,
de faire tous leurs efforts pour imprimer dans l'esprit des
enfants et jeunes gens, confiés à leur soin et à leur instruction,
les principes de piété [1] et de justice, et un respect sacré pour
la vérité, l'amour de leur patrie, des sentiments d'humanité,
de bienveillance universelle, la sobriété, l'activité, la frugalité,
la chasteté, la modération, la tempérance, et les autres vertus
qui sont l'ornement de la société humaine, et la base sur
laquelle repose un gouvernement républicain; et il sera du
devoir desdits instituteurs de tâcher d'amener leurs élèves,
autant que leurs âges et leurs capacités le permettront, à comprendre clairement la tendance des vertus énoncées ci-dessus,
en vue de la conservation et des perfectionnements de la
constitution républicaine, et pour assurer les bienfaits de la
liberté, et contribuer à leur bonheur futur....

« Le surintendant des écoles de l'État de Minnesota, l'honorable D. L. Kiehle, dit aussi : « La seule politique sage pour l'État
est de comprendre dans le curriculum des écoles publiques tout
ce qui appartient à l'intelligence et à la morale, et de laisser à
la famille tout ce qui appartient distinctement à l'instruction
religieuse.... Sans considérer la question de la base de l'obligation morale, sans se demander qui en sont les exposants
autorisés, on peut admettre que le monde possède, quelle qu'en
soit la source, un considérable corps d'idées morales, dont
la valeur rationnelle et l'autorité sont hors de conteste, et ces
vérités, propriété commune de notre civilisation, l'État peut
sagement les incorporer dans son programme et dans la pratique de l'enseignement. »

1. Piety is a filial reverence for parents and benefactors and country.
(*Report of the superintendent for Massachusetts. 1891-92. p. 205.*)

Voici le canevas d'un enseignement moral pour les écoles primaires que recommande, dans son excellent livre déjà cité, le Dr E. E. White, ancien surintendant des écoles de Cincinnati :

**Enseignement moral.**

- **I. Buts.**
    - 1° Exercer les enfants à l'habitude du self government.
    - 2° Exercer la volonté à agir habituellement d'après des motifs justes.

- **II. Formation et exercice de la volonté.**
    - 1° Principes psychiques. Vertus cardinales.
        - 1. Justice.
        - 2. Bonté.
        - 3. Véracité.
    - 2° Occasions: Vertus scolaires.
        - 1.
            - 7. Obéissance.
            - 6. Activité.
            - 5. Silence.
            - 4. Soin.
            - 3. Propreté.
            - 2. Ponctualité.
            - 1. Régularité.
        - 2. Valeur morale, motifs.

- **III. Moyens.**
    - 1° Instruction morale. — ayant pour but d'éveiller les sentiments droits, d'aviver la conscience, d'exercer le sens moral, de développer des idées morales claires, d'exercer le jugement moral, au moyen d'exemples concrets, bien exprimés, sous forme de maximes, proverbes, historiettes, contes, fables, paraboles, biographies, passages littéraires célèbres, chants, images, règles d'or du devoir.
        - *Méthode.* — Anecdote, passage littéraire, maxime.
        - *Esprit de cet enseignement.* — Aller du cœur au cœur.
    - 2° Stimulants (*incentives*).
        - Artificiels.
            - 1. Prix, médailles, rangs, etc.
            - 2. Priviléges, congés, place d'honneur.
            - 3. Exemption de punitions.
        - Naturels
            - Nature et valeur.
            - Les 9 stimulants les plus nobles (*the royal nine*) :
                - 9. Sens du devoir.
                - 8. Sentiment de ce qui est droit.
                - 7. Sentiment de l'honneur.
                - 6. Désir de s'améliorer.
                - 5. Désir de *self control*.
                - 4. Désir de bien faire.
                - 3. Désir d'apprendre.
                - 2. Désir d'approbation.
                - 1. Désir de bonne position.

Comptant « que les enfants font à l'école l'apprentissage de la discipline et de *l'empire sur soi*, le secret de la bonne conduite », sachant qu'une *morale nue apporte de l'ennui* et risque d'aller contre son but, le *Comité des quinze* ne donne pas à la didactique de la morale une place à part dans son projet de plan d'études primaires cité plus haut; mais on sent qu'il met avant tous les autres le point de vue éthique, le progrès moral, et jamais programme scolaire n'a été plus imprégné de philosophie.

L'auteur du présent Rapport croit pouvoir profiter de l'occasion unique qui lui est offerte de s'adresser à l'ensemble du monde enseignant, pour exprimer un vœu à ce sujet; il voudrait suggérer l'organisation, comme auxiliaire de l'État, qui ne peut tout faire, d'une société nationale (ou mieux encore internationale) qui prendrait pour mission de propager, d'encourager à l'école et hors de l'école, l'enseignement moral, exclusivement non confessionnel. Comment cela pourrait-il se faire? Par la publication et la diffusion, non seulement de manuels et recueils de proverbes tirés impartialement de toutes les *Bibles de l'Humanité*, mais surtout au moyen d'un choix d'images attrayantes, parfaites d'exécution, et pouvant servir d'illustration à des anecdotes, à des biographies, à de belles pages littéraires, ou à des maximes et chants, de haute et incontestable portée morale. Les démocraties modernes ont un intérêt vital à aider ce nouvel enseignement à s'enraciner et à fructifier. Donné avec ferveur, il peut transformer la physionomie de nos écoles, agir d'une façon durable sur l'âme et le caractère des enfants, qu'il est souvent si pénible de voir flotter indécis entre les croyances superstitieuses de leur mère et l'indifférence sceptique de leur père. Si, comme on le dit, les dogmes s'en vont, il est urgent de donner à la morale chance de devenir une foi vivante et universelle, capable de rapprocher les classes, peut-être les peuples, et de conjurer de graves périls sociaux. Nous nous permettons de faire appel, d'abord aux nombreux partisans français de cet enseignement, puis aux congressistes de tous pays qui s'y sont montrés favorables au Congrès d'éducation de Chicago [1].

1. Ce que nous souhaitons, c'est ce que font déjà, avec un succès tous les jours croissant, mais en mêlant à la morale des préoccupations confes-

*Lecture*. — Bien que nous soyons à présent beaucoup mieux outillés que par le passé, il y a lieu de rappeler une fois de plus que la pédagogie *anglo-américaine* a su rendre l'apprentissage de la lecture plus attrayant qu'il ne l'est chez nous. Signalons la *word method* américaine, et même la méthode des *charts of sentences*, contenant tout de suite de petites phrases, méthodes moins analytiques que notre système d'épellation alphabétique, et secondées par de jolis tableaux muraux illustrés où l'on ne rencontre que des mots et des idées tout à fait à la portée de la première enfance.

Pour la lecture à haute voix, l'articulation, la déclamation, l'Amérique mérite aussi d'être citée en modèle. Mais pour la lecture expliquée, au cours moyen et supérieur, nos maîtres ont une excellence reconnue.

Plusieurs États et villes d'Amérique ont trouvé des moyens ingénieux pour ajouter au choix de lecture (*reader*), qui est généralement un recueil très bien composé, une variété de livres attrayants, fournis gratuitement, ou prêtés par les bibliothèques locales. Ce système (*supplementary reading*), qui se généralise, donne d'excellents résultats. Dans chaque classe aussi, rappelons-le, il doit y avoir un gros dictionnaire complet (Webster, ou un autre analogue), et un dictionnaire géographique (*Gazetteer*), livres obligatoires dans le Massachusetts.

*Écriture*. — Plusieurs grandes cités ont employé avec succès des spécialistes, soit comme professeurs, soit comme inspecteurs de l'écriture. On est arrivé par ce moyen à un enseignement plus méthodique et plus efficace.

Nous rappelons qu'on a abandonné en Amérique dans les classes élémentaires la méthode d'écriture par pleins et déliés. Uniquement préoccupé de chercher la forme exacte des

sionnelles, les sociétés anglaises et américaines des écoles du dimanche. Ne pourrait-on faire des *écoles du dimanche laïques*, moralisantes, récréatives, vivifiantes, comme celles d'outre-Mer, d'outre-Manche et d'outre-Rhin? Notre jeunesse qui semble nous reprocher d'avoir trop rompu avec l'esprit mystique, notre jeunesse qui lit Tolstoï et Ibsen, ne trouverait-elle pas en elle d'enthousiasme pour cette œuvre de sauvetage social par excellence : atténuer chez l'enfant les mauvaises influences de l'hérédité, lui faire prendre le pli du bien, de la bienfaisance, de l'honnêteté, de la véracité, du sacrifice de soi à l'honneur, à la patrie, à l'humanité!

lettres, au lieu d'avoir à leur donner une physionomie spéciale, tantôt en allégeant, tantôt en alourdissant sa main, l'enfant arrive en général plus vite à une écriture régulière. Ce n'est que plus tard, quand la main est très exercée, qu'on enseigne les traits de force, et qu'on passe de l'écriture à la calligraphie.

*Orthographe*. — L'usage de la dictée, si général chez nous, la pierre angulaire de notre enseignement primaire, est peu connu en Amérique et en Angleterre. On emploie des livrets contenant des nomenclatures graduées de mots usuels, que les élèves apprennent page par page, et sur lesquels ils sont interrogés oralement pour le sens et l'orthographe. Ces livres ou *spellers*, aidés de la lecture, paraissent suffire à l'apprentissage de l'orthographe anglaise — difficile seulement à cause de la différence entre la prononciation et la figuration des mots, — mais non au point de vue grammatical. Certains éducateurs semblent nous envier l'exercice de la dictée d'un morceau complet, qu'ils préfèrent à l'épellation de listes de mots décousus. Mais les *spellers* sont cependant encore en vogue, et les élèves mettent beaucoup d'émulation à bien épeler oralement ou au tableau noir les mots qu'on leur demande. C'est souvent sous forme de concours (*spelling bee*), et d'une façon très vivante et entraînante, que cet exercice est conduit en classe[1].

A notre avis on pourrait avantageusement combiner les deux méthodes, faire moins de dictées, et de temps en temps introduire l'usage américain de l'épellation de mots usuels tirés surtout d'un chapitre du Livre de lecture, tantôt le dernier lu, tantôt le prochain à lire.

*Langue maternelle*. — Pour cet enseignement, ce qui est frappant, c'est le succès des exercices de conversation, de description orale[2]. L'écolier et l'écolière d'Amérique s'expriment facilement, correctement et sans timidité. La rédaction, allongée et amplifiée, développant chaque ligne d'un canevas, est peu connue. On se borne à des exercices pratiques, explications très brèves d'images, dans les classes élémentaires, puis reproduc-

1. Voir *The modern Spelling book*; — *the Normal course in spelling*, by Larkin Dunton LL.D. Head master of the Boston Normal School, Silver-Burdett and C°, Boston.
2. Voir F. Buisson. *Devoirs d'écoliers américains*. Hachette.

tion d'une histoire lue ou contée en classe, petites lettres racontant un fait réel, personnel, etc. On veut toujours des choses pratiques : on fait souvent écrire de vraies lettres avec la suscription et l'adresse sur une vraie enveloppe. La grammaire est peu envahissante, et l'exercice, autrefois si populaire, des analyses logiques sous forme de diagramme, où l'on montrait les propositions subordonnées, ramifiées à la proposition principale, comme à la branche mère, est, je crois, en train d'agoniser, quoique j'en aie encore vu quelques beaux restes exposés à Chicago. Le rapport du *Comité des Quinze* contient un plan de grammaire très simple et très suffisant ; il reconnait les précieux services des analyses grammaticales, comme instrument de discipline intellectuelle, mais ne veut pas qu'elles usurpent la place de la lecture, de l'étude littéraire des belles œuvres littéraires, auxquelles il attribue une valeur esthétique et une influence moralisante de premier ordre.

*Calcul.* — Dans les basses classes on s'efforce de rendre les débuts du calcul très intuitifs; on emploie des objets, des bouliers, des jetons, *toy money*, des poids et mesures, qui servent de jouets instructifs. On exerce beaucoup les enfants au calcul mental, et on les familiarise de bonne heure avec les principaux signes algébriques. Les élèves sont invités à composer, à proposer des problèmes, que l'on fait résoudre ensuite au tableau, etc. Les élèves des cours supérieurs nous ont paru, d'après les papiers d'examen exposés à Chicago, généralement avancés. Le programme du Massachusetts contient les éléments de l'algèbre et de la géométrie pour la neuvième année de la *grammar school*. Le Comité des Quinze propose d'introduire les éléments du calcul algébrique dans les septième et huitième années de l'enseignement primaire.

*Géographie.* — Les atlas illustrés à profusion que nous possédons, et qui ont si heureusement transformé l'enseignement géographique chez nous, ont été, ne l'oublions pas, une imitation de l'Amérique. A présent nous n'avons plus rien à lui envier à ce sujet. Mais le temps consacré à l'étude de la géographie est-il toujours suffisant chez nous? Conçoit-on la géographie d'une façon assez compréhensive? Y fait-on assez souvent usage du globe? — Je signale encore, comme un détail qui a son prix, le modelage des cartes en relief en terre glaise ou en sable, exercice que l'on rencontre fréquemment en Amérique et que maîtresses et élèves pratiquent avec succès. Dans le Massachusetts, le règlement porte qu'il doit y avoir dans les classes, pour cet exercice, une table spéciale peinte en bleu (afin de figurer la mer et les lacs). Cette table a des rebords, et sa plate-forme est mobile et peut se soulever, une fois la carte en terre glaise modelée, pour permettre aux élèves de la voir de leur place. Beaucoup de cartes aussi sur lesquelles les enfants ont collé des spécimens des productions locales, — des grains de blé dans telle région, ou du coton ailleurs, ou du papier doré ou argenté pour indiquer les mines, etc. C'est un peu puéril, dira-t-on. Mais on pense en Amérique que les leçons abstraites sont toujours assez nombreuses.

Le *Comité des Quinze* insiste aussi sur le rôle et l'importance de la géographie à l'école primaire. Ses vues originales sont basées sur un exposé des motifs très philosophique, et il rend justice aux efforts des sociétés de géographie pour encourager et améliorer cette étude, jadis si aride, toute de mémoire mécanique, et qu'il appelle une géographie *à la matelot*.

J'ai noté dans le Rapport scolaire de Seattle (Washington) de très bonnes directions pour la géographie. On dit aux teachers : « Formez un musée géographique; rendez la géographie intéressante, attrayante, fascinante,... faites faire une carte de Seattle, indiquant l'emplacement de la poste, des écoles, des églises, banques, offices de journaux, hôtels, gares, hôpitaux, lignes de tramways, etc., — développez l'idée du commerce. — De quelles villes arrive-t-il des vaisseaux à Seattle? Qu'importent-ils? qu'exportent-ils? qu'apportent et emportent les chemins de fer? etc. C'est la géographie selon le vœu du Comité des Quinze, « faisant prédominer les connaissances qui se rapportent à l'homme », insistant sur la différence des climats, des productions, des races, des religions, sur l'importance commerciale et industrielle des villes et des pays.

*Histoire.* — Les surintendants recommandent l'usage de collections de portraits, d'images historiques et objets ou spécimens archéologiques trouvés dans la localité, si possible.

Plusieurs éditeurs ont des séries spéciales d'images et gravures appelées *Aids to the teaching of History*.

J'attire l'attention sur les recommandations du Comité des Dix à propos de l'enseignement historique. Il demande que cette étude aille de pair avec la géographie, qu'on fasse faire des cartes historiques dès l'école primaire, qu'on fasse de l'exercice de rédaction un auxiliaire de l'histoire, qu'on encourage la lecture de biographies et de romans historiques, en guidant les enfants sur les romans à lire, qu'on unisse à l'histoire l'étude de la constitution générale de la Confédération des États-Unis, sans craindre une comparaison sommaire de cette constitution avec celle de quelques autres pays. Très préoccupés des enfants qui ne dépassent pas l'école primaire et primaire supérieure, les membres du sous-comité des études historiques réclament pour eux quelques connaissances d'histoire générale [1]; ils veulent qu'on insiste, à la high school, sur certaines périodes, plutôt que de faire parcourir sommairement plusieurs siècles.

Voici, par exemple, quelques sujets qu'ils signalent pour cette étude *intensive*.

1. Luttes entre la France et l'Angleterre pour l'Amérique du Nord.
2. L'Espagne dans le Nouveau Monde.
3. La Révolution française à l'époque napoléonienne.
4. Une phase de la Renaissance; phase de la Réforme.
. . . . . . . . . . . . . . . . . . . . . . . .
7. Les *leaders* politiques américains de 1783 à 1830.
8. L'expansion territoriale des États-Unis.
. . . . . . . . . . . . . . . . . . . . . . . .
10. Les Musulmans en Europe.
11. L'influence de la Grèce sur la vie moderne.
12. Une phase d'histoire locale.

Je ne résiste pas au désir de mentionner les considérants pour lesquels le sous-comité d'histoire recommande l'étude de l'histoire de France, comme un des *specific subjects*. « C'est, dit-il, parce que, du xiie au xviiie siècle, la France a été la nation principale en Europe (*the leading nation*), et son histoire

_______________

1. Le Comité des Quinze inscrit aussi l'histoire générale dans le programme scolaire primaire.

est, en un sens, l'histoire de la civilisation » (*Report.*, p. 175). Non moins intéressantes sont sur ce sujet les recommandations du *Comité des Quinze*, rédigé par le Dr Harris.

*Dessin*. — On a déjà décrit le système d'enseignement du dessin qui a prévalu en Amérique depuis 1870[1].

C'est une sorte de méthode empruntée à celle de South Kensington à Londres, méthode de dessin à main levée, mais avec un caractère plutôt industriel qu'artistique. Elle a réussi au delà de l'attente générale, surtout dans la Nouvelle-Angleterre, et principalement dans le Massachusetts, où M. Walter Smith, *head master of the school of art* de Leeds (Angleterre) et ancien professeur de South Kensington, fut appelé en 1871, non seulement pour organiser et inspecter l'enseignement du dessin, mais pour allumer le feu sacré parmi les *teachers* au moyen de conférences et de meetings. En Amérique, on comprend toujours un peu les réformes scolaires comme un réveil religieux. Ce ne sont pas tant des fonctionnaires que des missionnaires que l'on cherche. Et peut-être n'a-t-on pas tort. En tout cas, pour le dessin, l'apostolat de M. Walter Smith réussit à communiquer l'enthousiasme au corps enseignant et aux comités scolaires. Cours normaux, cours d'adultes, expositions locales, enfin création de l'École normale d'art, et nomination d'inspecteurs, tous ces moyens réunis eurent plein succès.

Le dernier rapport du surintendant des écoles de l'État de Massachusetts contient un excellent programme détaillé de l'enseignement du dessin, avec des figures indiquant la série graduée et méthodique d'objets et de solides géométriques

---

1. Félix Regamey, *l'Enseignement du Dessin aux États-Unis*, Paris, Delagrave, 1881. — C. B. Stetson, *Industrial drawing for beginners*, 1872. — Alfred Keller, *Revue pratique de l'Enseignement des beaux-arts*, Paris, février, 1893. — Cf. *Report of miss Helen Fraser, supervisor of drawing*, Columbus Ohio, dans le *Rapport du surintendant des Écoles de Columbus pour 1892*. — *Industrial drawing in the public schools of Massachusetts*, by H. T. Bailey (State supervisor of drawing), inspecteur général du dessin pour l'État de Massachusetts, Boston, 1893. — *Art education in the public schools*, by James Mac Alister, L. L. D. president of the Drexel Institute of art. (Prang Education Cᵒ, Boston). — Et surtout *Art education*, mémoires lus au congrès de Chicago par H. T. Bailey, L. W. Miller, Prof. W. M. R. French, Prof. J. W. Stimson of N. York, G. L. Schreiber, of Armour Institute, Chicago, etc., dans les *Addresses and Proceedings*, p. 454-506.

à faire dessiner aux élèves. C'est une méthode très rationnelle procédant toujours du concret à l'abstrait, s'aidant constamment d'objets, ne commençant à en chercher l'image qu'après les avoir fait modeler devant les élèves, ou les avoir fait modeler par eux, présentant toujours l'ensemble d'un objet avant d'en faire reproduire une partie, etc.

La méthode Prang, très connue déjà en Amérique et en Angleterre, semble dominer actuellement et mériter sa vogue. Elle allie l'étude des formes à celle des couleurs et se préoccupe toujours de l'application pratique et industrielle, pour l'ornementation et la décoration, des diverses formes et combinaisons de formes étudiées.

« La méthode Prang, continuation de celle de Walter Smith, disait M. Alfred Keller dans la *Revue pratique de l'enseignement des beaux arts*, est une perfection : les résultats acquis sont extraordinaires, on s'en convaincra sûrement en 1893 à l'Exposition de Chicago; nous voulons être les premiers à pousser ce nouveau cri d'alarme! Le gouvernement, l'initiative privée, font les plus grands sacrifices pour donner à tous les enfants des écoles les instruments et les ustensiles nécessaires à une démonstration claire; les millions sont dépensés sans compter. Le plus grand mérite de cette méthode est de mettre en relief les aptitudes natives de l'enfant, aptitudes que les méthodes basées sur la géométrie négligent, ou plutôt détruisent.... Due à la collaboration de trois professeurs, MM. John S. Clark, Walter S. Perry et Mme Mary Dana Hicks, cette méthode est absolument audacieuse; car, contrairement aux méthodes anciennes, elle débute d'emblée par la forme en relief, pour amener l'enfant à dégager d'abord la surface, puis la ligne, alors qu'au contraire, on commence par les exercices basés sur l'emploi des lignes, puis par ceux des surfaces, et enfin par ceux des volumes. » Les premiers solides employés comme modèles sont en bois — sphère, hémisphère et cube, — mis à la disposition des élèves, maniés, modelés en terre glaise, avant d'être dessinés; on montre des objets réels dont la forme est analogue, ballon, globe terrestre, fruits, etc., puis on découpe la sphère en carton, et on en fait des combinaisons décoratives que l'élève dessine ensuite; de même pour le cube, le cylindre.

le cône, la pyramide; on cherche surtout les formes affectionnées de l'enfant. Comme la méthode Reiber chez nous, cette méthode Prang cherche aussi à satisfaire le goût des enfants pour la représentation des attitudes de la figure humaine et des animaux, au moyen de lignes très sommaires; au lieu de contrarier elle tolère, elle encourage et guide la manie de *faire des bonshommes*. Enfin elle ne néglige pas le coloris, qui a tant d'attrait pour l'enfance. Ajoutons que le dessin est combiné d'une façon ingénieuse avec le travail manuel et qu'on arrive même à le faire contribuer à l'éducation morale.

J'ai déjà signalé dans ce rapport, en parlant de Chicago, de San Francisco et de Boston, que la méthode de dessin purement industriel commence à être discutée, contestée, et que, le goût de l'art s'étant propagé, on aspire à enseigner, même à l'école primaire (*grammar grades*), le dessin à main levée d'après l'objet, en cherchant à en rendre l'aspect, c'est-à-dire en traitant le dessin d'une façon plus artistique. L'exemple de nos écoles de France et surtout de Paris, très admiré à l'Exposition de la Nouvelle-Orléans, a contribué à engager les États-Unis dans cette voie. (Voir ci-dessus la méthode de miss Locke, inspectrice générale de dessin à Chicago.) Excellents résultats aussi, pour le dessin à Cleveland, croquis rapides d'objets groupés : table, chaise, parapluie, panier, etc. On accorde seulement 20 minutes pour esquisser un ensemble. A la *high school*, même système, croquis en 40 minutes (*time drawings*). On fait aussi des croquis à l'aquarelle qui ne sont pas sans mérite. Je rappelle aussi que j'ai trouvé, à San Francisco, les élèves du cours supérieur, *grammar grades*, d'une école de filles, dessinant — gracieux modèle vivant — une petite fille, montée sur une chaise, et cela sans se préoccuper de la figure, mais seulement de l'attitude du corps et de la draperie.

A la Porte (Indiana), le dessin est allié à l'étude des couleurs d'une façon originale, et l'on encourage — peut-être prématurément toutefois — les élèves à chercher des combinaisons de formes qui les préparent au dessin décoratif, tout en cultivant surtout leur spontanéité et en éveillant et en cultivant leur sens esthétique.

A Oakland, près de San Francisco, on emploie une méthode originale de dessin industriel très soigneusement gradué, dont l'auteur est notre compatriote. M. Paul A. Garin, ancien instituteur, directeur de l'enseignement du dessin dans toutes les écoles de la Ville [1].

Insistons sur ce point que la pratique du modelage, qui se généralise dans les Kindergartens et cours élémentaires de l'école primaire, a déjà, comme auxiliaire du dessin, éveillé visiblement les aptitudes artistiques d'un grand nombre d'enfants.

*Travail manuel.* — Ce sujet est spécialement traité par M. Eugène Martin. Je me borne à signaler les excellents résultats obtenus pour l'enseignement du sloyd suédois, à Boston et dans un grand nombre d'écoles du Massachusetts [2]. Signalons aussi, comme m'ayant paru particulièrement intéressantes, les expositions de travaux manuels de la *high et manual school* de Chicago, de la *Jewish school* de Chicago (voir ci-dessus), de l'école annexe du collège des teachers à New York, et de l'*Elementary manual Training School James Forten* à Philadelphie [3].

1. *Outlines of Industrial Drawing*, en deux parties, 3e édit. par Paul A. Garin, pp. 118, in-8, W, B. Hardy, 961 Broadway, Oakland, 1888. 1re partie : les quatre premières années ou primary work, dessin à main levée. Ce n'est pas le dessin d'artiste, mais le dessin industriel, comme le veut la loi de l'État de Californie, le dessin qui sert aux métiers, qu'enseigne M. Garin par des procédés qui exercent la main, l'œil et l'intelligence tout ensemble ; il fait exécuter des patterns très variés et très gradués de combinaisons de lignes, en poussant constamment les enfants à l'invention. Grand nombre de règles pédagogiques excellentes, fruit de longue expérience : les définitions géométriques sont accompagnées d'explications intuitives très ingénieuses. — 2e partie (1892) : *Grammar Course*, dessin à main levée et avec instruments, pp. 140 (illustrations nombreuses). Cette deuxième partie, destinée aux cours moyen et supérieur, contient beaucoup de problèmes géométriques, des directions pour l'emploi des instruments de dessin, directions pour faire grand nombre de prismes et pyramides en papier, exercices gradués de projection oblique, de projection isométrique, etc. L'avantage de cette méthode est qu'elle est très graduée et se prête à l'enseignement collectif.

2. Voir la liste et la photogravure des objets que l'on fait faire aux enfants dans le mémoire intitulé *Sloyd as adopted in Boston*, by Gustaf Larsson, 1893. Voir aussi la même liste dans le *Report du Surintendant des écoles de l'État de Massachusetts (1891-92)*, p. 202. Cf. aussi *Manual training in the public schools of Brookline*, Massachusetts.

3. Voir *the 74th Annual Report of the Board of public Education for*

Je rappelle aussi la jolie exposition du School Board de Londres (voir ci-dessus) et mieux encore les travaux manuels japonais.

Répétons aussi que le modelage au Kindergarten et dans le cours élémentaire (*primary grade*) se généralise comme introduction au travail manuel. Presque toutes les Écoles normales y exercent leurs élèves-maîtres et élèves-maîtresses. J'ai rapporté, entre autres, de jolies photographies des modelages exécutés à l'École normale de Plymouth (New Hampshire). A Chicago, la pratique du modelage dans les écoles publiques avait passionné la population pour et contre cet exercice. Certains parents se plaignaient avec humeur de ce travail malpropre, *dirty work*, qui salissait les jolis tabliers blancs de leurs bébés, et n'en comprenaient ni la portée ni l'utilité.

A Philadelphie, le comité scolaire l'a introduit aussi dans le programme, et fait remarquer aux teachers que, pour réussir à manipuler l'argile, il faut avoir pris au moins une douzaine de leçons, et ne jamais commencer à enseigner, même les plus simples rudiments aux tout petits, avant d'avoir fait soi-même ce premier et relativement facile apprentissage.

La couture et l'économie domestique sont enseignées dans les États du Nord, et surtout dans le Massachusetts. En beaucoup d'endroits, comme à Brooklyne (Mass.), c'est l'initiative privée qui a organisé des classes de cuisine en faisant venir, aux frais d'un groupe de dames, une *teacher* de la *Boston cooking school* [1]. L'année suivante (1886), le School Board vota 100 dollars pour continuer l'expérience. En 1888, la nouvelle école Lincoln, qu'on venait de bâtir, contenait une salle spéciale de cuisine.

*Physical culture.* — Grand progrès accompli sur ce point, qui est tout à fait à l'ordre du jour en Amérique. On y trouve aux prises deux systèmes principaux qui se disputent la faveur publique. Le premier, très en honneur dans le Nord et dans la Nouvelle-Angleterre, est la gymnastique d'assouplissement, *calisthenics*, ou système suédois de Ling [2], auquel on a joint

*the city of Philadelphia* (1894). p. 136 (figure représentant l'intérieur de l'atelier et les spécimens de modèles exécutés).

1. Voir le *Boston School Kitchen text-book*.

2. L'origine du système Ling remonte à 1813. Les exercices recom-

le système de culture physique de Delsarte, destiné à ajouter la grâce à la force et à l'agilité. C'est tout à fait, en ce moment, une manie, une fureur en Amérique. Les photographies représentant des classes de garçons et filles aux exercices Delsarte, avec costumes uniformes, dans des attitudes plus ou moins heureuses, pullulaient à l'exposition.

L'autre système est le système de la gymnastique proprement dite, débutant par les mouvements d'assouplissement, mais continuant par les exercices avec appareils et agrès. C'est ce qu'on appelle généralement en Amérique, mais improprement, le *german system*. Les Allemands prétendent qu'ils ont délaissé la gymnastique suédoise depuis longtemps, comme insuffisante et monotone, et s'étonnent de la vogue inespérée qu'elle a reprise en ces dernières années, dans les États du Nord.

Si nous en croyons un intéressé, M. W^m A. Stecher, de Saint-Louis (Missouri), secrétaire du comité technique du Turnerbund de l'Amérique du Nord[1], le système de gymnastique allemande serait adopté dans les écoles publiques d'un grand nombre de villes importantes : Kansas, Saint-Louis, Chicago, Columbus (O.), Cleveland (O.), Milwaukee (Wis.), Duluth (Minn.), Denver (Colo.), à l'École normale de Cook Conty (Illinois), etc. La gymnastique proprement dite, avec ses nombreux exercices et appareils, est évidemment plus compliquée, plus difficile à enseigner, nécessite une plus active suveillance que la gymnastique suédoise. Celle-ci n'est qu'un minimum, qu'un

mandés par Ling étaient surtout, au début, un traitement médical contre diverses maladies. En 1813, l'Institut royal de gymnastique fut fondé à Stockholm. Ling le dirigea jusqu'à sa mort (1839). C'est un élève de Ling, le major Rothstein, appelé à la direction du gymnase royal central de Berlin (1848), qui, en rejetant l'usage des barres parallèles, comme contraire au système de Ling, occasionna une vive discussion entre les physiologistes et anatomistes. Cette discussion eut pour résultat de rendre la gymnastique très populaire en Allemagne. Après dix ans de débats, une commission médicale donna tort au système Ling. Voir l'esquisse historique du système suédois, par M. L. M. Torngren de Stockholm. *Adresses and Proceedings*, p. 662.

1. Voir *The North American Turner Bund, its history, aims and achievements*, by Hugo Muench, mémoire lu au congrès de Chicago : *Addresses and Proceedings*, p. 657. Cf. l'opinion de miss Garde, de Providence (Rhode Island), *ibid.*, p. 660.

pis aller; mais, fréquemment employée, comme c'est le cas dans les États du Nord, elle amène cependant une détente mentale très appréciable, et suffit à activer la circulation du sang. Elle a l'avantage que des institutrices peuvent l'enseigner. Sans sortir de classe, on peut avoir recours à ces exercices et mouvements, pour reposer, pendant quelques minutes, du travail intellectuel. C'est une coutume qui s'est développée considérablement. En tout cas on en a tiré en Amérique, à Londres aussi où l'on a fait venir exprès des instructeurs suédois, tout le parti possible[1], et je ne crois pas qu'on ait aussi bien réussi dans nombre de nos écoles primaires, sauf dans celles où la gymnastique est complètement installée avec appareils et professeurs spéciaux, car alors les résultats sont excellents aussi.

L'avantage du système des *Turnvereine*, ou sociétés de gymnastique germano-américaines, qui organisent des gymnases couverts, parfaitement outillés, c'est qu'elles en permettent généralement l'accès aux écoliers après les heures de classe, et souvent gratuitement et avec surveillance de gymnastes faisant fonctions de moniteurs. Cependant c'est surtout les enfants de la population allemande qui profitent jusqu'ici de ces ressources, à Saint-Louis, Cincinnati, Chicago, Denver, etc.

En Angleterre, signalons l'œuvre, si démocratique et si philanthropique, entreprise par la *Metropolitan public gardens Association* et la *Kyrle Society*, qui ont réussi, depuis 1882, à augmenter de 157 le nombre des squares et parcs ouverts au public à Londres, pour permettre aux classes ouvrières, et

---

1. Voir, dans les *Addresses and Proceedings of the international Congress of education at Chicago*, le mémoire de M. J. Gardner Smith, M. D., instructeur spécial de gymnastique dans les écoles publiques de New York. Il recommande un système qui ne soit ni allemand, ni suédois, mais américain, c'est-à-dire prenant son bien où il le trouve, préludant par un examen physique des enfants, et un sectionnement d'après l'anthropométrie, système méthodique, mais sans exclure la gaieté et la récréation, comprenant les mouvements des exercices assis et debout, des exercices de respiration thoracique et diaphragmatique, la marche, la course, le saut, toute la série des calisthéniques, gymnastique douce, d'abord sans, puis avec appareils, — haltères de bois, massues (*indian clubs*), etc., puis gymnastique aux agrès et jeux : *foot-ball*, *base-ball*. Il prophétise que l'avenir est aux jeux qui ajoutent à l'exercice le plaisir de la tactique et de l'émulation.

surtout aux enfants de jouir de l'air pur et de la verdure; ces sociétés ont aussi introduit des gymnases dans les parcs publics. Des sociétés pour les *Colonies de vacances*, analogues à celles de France, qui rendent tant de services, ont aussi pris une grande extension. Attirons aussi tout spécialement l'attention sur les efforts de la *Recreative Evening Schools Association* fondée à Londres en 1885, qui a organisé un grand nombre de cercles de jeux athlétiques et de natation à l'usage des enfants des écoles primaires et des adolescents, pour les attirer ensuite à suivre des cours d'adultes pratiques et instructifs. Le succès a été très grand. (Voir, plus loin, *Cours d'adultes*.)

<h3 style="text-align:center">VII. — L'ENSEIGNEMENT PRIMAIRE SUPÉRIEUR<br>DANS LES HIGH SCHOOLS.</h3>

D'après le Rapport du Dr Harris, il y avait en 1890-91 aux États-Unis 222 868 élèves dans les *high schools* publiques; 147 567 élèves dans les établissements secondaires privés; soit 370 435 enfants recevant l'enseignement primaire supérieur ou secondaire classique et moderne.

Ce n'est pas le lieu d'aborder dans ce Rapport, essentiellement préoccupé de l'enseignement primaire proprement dit, le rôle des *high schools* au point de. vue de la préparation à l'enseignement classique, en vue de la poursuite des études supérieures dans les universités. D'autres membres de la délégation sont spécialement chargés de traiter ces sujets. Disons seulement qu'il nous a semblé que, depuis notre première visite, de grands progrès se sont accomplis pour cette partie même des études de la *high school*[1], et le Rapport du comité des Dix sera probablement le point de départ de réformes très

---

1. Élèves des *high schools* publiques qui étudient le latin....  1890-91  87 006, dont 55 311 filles.
— — — le grec....  6 181 — 2 210 —
— — — le français.  12 023 — 7 910 —
— — — l'allemand.  33 683 — 15 063 —

Pour l'étude du français, comme des deux langues mortes, c'est le Massachusetts qui tient la corde : latin, 9 044; grec, 1 721; français, 5 723. Dans les écoles secondaires privées, il y avait environ 16 000 élèves apprenant le français, dont 10 774 filles.

importantes à ce sujet. Signalons aussi comme tout à fait
hors ligne les exemples donnés par les *Latin high schools* de
Boston et Roxburg (Mass.), les *Central High Schools* de Cincinnati, Denver, Brooklyne (Mass.), Columbus, Saint-Paul, Philadelphie, la Nouvelle-Orléans (Tulane university), San Francisco
(Berkeley University).

Notons aussi le relèvement des High Schools publiques et privées (*academies*) dans l'État de New York [1], grâce au système
d'option (*elective subjects*), et surtout grâce aux examens
organisés par le comité des Régents, dont le siège est à Albany,
capitale de l'État de New York.

Ce qui doit surtout nous intéresser, ici, à propos de la High
School américaine, c'est cette section, de beaucoup la plus
nombreuse, d'élèves, qui y viennent de quatorze à dix-sept ou
dix-huit ans pour recevoir un enseignement complémentaire
public et gratuit, comprenant algèbre, comptabilité, dessin,
géométrie, géographie et histoire générale, littérature anglo-
américaine, une ou deux branches des sciences physique ou
naturelles et une langue vivante, avec peu ou point de latin.
Le caractère de gratuité de cette école n'empêche pas qu'on
l'appelle *Secondary School*, tandis que chez nous on réserve ce
nom à l'enseignement donné dans des établissements payants,
essentiellement démocratiques sans doute, mais considérés
cependant comme plus particulièrement destinés à certaines
classes de la société. Ces distinctions sont beaucoup moins
tranchées en Amérique, de même qu'en Suisse; et, comme
nous l'avons dit plus haut, le comité des Dix, dont le Rapport
si remarqué a été publié au commencement de cette année, et
qui avait pour but de chercher les moyens de relever les études
des *high schools* dans l'intérêt des universités, s'est prononcé
pour le maintien du principe démocratique américain, qui fait
de l'école secondaire non une école parallèle de l'école primaire, mais une suite, un complément de celle-ci, avec une
différence de degré seulement, non de nature [2].

1. Notons en particulier l'*Albany Academy*, à Albany, et la *High School
de Rochester*, État de New York.
2. Pour le Comité des Quinze, l'école secondaire n'est pas non plus autre
chose que le prolongement de l'école d'ordre primaire : celle-ci doit déjà.

Du reste le rapport reconnaît que, « prises dans leur ensemble, les écoles secondaires des États-Unis n'existent pas pour préparer des garçons et des filles pour les universités. Ce n'est, dit-il, qu'une proportion insignifiante des élèves des *high schools* qui vont aux collèges ou aux écoles scientifiques. La principale fonction des *high schools* est de préparer aux devoirs de la vie cette portion d'enfants, restreinte encore pour le nombre, mais très importante au bien-être de la nation, qui se montrent capables de profiter d'une instruction continuée jusqu'aux environs de leur dix-huitième année, et que leurs parents peuvent entretenir si longtemps à l'école. »

Les *high schools* de l'Ouest surtout sont animées de cette foi dans les vertus d'un enseignement secondaire moderne, complémentaire des études primaires, et les programmes qu'elles élaborent méritent d'être étudiés : on y poursuit essentiellement un but pratique, analogue du reste à celui que poursuivent nos écoles primaires supérieures et professionnelles. Le rapport du Comité des Dix propose des réformes qui, si elles sont généralement adoptées, feront ressembler davantage les *high schools* d'Amérique, pour les méthodes et les programmes d'enseignement classique et moderne, à nos lycées départementaux et à nos collèges communaux, tout en leur conservant leur caractère d'écoles gratuites, d'externats ouverts à tous, et de prolongement des *common schools*.

Le Rapport du Comité des Dix contient un plan d'études, offrant quatre types différents pour *high schools* (voir table IV, p. 46), savoir :

1° Un programme d'études secondaires de quatre années pour la *section classique*, où l'on étudie deux langues, outre la langue maternelle, savoir deux langues anciennes, latin et grec, et une langue moderne (français ou allemand);

2° Un programme d'études secondaires de quatre années pour la *section latine scientifique*, où l'on étudie deux langues, outre la langue maternelle, savoir, le latin et une langue moderne (le français ou l'allemand);

3° Un programme d'études secondaires de quatre ans pour la sec-

comme l'école secondaire le fait plus et mieux, initier l'enfant au souci et à l'art d'apprendre, d'acquérir des connaissances, de se renseigner, de découvrir et d'inventer.

*tion des langues modernes*, où l'on étudie les langues modernes étrangères, outre la langue maternelle :

4° Un programme d'études secondaires de quatre années pour la *section d'études modernes anglaises*, où l'on n'étudie outre la langue maternelle qu'une seule langue, soit ancienne, soit moderne (latin, français ou allemand).

La lecture de ces documents nous a prouvé que les réformateurs américains se sont inspirés en plusieurs points des programmes élaborés par notre conseil supérieur pour l'enseignement primaire supérieur et secondaire de garçons et filles, et leurs vues libérales nous ont rappelé de précieuses conversations que nous avons eues en Angleterre avec un homme qui rendait hautement justice à nos écoles et à nos lycées et les recommandait à l'imitation de son pays, l'éminent Matthew Arnold, poète et écrivain de premier ordre, inspecteur royal, dont la mort a été une si grande perte pour les lettres et la pédagogie.

Nous nous sommes bornés à parler de la *high school* pour l'Amérique. Il est impossible d'analyser ici les documents sur l'enseignement primaire supérieur qui se trouvaient dans l'exposition allemande, par exemple.

La célèbre conférence scolaire de 1890, qui a si vivement passionné les pédagogues d'outre-Rhin, et à laquelle l'empereur lui-même a pris part, a abouti à demander la suppression du *Realgymnasium*, ce type d'école secondaire, où l'on fait du latin, mais pas de grec. Était-elle dans le droit chemin, ou faut-il donner raison au professeur Paulsen, le célèbre professeur de pédagogie de l'université de Berlin, qui a été le leader de la minorité? Jusqu'à quel point faut-il croire, avec Herr von Sallwürck, que les écoles secondaires d'Allemagne ne sont plus adaptées aux besoins du temps? Ce sont des questions que nous ne pouvons que poser ici, sans avoir les éléments de la discussion.

Nous sommes plus à l'aise pour parler de l'Angleterre; mais il faut avouer que l'enseignement complémentaire ou primaire supérieur n'y est pas encore organisé d'une manière satisfaisante. En dehors des grandes écoles classiques, pépinières des universités, et de quelques bonnes écoles secondaires dans les grandes villes, à Birmingham, Bristol, etc., l'Angleterre ne possède guère que des *grammar schools* d'un type un peu suranné et de valeur très inégale.

Aussi M. Acland, chef actuel [1] de l'*Education department*, a-t-il préparé un bill, déjà déposé au parlement, pour autoriser les municipalités à établir des écoles secondaires, quelque chose comme la *city high school* d'Amérique, ou comme nos lycées, que Mathew Arnold avait tant de fois proposés en exemple à la classe moyenne anglaise. Cela ne l'empêchait pas de reconnaître l'excellence et le légitime prestige de ces quelques grandes écoles classiques que vient encore de nous décrire *con amore* M. Max Leclerc, après bien d'autres; ce sont surtout des pensionnats incomparables à l'usage de l'aristocratie et de la bourgeoisie opulente : Eton, Harrow, Charterhouse, Rugby, Westminster, Saint-Paul, etc. Mais ces collèges, inaccessibles à la grande masse des familles de ressources modestes, restent d'ailleurs des établissements d'un caractère confessionnel et relativement exclusif. On attend du reste la nomination prochaine (qui avait été promise par M. Gladstone) d'une commission royale pour ouvrir une enquête et pour faire un rapport sur les modifications à apporter à l'enseignement secondaire dans le Royaume-Uni.

Rappelons aussi les 35 *high schools* de filles (contenant 7 143 élèves) qu'une société, *The Girls public day school C°*, a organisées en Angleterre en 1880, et qui sont examinées annuellement par un comité composé de professeurs d'Oxford et Cambridge. Le succès de ces écoles a donné tort aux prophéties de mauvais augure qui avaient accueilli les premiers essais de la société. Le succès semble surtout devoir être attribué au talent et au zèle des *teachers* (plus de 700 ladies professeurs et 35 ladies directrices) et, depuis quelques années [2], aussi aux encouragements de l'opinion publique.

---

1. Ceci était écrit en 1894. M. Acland a été remplacé depuis par Sir John Gorst.

2. Voir *High schools for girls in England*, by Mary Gurney and Rose Kingsley, of England, dans les *Addresses and Proceedings* du Congrès de Chicago, p. 225.

## VIII. — Cours d'adultes.

Sans avoir eu le temps de faire de cet important sujet une étude complète, il nous est cependant possible de constater qu'il y avait à l'exposition de Chicago des preuves nombreuses des efforts considérables tentés en plusieurs pays, et notamment en Amérique et en Angleterre, pour étendre aux adolescents qui ne peuvent fréquenter l'école de jour, ou aux adultes qui ne l'ont pas fréquentée assez longtemps, les bienfaits de l'instruction. Rappelons seulement ici les principaux résultats qui peuvent servir d'exemple encourageant pour les nombreux philanthropes, préoccupés chez nous du relèvement des cours d'adultes.

En premier lieu, citons, bien qu'elle dépasse le degré primaire, et qu'elle doive être décrite ailleurs avec détails, l'admirable œuvre de l'*University extension*, partie d'Angleterre, et qui, après avoir rendu d'énormes services, a passé en Amérique, où elle accomplit des prodiges. A l'origine de ce mouvement qui, tout de suite nous avait paru digne de la plus vive sympathie, nous avions eu le privilège d'aller nous renseigner à sa source, à Cambridge même, sur son objet, ses moyens d'action et ses espérances, auprès d'un des premiers et des plus fervents initiateurs de l'œuvre, M. le professeur Balfour. Et nous nous étions empressé de faire connaître en France ce beau dévouement des jeunes universitaires anglais qui s'étaient eux-mêmes inspirés de l'exemple de nos zélés et généreux professeurs des *Associations polytechnique* et *philotechnique*.

Mais nous ne nous imaginions pas qu'en une vingtaine d'années ces cours savants, appropriés aux besoins des apprentis, des ouvriers, des employés de commerce, faits par de jeunes gradés de Cambridge et d'Oxford [1], arriveraient à recruter un auditoire total de plus 50000 élèves, en Grande-Bretagne seulement! Nous nous imaginions encore bien moins que le système franchirait l'Océan, et couvrirait les États-Unis d'un réseau de classes et cours de même nature, revêtant une variété infinie

1. Voir *The University Extension Journal*, organe mensuel des Universités d'Oxford, Cambridge, Londres et Victoria (Manchester, chez Archibald Constable et Cⁱᵉ, 14 Parliament Street, Westminster, Londres.

de formes. C'est ce que nous avons appris au congrès d'éducation de Chicago, où les représentants des branches de l'*University extension* s'appelaient légion.

La grande importance du mouvement de l'extension des universités, c'est qu'il part de haut, et montre un idéal très élevé. Quand on voit les privilégiés de l'enseignement supérieur tourmentés du désir de ne pas garder pour eux, de communiquer au contraire aux masses les avantages de l'étude approfondie et des jouissances scientifiques et esthétiques, comment oserait-on hésiter sur l'urgence de l'extension de l'enseignement primaire, primaire supérieur et technique aux adultes? Aussi nous ne croyons pas nous tromper en disant que, si les classes d'adultes ont pullulé, et ont repris un nouvel essor en Angleterre et en Amérique depuis quelques années, ce résultat est dû en grande partie à ce que l'exemple des fervents conférenciers de l'*University extension* a été contagieux, suggestif, stimulant, *irrésistible* : il a prouvé à tous les amis de l'instruction populaire que, si l'on peut *le plus, a fortiori* peut-on et doit-on faire *le moins*. De là le relèvement des cours du soir, la création d'un nombre sans cesse croissant d'écoles de perfectionnement, d'écoles professionnelles et techniques de tout ordre, de *Continuation schools* et d'*Evening schools* anglaises et américaines; de là la naissance et la vogue d'établissements comme les *Polytechnic institutions* de Regent street, Borough road, New Cross et Battersea et comme le *People's palace* à Londres, ou comme le *Drexel Institute* et l'*Armour Institute* en Amérique, établissements modèles qui excitent partout l'émulation des États et des villes, des sociétés et des individus.

Quant aux cours d'adultes organisés directement, pour faire suite aux écoles publiques, en voici la statistique pour 1891-92 aux États-Unis.

Nombre des villes de 8 000 h. et au-dessus qui ont organisé des cours d'adultes............................. 148
Nombre des centres de cours............................. 852
Total des élèves inscrits (dont 29 553 femmes)........... 174 449
Assiduité moyenne par jour............................. 4 140
Total des Teachers (dont 1 780 femmes)................. 70 064

En Angleterre, où nous sommes allé récemment étudier cette question spéciale, nous avons constaté que depuis quelques années un pas décisif a été accompli en ce qui concerne les cours du soir destinés aux adolescents et aux adultes (*Evening continuation schools*). En 1893, un nouveau code de règlements publié par l'*Education Department* a donné un essor rapide aux cours d'adultes; il leur accorde des subventions ou primes (*grants*), calculées d'après les résultats (*payment by result*), — non d'après l'examen individuel des élèves, comme cela se fait pour les écoles élémentaires, mais sur les rapports des inspecteurs royaux, constatant l'efficacité générale de l'enseignement et la bonne fréquentation des cours.

Le nombre des élèves qui ont suivi les divers cours du soir organisés, soit dans les écoles confessionnelles (anglicanes, wesleyennes, catholiques romaines, etc.), soit dans les écoles de *School Board*, a atteint le gros total de 266 682 pour l'année scolaire finissant au 30 avril 1894: ce qui est plus du double du total de l'année précédente. On trouvera dans le tableau ci-dessous le détail de ces chiffres éloquents :

*Cours d'adultes en Angleterre et pays de Galles pour 1893-94.*

| DÉNOMINATION | NOMBRE des centres de cours inspectés | NOMBRE D'ÉLÈVES | | | TOTAL des élèves |
| --- | --- | --- | --- | --- | --- |
| | | âgés de moins de 14 ans. | de 14 ans mais au-dessous de 21. | de 21 et au-dessus | |
| 1° Cours d'adultes organisés par l'église anglicane (*National Society*)........ | 1 451 | 8 106 | 43 342 | 8 732 | 60 180 |
| 2° Par les dissidents wesleyens.................. | 71 | 508 | 3 130 | 535 | 4 173 |
| 3° Par les catholiques romains.................. | 73 | 371 | 6 356 | 1 321 | 8 051 |
| 4° Par la Société britannique et étrangère (dissidents de diverses sectes). | 573 | 4 200 | 29 533 | 5 726 | 39 458 |
| 5° Par les comités scolaires municipaux, dénommés *School Boards*............ | 1 574 | 19 134 | 114 937 | 20 729 | 154 820 |
| Total.............. | 3 742 | 32 342 | 197 298 | 37 043 | 266 682 |
| Comparaison avec l'année précédente............ | 1 977 | 19 733 | 89 232 | 6 617 | 115 581 |
| Augmentation de 1892-93 à 1893-94................. | 1 765 | 12 609 | 108 066 | 30 426 | 151 101 |

La subvention pour primes aux cours d'adultes, qui n'était encore en 1893 que de 45 000 livres sterling, a monté d'un bond à 91 000 livres en 1894!

Pour les cours d'adultes organisés par les *School Boards*, la moyenne de l'assiduité a été comme suit dans les grandes villes :

| VILLES | POPULATION | ASSIDUITÉ moyenne aux *Evening schools*. | RAPPORT pour 100 de l'assiduité avec la population. |
|---|---|---|---|
| Manchester............. | 520 000 | 11 000 | 2.11 |
| Bradford............... | 223 985 | 4 615 | 2,06 |
| Nottingham........ .... | 220 551 | 3 739 | 1,69 |
| Leeds ................. | 388 761 | 2 635 | » 68 |
| Leicester ............. | 190 000 | 948 | » 49 |
| Londres............... | 4 403 957 | 13 974 | » 31 |
| Sheffield ............. | 340 000 | 1 082 | » 31 |
| Liverpool............. | 503 967 | 1 483 | » 19 |

En 1893, sur 2 079 *School Boards* qui existent en Angleterre il n'y en avait encore que 206 qui eussent organisé des cours du soir; mais ce nombre ne peut tarder à s'accroître, pour peu que l'élan donné continue et s'accélère, comme tout permet de le présager.

Le grand succès des écoles d'adultes en Angleterre est dû en partie aux efforts d'une société digne des plus grande éloges, la *Recreative evening schools association* [1], fondée en 1885 et qui n'a cessé de prêcher la réforme des cours d'adultes en insistant surtout sur deux points : 1° qu'ils soient pratiques, c'est-à-dire adaptés aux besoins des élèves, apprentis, commerçants, agriculteurs, etc., que tous trouvent au cours du soir l'enseignement technique particulier qui peut les aider dans leur profession; — 2° qu'ils soient attrayants, qu'ils soient un rendez-vous de sociabilité et de distraction physique en même temps qu'un centre d'études et de perfectionnement intellectuel.

C'est en effet ce qui s'est produit et ce qui a contribué à

1. Voir *The Evening School Chronicle*, the organ of the *Recreative evening schools association*, Lond. 37, Norfolk, st. Strand. J. F. Power, secretary.

peupler les cours d'adultes, à leur donner une popularité incroyable : on y a rattaché des cercles athlétiques, des cercles de discussion, *debating clubs*, des cercles d'excursions géologiques, botaniques, d'histoire et géographie locales, etc., et jusqu'à des cercles de natation, toutes choses qui satisfont le besoin de divertissement et d'exercice physique des jeunes gens, et les attache à l'*Evening school*. Le plaisant s'allie au sévère, et l'un fait passer l'autre. La Société des cours du soir récréatifs, comme la Société de l'enseignement par l'aspect du Havre, a aussi propagé considérablement l'usage des projections lumineuses; enfin elle a organisé un système de récompenses très ingénieux et qui encourage les élèves à l'épargne et à la prévoyance en même temps qu'à l'assiduité régulière.

Elle restitue aux élèves des cours d'adultes qui ont obtenu la moyenne de 90 p. 0/0 d'assiduité, la somme entière qu'ils ont versée pour l'écolage; car les cours d'adultes anglais sont généralement payants (0 fr. 10 ou 0 fr. 20 par semaine).

Voilà, croyons-nous, des exemples dignes d'être signalés et imités.

Le dernier rapport annuel de l'*Education Department* reconnait que le gouvernement est redevable à la *Société des cours du soir récréatifs* d'une bonne partie du succès « qu'ont obtenu ses propres *Evening continuation schools* : elle a contribué, dit-il, à faire largement connaître les teneurs des nouvelles prescriptions du code relatif aux classes du soir; elle a contribué à faire ouvrir des classes en maint endroit où l'initiative locale faisait défaut, ou avait besoin de direction ». En effet la Société ne borne pas son rôle à prêcher, par la voie de son journal spécial, l'utilité, l'urgence des cours d'adultes; elle offre gratuitement à tous ses avis, ses informations, ses brochures pleines d'indications précieuses; elle envoie au besoin des orateurs pour renseigner, pour stimuler ou encourager les localités désireuses de fonder des cours du soir; elle a profité de la récente élection triennale du *School Board* de Londres (nov. 1894) pour faire une active propagande en faveur du mouvement des *Evening continuation schools* auprès de chacun des candidats, et, après l'élection, elle a fait adopter au *School Board* son plan de remboursement des frais d'écolage, sous forme d'un livret de caisse d'épargne, aux élèves des cours du soir dont l'assiduité aurait atteint une moyenne très élevée; elle a adressé de fervents appels à tous les comités d'instruction technique organisés par le *County Council*, ainsi qu'à tous les comités scolaires, soit confessionnels, soit neutres, nous dirions laïques en France, pour les engager à ouvrir des cours du soir; elle a suggéré aux chambres de commerce, notamment à celle de Londres, les mesures à prendre — dont plusieurs ont en effet été prises — pour réorganiser l'instruction commerciale aux cours du soir.

Nous donnons tous ces détails afin de montrer de quelle façon pratique on procède chez nos voisins d'outre-Manche pour agir sur l'opinion publique, et même sur le gouvernement, qui suit toujours, bien entendu, mais qu'on n'attend pas pour partir, quand on voit quelque but pressant à atteindre.

Ne négligeons pas de signaler comme une des branches de cette société le comité spécialement chargé d'organiser des centres de recréation et d'instruction pour les jeunes ouvrières de Londres, *Girls' evening homes* [1]. Ce comité, présidé par la duchesse de Bedford, a déjà ouvert dans la grande métropole dix centres qui rendent de grands services et correspondent aux *Social institutes* pour les garçons. C'est, croyons-nous, de Nottingham (1879) qu'est parti ce beau mouvement.

## IX. — ENSEIGNEMENT NORMAL ET FORMATION DU CORPS ENSEIGNANT.

Encore un sujet trop vaste pour être résumé sommairement dans ces conclusions.

[1]. Voir sur le même sujet en Amérique, où les cercles de jeunes ouvrières sont très florissants, le rapport du 2e congrès général de ces cercles (*Report of proceedings of the 2d national convention of Working girls'clubs*. Boston. 1894. Miss Edith Howes, présidente.) Ce sont tantôt des cercles coopératifs, fournissant à midi un refuge confortable et un dîner sain et économique aux jeunes ouvrières, comme les *Lunch Clubs* de Chicago, le *Noon-Day rest club* (cercle pour le repos de midi) de Boston, tantôt des cercles de lecture et d'éducation, comme le *Shawmut Working Girls'club* de Boston, le *Myrtle Club* de Baltimore, le club catholique Ste-Véronique de Woonsocket, Rhode Island, etc., tantôt des centres de sociabilité et de distraction, comme le *Endeavor Club* de New York, etc., ou tout cela à la fois.

« En ce qui concerne la préparation des jeunes gens et jeunes filles pour la carrière de l'enseignement, dit le rapport du Comité des Dix, notre pays a droit d'attendre beaucoup plus qu'il n'a encore obtenu des collèges (ce qui veut dire des universités) et des Écoles normales. On a demandé trop peu, et on s'est contenté de trop peu dans toute l'étendue du pays, comme niveau de connaissances, des élèves des Écoles normales. Les Écoles normales elles-mêmes ont besoin de meilleurs appareils, de meilleures bibliothèques, de meilleurs programmes et de meilleurs professeurs. »

Tel est le verdict d'hommes dont la compétence et l'impartialité ne sauraient être mises en doute, verdict juste selon toutes probabilités, mais trop sévère peut-être, parce que ceux qui l'ont porté avaient devant les yeux un idéal qu'un pays neuf ne peut atteindre du premier coup. Cet idéal, le Comité des Quinze nous le montre aussi dans son rapport. Il faudra encore longtemps sans doute pour que la majorité des Écoles normales d'Amérique corresponde au type esquissé par MM. les surintendants H. S. Tarbell, Edw. Brooks, T. M. Balliet, N. C. Dougherty et O. H. Cooper, rapporteurs du Comité des Quinze. L'imperfection des Écoles normales américaines est donc reconnue, mais quel pays peut se flatter d'en avoir de parfaites? Cela n'empêche pas qu'on ne trouve dans quelques Écoles normales de grandes villes d'excellents éléments et même des exemples dignes d'être proposés à l'émulation de la vieille Europe [1]. Cela n'empêche pas surtout que, pour la foi dans la valeur des études pédagogiques, pour l'enthousiasme et le dévouement professionnel, ces *young teachers* d'outre-mer ne puissent exercer une salutaire influence sur nos élèves-maîtres et élèves-maîtresses. Et nous sommes d'avis que, si l'on pouvait étendre jusqu'à l'Amérique le système des bourses de voyage d'élèves et de professeurs d'Écoles normales, les boursiers ou les boursières qui auraient été . ire une année de séjour à l'École normale de Cook County, auprès du colonel Parker et de mistress Parker, par exemple, ou à l'École nor-

---

1. Nous avons parlé ci-dessus de ces Écoles normales avec quelque détail. Voir *Section américaine*, États de Massachusetts, New York, Illinois. etc.

male de l'État de New Hampshire à Plymouth, chez notre ami le D^r C. C. Rounds, ou à l'École normale d'Oswego (New York), ou de Worcester (Massachusetts), ou à celle de Saint-Louis, près de M. Soldan, ou à la nouvelle École normale de Greeley (Colorado)[1], n'auraient certes pas perdu leur temps; cela les retirerait, au moins pour un moment, de ce milieu ambiant européen qui sent encore tant le couvent et la caserne, cela leur permettrait de respirer l'air de la liberté, de voir de vraies Républiques, et de nous revenir avec des observations personnelles, des échappées sur nombre de questions vitales, résultats qui compenseraient bien les quelques centaines de francs que leur voyage aurait coûté de plus à l'État.

Les *teachers institutes* dont il a été question à plusieurs reprises au cours de ce Rapport sont une des coutumes particulières aux États-Unis. Ce sont des sessions normales ou des retraites pédagogiques, si l'on préfère, destinées à suppléer à l'insuffisance d'apprentissage professionel d'un grand nombre de *teachers*. On s'est ingénié de diverses façons pour inventer des moyens de perfectionnement expéditifs et efficaces, et il faut avouer que les résultats font honneur à l'initiative et à l'imagination des Américains. Eux-mêmes avouent que, s'il y a d'excellents *teachers institutes*, il y en a aussi de mauvais, ou du moins de médiocres. De même, il y en a de longs et de courts, il y en a qui durent deux ou trois jours seulement, d'autres deux, trois et quatre semaines. Il y en a où les *teachers*, qui s'y rendent comme élèves, doivent payer une contribution, d'autres au contraire qui sont gratuits. Dans le New Hampshire, le surintendant des écoles pour l'État se charge des dépenses et organise tout le programme. Dans l'État de New York et dans le Minnesota, les *institutes* sont organisés par des instructeurs salariés, qui se font une spécialité, une profession de ce genre d'enseignement. Dans le New Jersey, plusieurs comités se réu-

---

1. On trouve dans le règlement d'une des plus récentes et des plus remarquables Écoles normales, celle de l'État de Colorado à Greeley, le règlement suivant : « Aucun élève-maître et aucune élève-maîtresse n'enseigne à l'école annexe (*model school*) avant d'avoir étudié la psychologie, les méthodes, le fonctionnement des classes et passé un trimestre à observer la manière d'enseigner de *teachers* expérimentés ».

nissent pour mettre leurs fonds en commun, et rendre ainsi le programme plus attrayant et l'enseignement plus profitable au point de vue professionnel. Dans le Nebraska, comme aussi dans le Colorado et l'Utah, où j'en ai été témoin, la session se prolonge, et est une série de véritables cours d'École normale, je dirais presque de *high school*. En Californie, l'État et les Universités, surtout l'université Leland Standford, coopèrent pour assurer le succès des *institutes*, qui sont en effet très fréquentés et très bien organisés. Dans l'Ohio, les *teachers* diplômés élisent un comité d'organisation qui appelle les professeurs. Les *teachers* ne sont pas obligés de suivre les cours; c'est volontairement qu'ils, ou plutôt qu'elles s'y rendent, car ce sont les institutrices qui y viennent en plus grand nombre. En Pensylvanie, les *teachers' institutes* sont très populaires et très développés. Pour en faire les frais, on organise des soirées et conférences payantes, ouvertes au public, et qui donnent de belles recettes, employées à payer les célébrités, conférenciers et professeurs, qu'on fait venir de loin.

En somme, nous croyons pouvoir dire que Congrès et Exposition scolaires à Chicago, en ce qui regarde le sujet spécial de ce Rapport, ont pleinement répondu à notre attente. Les Congrès d'éducation [1], le second surtout, mérite les éloges que la presse pédagogique américaine a unanimement adressés aux deux hommes qui avaient, l'un conçu, l'autre aidé à exécuter, à organiser ces grandes assises internationales : le Dr Harris, directeur du Bureau national d'éducation de Washington, et l'honorable Albert G. Lane, *superintendent of schools* à Chicago.

Et quant à l'exposition elle a été étonnamment instructive, suggestive et complète, et s'il y a un reproche à lui faire, c'est précisément d'avoir été trop pleine, trop touffue, trop encombrée de richesses.

Je ne crois pas pouvoir mieux clore ce Rapport que par la

1. Leur grand défaut, nous le répétons, c'est d'avoir touché et discuté beaucoup de questions, mais en général sans aboutir à des votes.

citation suivante, empruntée à un discours de l'éminent président de l'université Clark, qui avait été chargé, comme on sait, de parcourir tous les principaux centres scolaires de l'ancien hémisphère, avant d'organiser cette nouvelle université princièrement dotée. Il a rapporté de son tour du monde, sur le rôle et l'avenir de l'éducation, des impressions que la libre démocratie française ne peut manquer d'écouter avec intérêt, et qui sont aussi, à notre avis, la principale leçon qui se dégage de l'exposition de Chicago.

« L'éducation, dit-il, est graduellement devenue aujourd'hui une foi, une pratique presque universelle. C'est la seule chose en laquelle croient tous les peuples qui ne s'accordent sur aucun autre point. Les hommes diffèrent par le credo, la race, la culture, les partis; mais les hommes et les femmes de tous les rangs et de toutes les conditions s'unissent au moins en ceci, la foi en la puissance des connaissances enseignées méthodiquement [1], pour empêcher une rechute dans la barbarie et pour assurer le progrès général et le succès individuel dans la vie. La philosophie, la théologie et l'Église ont, chacune à son tour, demandé et cherché à établir des doctrines et des pratiques auxquelles devaient croire l'universalité des hommes, le *consensus omnium gentium*. Ce *consensus*, c'est la foi en l'éducation. Il est plus universel que le catholicisme. Il exerce son contrôle sur la formation du corps et de l'âme de l'enfant pendant plus d'heures chaque semaine que ne l'a jamais fait aucune institution dont fasse mention l'histoire. Un consentement si large, une foi si profonde, ne donnent-ils pas désormais à l'éducation une sorte de consécration religieuse? »

Puisse l'exposition scolaire de 1900 continuer les traditions de celles de 1889 à Paris et de 1893 à Chicago, et prouver au monde que les Républiques rivalisent d'ardeur et de ferveur pour réaliser leur haut idéal de l'instruction populaire et qu'elles s'accordent de plus en plus à considérer l'éducation de la démocratie, suivant les paroles de M. Steinley Hall, comme le meilleur moyen de rapprochement des nations et comme un des principaux éléments de la religion de l'avenir!

B. BUISSON.

1. *Curricularised.*

# L'ENSEIGNEMENT DU TRAVAIL MANUEL

## AUX ÉTATS-UNIS

LES

### Manual training Schools [1] ».

Avant de partir pour un pays que l'on ne connaît pas encore, il est naturel de prendre tous les renseignements que l'on peut se procurer sur ce pays, et de se faire ainsi une idée préalable de ce qu'on va voir et étudier sur place. Telle avait été du moins ma préoccupation pendant les quelques semaines qui précédèrent mon départ pour l'Amérique, et à grand renfort de documents imprimés, je m'étais imaginé des types et des caractères qui, tout fantaisistes qu'ils fussent, me semblaient devoir être très proches de la réalité. Qu'on ajoute à cela les inépuisables conversations sur l'Amérique pendant les huit jours de traversée du Havre à New York, le contact obligé avec des compagnons de voyage américains pour la plupart, et l'on aura peu de peine à comprendre qu'en mettant le pied de l'autre côté de l'Atlantique, j'avais déjà des idées faites sur les habitants des États-Unis. Je voyais clairement à l'avance un peuple de brasseurs d'affaires exempts d'idéal, attachés seulement à la poursuite de l'argent et des jouissances matérielles qu'il procure. Mes premiers pas dans New York n'étaient pas pour me détromper; au contraire les

1. Par M. Eugène Martin, inspecteur primaire à Montargis.

impressions à l'arrivée, dans la rue, à l'hôtel, chez le banquier, dans tous les endroits publics, me confirmèrent dans mon opinion préconçue : j'admirais de bon cœur la clairvoyance des auteurs que j'avais lus avant de partir et je découvrais à chaque instant de nouvelles preuves justifiant leurs conclusions.

Le hasard voulut que la première école que je visitai fût un de ces *business colleges* privés, dont le directeur — je devrais dire l'entrepreneur — affichait carrément le mercantilisme immédiat de son enseignement. « Will it pay? » Cela rapportera-t-il? — tel était le critérium du programme d'études de l'établissement : il me parut que ce devait être celui de toutes les écoles d'Amérique. Comment aurais-je soupçonné en effet dans ce milieu, où je voyais le dieu Dollar universellement adoré, qu'un instituteur pût parler d'idéal, de développement artistique ou harmonique de l'esprit humain, choses qui ne concourent guère directement à augmenter le rendement des terres en blé ou la production du pétrole ou du charbon de terre?

Quel ne fut donc pas mon étonnement en sortant de cette « manufacture de commis », d'un caractère si exclusivement utilitaire, de me trouver dans une autre école où l'on se propose d'atteindre « par une culture harmonique de toutes les facultés de l'esprit le plus complet développement possible à l'homme »!

Cette école appartient à la *Society for ethical culture* (Société pour la culture morale); elle s'appelle la *Workingman's school*, mais est plus connue à New York sous le nom d'*École Félix Adler*, en souvenir de celui qui en fut le promoteur.

J'appris là que le « manual training » en Amérique n'est pas seulement une partie du programme de certaines écoles, mais qu'il faut surtout entendre par cette expression *tout un système* d'éducation, dont les partisans convaincus proclament la supériorité esthétique et morale sur les études classiques, dont la philosophie, l'histoire et les littératures anciennes sont la base.

Il me fut vite démontré que non seulement l'enseignement mercantile *n'était pas le système* général des écoles d'Amérique, mais que tout au contraire les novateurs en éducation, aussi bien que les fidèles de l'ancien régime, répudiaient à l'envi toute pensée de sacrifier l'idéal éthique pour des chances plus rapides de gain matériel et d'avantages d'argent.

Le lendemain, au « Pratt's Institute » la même déclaration de principes m'était faite par le *headmaster* de l' « English High school department », malgré la pensée visible d'un grand nombre de jeunes gens des deux sexes que j'avais rencontrés dans les classes, et qui venaient certainement avec la seule intention de s'y préparer à un emploi plus lucratif que celui de manœuvre ou d'apprenti.

« Nous prenons le « manual training » — m'explique ce gentleman — pour une partie nécessaire de l'éducation et non comme la préparation à un métier; cette idée était celle de votre compatriote, le conventionnel Romme, qui écrivait il y a cent ans que le travail manuel est indispensable au développement harmonique de l'homme. »

Trois jours plus tard, à Philadelphie, l'aimable et éminent directeur du *Drexel Institute*, M. Mac Alister, me répétait la même chose, et après lui le D<sup>r</sup> Spangler, professeur à l'université. « Il ne faut pas, me disait ce dernier, que les écoles se substituent aux boutiques d'apprentissage. »

A Chicago, dans les écoles que je visite, on insiste de la même façon sur la valeur éducative que l'on attache au *manual training*, et on se défend avec la même énergie de ne faire que de l'*apprentissage* à l'école manuelle. M. H Bellied, le directeur de la *Chicago manual training School* (privée), et M. Robinson, principal de l'*English High and manual training school* (publique), sont absolument du même avis sur ce point.

Toutefois le directeur de l'école publique reconnaît que les *parents* ne voient pas la chose du même œil que les autorités scolaires, et, pour la plupart, se figurent surtout épargner à leurs enfants, par deux ou trois ans d'école manuelle, un apprentissage coûteux ou désagréable. De plus, les maîtres ouvriers, dont les services sont encore nécessaires pour suppléer à l'insuffisance professionnelle des *teachers* proprement dits, comprennent l'enseignement manuel comme les parents, et, bien que le directeur combatte cette tendance de tout son pouvoir, il n'est pas sûr d'arriver à la faire disparaître.

Ce même directeur — dont j'admire aussi bien les connaissances étendues que le jugement éclairé et la vivacité d'esprit — pense que les *Institutes*, malgré leurs déclarations de principes, penchent forcément vers cette transformation de l'école en atelier d'apprentissage, parce que la volonté des étudiants y produit incessamment des modifications aux cours d'études — tandis que dans les écoles publiques des États, comtés ou cités le principe est mieux soutenu [1].

Une autre école de Chicago, la *Jewish Training School* [1], a une vraie célébrité, due au milieu où se recrutent ses élèves, à ses succès avec cette tourbe d'émigrants et aux méthodes qu'on y applique. Le *manual training* y est en grand honneur et le Dr Bamberger qui la dirige revendique plus haut que tout autre la valeur éducative du système, indépendante de ses avantages immédiats, dont, assure-t-il, il n'est tenu aucun compte à l'école.

En somme, ce que j'avais ainsi recueilli de droite et de gauche, c'étaient les affirmations d'hommes du métier ayant essayé le système qu'implique l'introduction du *manual training* dans l'école et s'en étant en général très bien trouvés.

Pour l'exposé théorique du système lui-même, l'historique de son développement et de son adoption dans beaucoup d'écoles américaines, le mieux était de s'en rapporter à l'autorité de celui qui depuis près de vingt ans s'est fait l'apôtre de ce nouveau crédo pédagogique, le Dr Woodward, de l'université de Saint-Louis.

J'ai eu l'honneur de l'entretenir plusieurs fois et de l'entendre exposer lui-même ses théories aux congrès internationaux de l'enseignement. C'est donc en grande partie de sa conversation et de ses livres qu'est tiré l'exposé qui va suivre.

I. — **Historique.** — La première idée sérieuse de l'introduction du travail manuel dans les écoles d'Amérique eut son origine dans l'exposition faite à Philadelphie en 1876 par l'école technique impériale russe de Moscou.

Avant cette date il est juste de mentionner que dès 1865 un *Institute* avait été fondé par un sieur John Boynton du comté de Worcester dans l'État de Massachusetts.

---

1. Voir ci-dessus, p. 184.

« Le but de cette école, expliquait-il, devra toujours être l'instruction de la jeunesse en ces branches d'éducation qui ne sont pas d'ordinaire enseignées dans les écoles, mais qui sont essentielles, et le mieux adaptées pour préparer les jeunes gens à la vie pratique, spécialement ceux qui se destinent aux arts mécaniques, ou qui veulent être des manufacturiers ou des fermiers. »

Dix mois après le don de John Boynton, un sieur Washburn donnait soixante-quinze mille dollars « pour établir et équiper un atelier où pourraient travailler vingt apprentis et un nombre suffisant d'ouvriers habiles pour instruire ces apprentis et conduire l'atelier comme un établissement industriel ordinaire ».

Cet *Institute* fut ouvert en novembre 1868 comme une école technique avec des programmes analogues à ceux d'un collège, et la pratique du travail manuel fut limitée à ceux des étudiants qui se préparaient à devenir ingénieurs. Ce fut en somme une école des arts et métiers semblable à celles de France.

Disons en passant que la même année le directeur de l'école technique impériale russe de Moscou établissait une méthode régulière pour apprendre aux élèves ingénieurs le maniement des outils.

En 1870, la pratique du travail du bois et du fer était introduite dans le cours des élèves ingénieurs de l'université de l'État d'Illinois.

En 1871, une école de travail manuel destinée à préparer des ingénieurs était fondée sous le nom de *Stevens' Institute* à Hoboken, dans l'État de New Jersey.

Nous arrivons ensuite à l'introduction du travail manuel dans le programme des élèves ingénieurs de l'Université de Saint-Louis, en 1872. Comme les élèves se montrèrent au début absolument incapables de manier les outils avec fruit, il fallut presque aussitôt organiser cet enseignement selon un ordre raisonné et calculé de manière à familiariser les élèves avec les outils. On imitait ainsi le système introduit dans l'école russe de Moscou avant d'en avoir connaissance.

C'est à l'exposition de 1876 à Philadelphie que les instituteurs d'Amérique apprirent pour la première fois l'existence de cette école de Moscou, en même temps qu'ils purent en étudier les méthodes. Ils l'apprécièrent hautement, et un rapport très élogieux et très complet en fut fait par le D' J. D. Runkle, directeur du *Massachusetts Institute of Technology* (école de Boston correspondant à notre École centrale).

A partir de cette époque l'idée d'un enseignement manuel fit de rapides progrès dans toute l'Amérique. Non seulement les écoles nombreuses surgissent où on l'introduit, mais aussi les systèmes et les spéculations sur sa valeur éducative intrinsèque ou comparée avec l'étude des langues anciennes, de la philosophie et de l'histoire.

A la fin de 1886, on signalait l'adoption du *manual training* dans plus de vingt *High Schools* ou collèges des États-Unis, dans des villes de l'importance de Baltimore, Chicago, New York, Philadelphie, Toledo, Denver, etc.

**II. — De la valeur du système et des résultats qu'on doit en attendre.** — Dès l'année 1887, le D' Woodward avait publié un premier travail sur « *The Manual Training School — son but, ses méthodes, ses résultats* » (Boston, chez D. C. Heath et C', *publishers*). Ainsi qu'on devait s'y attendre de la part du directeur de l'école de Saint-Louis, cet ouvrage était un éloge non mitigé du travail manuel, un exposé complet des bons résultats qu'il ne peut manquer de produire sur l'esprit des jeunes gens.

Commençant par faire le procès des méthodes d'enseignement antérieurement en usage et des programmes actuellement en pratique, aussi bien dans les *High Schools* que dans les collèges, il s'élève avec force contre la « doctrine » d'après laquelle l'école n'est faite que pour l'étude des livres.

S'autorisant de tout ce qu'ont écrit sur ce sujet des éducateurs et des hommes d'État éminents de l'un et de l'autre côté de l'Atlantique, il rassemble un faisceau de témoignages pour montrer que les études actuelles ne préparent pas du tout les jeunes gens à la vie réelle. On ne tient pas assez de compte dans l'enseignement — pas du tout plutôt — des nécessités nouvelles de nos sociétés où les sciences mécaniques ont d'innombrables applications journalières, et l'on continue à suivre les mêmes programmes qu'avant l'utilisation de la vapeur et de l'électricité, avant le développement du commerce à grandes distances et la vulgarisation des industries mécaniques.

« On prétend, dit-il, avec sir Lyon Playfair, qu'il n'y a pas lieu de s'occuper de ces branches de l'éducation ayant un but utile, et dans un temps d'applications scientifiques et de concurrence effrénée, on veut que l'État continue à ne donner dans nos écoles publiques qu'une éducation exclusivement basée sur les langues mortes : c'est là une anomalie aussi étonnante qu'inquiétante. Les fleurs de la littérature sans doute doivent être cultivées et moissonnées, mais croit-on qu'il soit sage d'envoyer des hommes dans les champs de l'industrie pour ramasser la moisson alors qu'on leur a appris à cueillir les coquelicots et à jeter de côté le froment? »

Il rappelle les graves paroles du chanoine Farrar, de Harrow, auteur anglais et philologue distingué, qui disait dans une conférence à l'Institution royale britannique : « Je dois confesser la conviction nette et ferme à laquelle je suis arrivé, malgré les plus fortes préventions personnelles, que notre présent système d'éducation exclusivement classique, appliqué comme nous l'appliquons, est dans l'ensemble un déplorable insuccès. En disant cela je me rends très bien compte de la gravité de mes paroles, et je m'exprime en ces termes après mûre considération. Je le dis parce que le système dont je parle a été « mis dans la balance et trouvé trop léger ». Ce n'est pas lancer une épigramme, c'est constater un fait que de dire de l'éducation classique qu'elle néglige tous les pouvoirs de quelques esprits et quelques-uns des pouvoirs de tous les esprits. »

Si la grande majorité des élèves des *Grammar Schools* terminent là leurs études sans passer par les *High Schools*, la faute en est — selon le D<sup>r</sup> Woodward — au caractère exclusivement « livresque » de ce qu'on y enseigne.

Voyez par exemple la cité de Boston en 1891. Cette grande ville de 600 000 habitants, le centre intellectuel par excellence de l'Union américaine, a deux sortes de *High Schools* faisant suite aux écoles élémentaires, la *Latin High School*, qui prescrit à ses élèves un cours classique et les prépare pour le collège et l'université, et l'English *High School*, qui, à un enseignement littéraire moderne très étendu, ajoute quelques essais de préparation commerciale. C'est excellent pour les jeunes gens qui se préparent aux carrières libérales et au commerce, mais où est la troisième *High School*, celle qui prépare ses élèves aux carrières industrielles, aux arts mécaniques, et qui serait sans aucun doute fréquentée par le plus grand nombre des enfants ayant achevé leur *grammar course* [1]?

Elle n'existait pas encore en 1892, et si cette lacune n'est pas encore comblée à Boston, faut-il s'étonner qu'elle existe dans l'immense majorité des cités américaines? Les résultats de cet état de choses sont malheureusement trop évidents : il n'y a pas actuellement *1 garçon* sur 50 qui entre à la *High School* en quittant l'école primaire, et cependant, non seulement ces *High Schools* sont partout gratuites, mais dans la plupart des villes on y donne les livres de classe : il est donc clair que les programmes de ces écoles ne sont pas populaires. Quarante-neuf élèves se détournent de l'école pour un qui y va. Pourquoi cela? Et il n'y a pas dans ces quarante-neuf élèves que les enfants des gens très pauvres, mais aussi bien ceux de parents aisés. Selon le D<sup>r</sup> Woodward, on peut établir par la statistique la vérité approximative des chiffres suivants : sur cent élèves qui abandonnent l'école à la sortie des classes primaires, on trouve que :

```
 5 pour 100 sont malades ou meurent........................  5 pour 100.
10     --    quittent pour raisons de pauvreté.........   10      --
10     ...   manquent d'intelligence......................   10      —
10     —     sont vicieux et ne veulent rien faire de bien.   10      —
10     ...   sont retirés par leurs parents ou tuteurs
             pour gagner leur vie.........................   10      --
10     . .   vont fréquenter des écoles spéciales ou
             privées........................................   10      —
                                                            ─────────
                  Total...................... 55 pour 100
```

Il reste 45 p. 100 des élèves primaires dont l'abstention ne peut avoir d'autre cause que le manque d'attraction des programmes. Ils ne sont pas intéressés dans ce qu'on y fait et n'en voient pas l'utilité.

« S'il y avait partout des *Manual Training Schools*, conclut

---

1. Le *School Board* de la cité de Boston a établi une école de ce genre dans les années 1891 à 1893, sous le nom de *High School* d'arts mécaniques.

M. Woodward, nous sommes persuadé qu'au bout de quelques années la moitié au moins des jeunes gens qui abandonnent prématurément leurs études seraient aises de les achever dans ces établissements, encore trop rares partout et, en bien des endroits, inconnus. »

Voilà donc un premier avantage — et un avantage considérable — que ne peut manquer de produire — selon ses partisans — le *Manual Training System*, mais il y en a beaucoup d'autres, et nous allons avec le D<sup>r</sup> Woodward énumérer les principaux :

1° On retient les élèves de la *High School* eux-mêmes plus longtemps à l'école : les statistiques établissent que tandis qu'il n'y a pas 20 p. 100 des élèves entrés à la *High School* qui y complètent leurs quatre années d'études, 50 p. 100 de ceux qui sont entrés à l'école manuelle de Saint-Louis ont suivi le cours jusqu'à la fin. Les témoignages des directeurs des écoles de travail manuel de Chicago, Philadelphie, Baltimore, etc., accusent des résultats analogues. Le corollaire de ce premier point est naturellement que l'intérêt des élèves pour l'école et pour ce qu'on y enseigne est beaucoup plus grand;

2° Les élèves qui parlent difficilement deviennent par le travail manuel égaux à leurs camarades mieux doués sous le rapport du langage et de la mémoire;

3° Tous les élèves acquièrent, grâce au travail manuel, une connaissance plus exacte des choses, de leurs rapports et des forces de la nature; et ainsi le *manual training* excite en eux, par l'habitude de l'exactitude et de la correction dans les choses d'ordre physique, l'amour de la vérité et de l'honnêteté intellectuelle;

4° Les connaissances scientifiques et mathématiques se développent par une compréhension plus exacte des formes des matériaux et de leurs transformations;

5° Le travail fait à l'école est une aide inappréciable dans le choix d'une carrière;

6° Le travail manuel élève le degré de perfection des arts mécaniques dans la nation;

7° Il stimule la faculté d'invention en fournissant des matériaux à l'imagination;

8° Le travail manuel augmente pour chaque élève les possibilités de gagner sa vie et de soutenir une famille;

9° Il augmente l'efficacité de tous les travaux scolaires en rendant l'école beaucoup plus attrayante et le travail qu'on y fait plus intelligible;

10° Enfin le D<sup>r</sup> Woodward ajoute que la pratique du travail manuel et des arts mécaniques développe chez les jeunes gens les qualités nécessaires au citoyen éclairé d'une république.

Il expose assez longuement les raisons par lesquelles il justifie cette dernière assertion (voir *Manual Training in education* [1]) et s'appuie sur ce fait indiscutable selon lui que l'habitude de s'occuper des choses réelles, concrètes, développe plus sûrement le jugement même politique que l'étude des choses abstraites. Il est piquant de le voir citer à l'appui de son dire ces quelques lignes de M. W. T. Harris, *U. S. Commissioner of Education*, l'un des adversaires les plus convaincus de la valeur éducative du travail manuel :

« Il peut arriver que l'intelligence la plus cultivée, le pouvoir dirigeant le mieux raisonné et le plus conscient soit opposé à une réforme nécessaire. En fait, ce pouvoir supérieur est toujours tombé dans cette erreur et il y retombe toujours. »

D'où la supériorité du bon sens général de l'ouvrier instruit et éclairé, que doivent certainement représenter dans l'avenir les élèves des *Manual Training Schools*.

Toutes ces affirmations — est-il besoin de le dire? — ont donné lieu à des discussions et à des polémiques sans fin. L'idée de la supériorité morale et intellectuelle de l'enseignement manuel a ses détracteurs passionnés aussi bien que ses partisans convaincus, et il est juste de connaître les arguments de la partie adverse, comme nous avons écouté ceux du D<sup>r</sup> Woodward et de ses amis.

Ces arguments viennent de deux sources différentes, des adversaires absolus du *Manual Training* et de ceux qui, tout en étant partisans de son introduction dans les écoles pour économiser des années d'apprentissage, ne lui reconnaissent

1. *Manual Training in education*, by C. M. Woodward, director of the Man. T. School, Saint-Louis (p. 145 et suiv.), publié chez Ch. Scribner's sons, 743 à 745, Broadway (New York).

qu'une valeur éducative très ordinaire et n'acceptent pas l'idée de le voir empiéter sur le temps des études classiques.

En 1889, le Conseil national d'éducation chargea un comité de quatre membres de faire une enquête approfondie et d'établir un rapport sur la valeur éducationnelle du travail manuel.

Ce rapport, rédigé par M. W. T. Harris [1] (actuellement *U. S. Commissioner of Education*), fut lu le 15 juillet devant l'assemblée du Conseil, réunie en session à Nashville (Tennessee).

Les conclusions admettent la possibilité de substituer, dans certaines écoles spéciales, un cours rationnel de *Manual Training* au vieux système de l'apprentissage, mais rien de plus. Le dessin industriel est la seule partie du programme du *Manual Training* que le comité croit pouvoir recommander comme admissible dans toutes les écoles, en considération de son influence sur le développement artistique des élèves.

Quant à l'influence éducatrice du *Manual Training system*, à sa supériorité sur le cours d'études actuel, le comité la nie absolument. « Quand on le compare avec le présent cours d'études de nos écoles, on ne peut pas dire que le *Manual Training* ouvre aucun horizon nouveau à l'esprit humain. » — « Surtout nous ne devons pas céder à cette tendance utilitaire qui propose de retrancher dans nos écoles une partie du temps consacré aux humanités et d'y introduire à la place des études purement industrielles. Faisons plutôt le possible pour étendre notre programme vers l'étude de la science pure et des humanités, persuadés comme nous le sommes, que tout ce qui tend à développer chez les jeunes gens la capacité de saisir des idéals plus élevés, tend forcément à en faire des travailleurs productifs dans le champ de l'industrie. »

Toutefois le comité reconnaissait l'importance et la portée considérable de la question soulevée : « Les prétentions avancées en faveur du *Manual Training* par ses partisans — dit le même rapport — ne sont pas basées sur des raisons économiques, mais sur 'a valeur éducative de cette branche d'enseignement, car ils supposent que la pratique du travail manuel

---

1. Publié par le Bureau of education, Washington, 1890.

a sur l'élève une influence morale analogue, égale ou même supérieure à celle des matières scientifiques ou littéraires qui composent les programmes actuels. Cette prétention, si elle était admise, entraînerait la nécessité de la réorganisation complète de nos cours d'études, en ce sens qu'elle s'appuie sur la doctrine d'une valeur éducative spéciale et différente pour chacune des matières du programme, et parce qu'elle avance que le choix actuel de ces matières ne produit qu'une éducation incomplète, mal équilibrée et peu en rapport avec l'état et les besoins de la société.

Au fond, c'est purement et simplement la *question du latin* soulevée et ravivée en Amérique à propos du travail manuel, et les deux partis l'entendent bien ainsi.

Le D<sup>r</sup> Edward Brooks de Philadelphie, ex-principal de l'École normale de l'État de Pensylvanie, se plaçant sur le terrain de la pratique, et considérant que le but des écoles publiques doit être de préparer les élèves à la vie, et que la possession d'une certaine habileté manuelle est une forme de cette préparation, conclut à ce qu'on introduise l'usage des outils dans les programmes des écoles. Mais comme en même temps il émet des doutes sur la valeur éducative de ces exercices manuels, et qu'il pense même qu'on peut atteindre un développement intellectuel pour le moins aussi complet sans l'aide du travail manuel — et plus facilement, — il est mis au même rang que les adversaires du *Manual Training* par les fervents du « système ».

« Ce n'est pas, écrit M. Woodward, que nous sympathisions avec ceux qui s'opposent par principe à l'introduction de « l'utile » dans les programmes d'éducation : ceux qui décrient ainsi les programmes utilitaires sont pour l'ordinaire très inconséquents avec eux-mêmes. Pendant qu'ils s'efforcent de prouver que c'est un grand tort d'introduire l'esprit mercantile dans l'école — en visant ainsi le travail manuel, — ils trouvent très naturel d'enseigner l'économie politique, qui est la science de la richesse, la tenue des livres, les opérations de banque ou de bourse, la science du rhéteur et de l'avocat, qui devient trop souvent l'art de l'orateur politique. Est-ce que ce ne sont pas là des connaissances utilitaires? »

Pour qu'un système d'éducation arrive à produire le maximum de vigueur intellectuelle dont l'esprit humain est capable, il faut qu'il développe chez les élèves, en même temps que les facultés de l'âme, *du pouvoir pratique*, qu'il leur ouvre les portes du monde contemporain, et qu'il les prépare à réussir dans la vie réelle.

Quoiqu'on ait longtemps persisté dans les écoles à ignorer ou à nier la valeur et la nécessité d'un enseignement scientifique ou industriel, pour se renfermer dans une culture purement littéraire des esprits, on a été à la longue obligé d'admettre cette valeur dans une certaine mesure. Mais continuant le même esprit d'opposition à l'introduction de ces « nouveautés », « la vieille école pédagogique » refuse maintenant avec persistance d'adopter les moyens qui doivent permettre à cette culture scientifique de porter tous les fruits qu'on en peut attendre.

L'adoption du *Manual Training system* c'est l'introduction de ces moyens dans l'école, c'est la fécondation de l'enseignement scientifique. Le travail manuel fournit aux élèves les occasions d'expériences personnelles et d'action matérielle qui sans lui manquent à l'école : il rend ainsi tout travail scolaire plus profitable.

La valeur d'une branche d'études dans l'ensemble d'un programme d'éducation doit être déterminée par l'influence de cette matière sur l'étude des autres branches du même programme. L'une des plus importantes fonctions du travail manuel est justement de rendre plus familier aux élèves ce qui est l'objet de l'étude dans d'autres branches, d'être réellement ainsi un moyen de culture générale.

Par exemple, les exercices de l'atelier et l'usage du dessin à l'établi font plus que doubler la valeur de l'étude du dessin. On en pourrait dire autant de l'influence du travail manuel sur l'étude de la physique et de la géométrie. Ainsi s'explique que la plupart des professeurs de sciences sont partisans du travail manuel.

Pour conclure, les partisans du *Manual Training* demandent qu'aux programmes actuellement adoptés dans presque toutes les écoles au-dessus du *Grammar grade* on substitue

un plan d'études mettant sur le pied d'égalité les cinq branches suivantes de l'enseignement :

1° Mathématiques;

2° Littérature;

3° Sciences;

4° Dessin;

5° Pratique des outils, ou travail manuel proprement dit.

Entrant dans le détail de ce programme, le D^r Woodward
explique comment, selon lui, le temps doit être divisé entre
chacune de ces cinq matières.

Il accorde une heure de leçon en classe chaque jour pour
chacune des trois premières, en supposant d'ailleurs que les
élèves (treize ans au minimum) consacrent à l'étude de ces
leçons deux autres heures en dehors du temps scolaire.

Sous le nom de mathématiques sont compris : algèbre, géométrie, arpentage, tenue des livres, mécanique élémentaire.

Les sciences comprennent : géographie physique et géologie, zoologie et botanique, chimie (surtout pratique), physique (surtout au laboratoire) et physiologie.

Sous le titre littérature sont compris : rhétorique (simple et
pratique), histoire d'Amérique et d'Angleterre avec courte
esquisse d'histoire générale, morceaux choisis de poésie
moderne, et une langue vivante.

Une heure par jour est consacrée au dessin, étudié successivement dans toutes ses branches.

Enfin il y a une moyenne journalière de deux heures de travail manuel (un peu moins pour les élèves qui débutent, un
peu plus pour ceux qui sont dans leur dernière année d'études).

C'est sur de telles bases que sont établis les plans de la
*Saint-Louis manual training School*, qui s'intitule une « annexe
de l'université de Saint-Louis ».

Le cours de l'école de Saint-Louis est de trois années : c'est
la règle générale, quoique dans certaines écoles il soit de
deux ans et dans d'autres de quatre. D'ailleurs il y a si peu de
temps que les *Manual training High School* se sont organisées,
qu'on n'est pas encore sorti dans bien des cas de la période de
tâtonnement.

Dans certaines villes, à Chicago par exemple, on avait

d'abord essayé, comme on le fait en France, d'ajouter sans autre changement le travail manuel au programme des *High Schools*. Le système a paru impraticable : l'introduction du travail manuel n'allant pas sans une profonde modification des programmes, on a préféré partout créer des établissements nouveaux en laissant subsister telles quelles les High Schools déjà existantes; *celles-ci* seront tuées par *celles-là*, assurent le D<sup>r</sup> Woodward et ses partisans.

Le fait est que de toutes parts les succès des *Manual Training Schools* s'affirmant, les *High Schools* sont presque partout désertées à leur profit en grand nombre par les étudiants du sexe fort.

« La *Chicago Manual Training School*, me disait l'honorable M. Belfield, qui la dirige, n'est fondée que depuis huit ans, mais il y a quatre ans qu'elle est absolument insuffisante pour le nombre des postulants qui demandent à y être admis. On s'y fait inscrire plusieurs termes à l'avance, et cependant, comme c'est une fondation privée (*Chicago Manual Training Association*), les frais d'études y sont de quatre, cinq et six cents francs suivant l'année. »

Le succès de cette école a d'ailleurs obligé le *School Board* de Chicago d'en établir deux autres publiques et gratuites, l'une en 1890, l'autre en 1892, et déjà toutes deux refusent des élèves faute de place. L'idée de la fondation de l'Institut Armour vient de là.

D'un rapport qu'écrivait en 1890 M. Mac Alister, le président actuel du *Drexel Institute*, alors inspecteur principal des écoles de Philadelphie, nous tirons les lignes suivantes : « Le succès qu'a atteint dès le début la *Manual Training School* est la meilleure garantie des principes suivant lesquels elle est organisée et conduite. Ouverte il y a quatre ans à peine, de la façon la plus humble, elle a bien vite gagné l'approbation et la confiance du public. Il n'y reste plus un pied carré d'espace libre et il est impossible d'y recevoir tous les élèves qui sollicitent leur admission. L'intention primitive du *Board of Education* était d'établir quatre ou cinq de ces écoles aussi rapidement que le permettraient les circonstances, et il est évident que la demande croissante pour le genre d'éducation que cette école représente rendra nécessaire dans le plus bref délai la réalisation de ce programme. »

Un autre rapport qu'il faudrait citer en entier, tant pour les détails relatifs à chaque école que pour le plan général d'établissement d'une école manuelle d'apprentissage modèle, c'est celui de M. Edwin P. Seaver, surintendant des écoles de Boston, qui avait été chargé par les autorités scolaires de la ville d'une mission à cet effet. Nous sommes obligé de nous borner à y renvoyer le lecteur, après en avoir détaché seulement le passage sur la valeur éducative du *Manual Training* :

« Il y en a qui doutent encore de la valeur éducative du *Manual Training*. Eh bien, qu'une de ces personnes-là aille passer quelques heures dans une bonne *Manual Training School* comme celle de Saint-Louis, qu'elle observe les élèves à leur travail et les interroge sur ce qu'ils font : si ses « doutes » ne s'évanouissent pas, c'est qu'elle ne jauge pas la « valeur éducative » d'une branche d'études par les étalons communément en usage. Je voudrais spécialement que cet observateur allât converser avec les garçons de la troisième année, qui approchent de la fin de leur cours et qui sont tout occupés du « projet » qu'ils préparent en vue de leur examen de sortie. Qu'il leur demande des explications, qu'il les questionne de près sur les raisons des choses, qu'il observe la qualité de leur travail, qu'il note leur propre critique et leur estimation de ce qu'ils font, et il faudra qu'il soit bien peu logique et peu raisonnable s'il ne convient pas que, d'une façon ou de l'autre, l'école a développé en eux un haut degré d'intelligence. Le résultat est trop frappant pour qu'on ne le remarque pas, quelle que soit la façon dont on l'explique. »

En résumé, le *Manual Training* système n'a pas seulement trouvé faveur auprès des parents et du public, mais nombre d'esprits éminents parmi les éducateurs dans tous les États de l'Union ont fini après mûr examen par reconnaître l'utilité de son introduction dans les programmes. Les idées sont encore très diverses au sujet de la place qu'il doit occuper dans l'ensemble général des études, du genre d'écoles auquel il doit être limité, ou s'il doit pénétrer dans tous les établissements d'instruction, mais le nombre de ceux qui y sont entièrement opposés diminue de jour en jour devant les résultats incontestables et l'enthousiasme populaire.

Il n'est pas douteux pour qui considère l'ensemble, qu'une sorte de malentendu existe entre les pédagogues qui patronnent le système à cause de sa valeur éducative et le public qui l'accepte à cause des avantages immédiats qu'il procure aux jeunes gens. Mais ce malentendu profite à l'*idée*, et personne ne se soucie de le tirer au clair. Ainsi les organisateurs des *Manual Training Schools* de Saint-Louis, de Chicago, de Philadelphie ou de Baltimore voient d'un très bon œil l'établissement des *Institutes* : au lieu de craindre une déviation des principes, ils y voient une augmentation du nombre des fervents du travail manuel.

Un incident assez curieux pour mériter qu'on le rapporte ici se produisit à Toledo au début de l'école manuelle : les *trade-unions* craignirent une rivalité de production et s'en émurent. Il y eut même des manifestations et un *mass-meeting* où l'on discourut contre l'école. Des délégués furent invités par le directeur et les organisateurs à visiter l'établissement et à se rendre compte *de visu* du peu de fondement de leurs craintes. Ces délégués s'empressèrent de rendre le meilleur témoignage sur l'école, son but et ses méthodes, et les enfants des *trade-unionistes* eux-mêmes en furent bientôt les élèves les plus assidus.

Par principe autant que pour éviter ces petites jalousies, la plupart des directeurs d'école manuelle sont d'avis de ne jamais utiliser les produits du travail des élèves. Tout au plus admet-on que les *graduates* en sortant emportent ce qui est pour eux le chef-d'œuvre, leur composition d'examen de sortie. Les autres objets exécutés sont brisés ou remisés dans des greniers; les meilleurs servent à constituer une sorte de musée scolaire. Le docteur Woodward écrit à ce sujet : « On me demande pourquoi l'idée ne nous est pas venue de vendre au bénéfice de l'école ou même des pauvres de la ville les produits de notre travail. Cette idée ne serait pas meilleure que celle de faire traduire des auteurs anciens ou étrangers dans les cours de langues pour le compte des éditeurs. Dans un cas comme dans l'autre, les maîtres ne manqueraient pas de retoucher le travail des élèves pour en augmenter la valeur marchande, et au lieu d'établir dans les exercices une suite logique et profitable au point de vue pédagogique, on serait vite tenté de s'arrêter à ceux qu'on exécute plus facilement — justement ceux qu'on n'a pas besoin de recommencer. »

Néanmoins l'idée maîtresse des promoteurs du mouvement, que le travail manuel a surtout une valeur éducative analogue à celle de la littérature, n'exclut pas du tout le côté pratique de cet enseignement. Aussi les élèves des *Manual Training Schools*, tout comme ceux des *Institutes*, prennent-ils de bonne heure le goût et le désir d'appliquer leurs connaissances en chimie ou en physique aux besoins journaliers de la vie. L'habitude qu'ils ont du maniement des outils leur rend facile cette utilisation immédiate des connaissances acquises; l'esprit du milieu social, comme celui de la famille, s'y prête et les y encourage, et on a souvent des exemples d'écoliers entreprenant et menant à bien des travaux que les parents eux-mêmes n'oseraient confier qu'à des ouvriers patentés.

Le fait suivant, qui s'est passé au moment même de l'exposition de Chicago, est un exemple caractéristique de cette faculté de se débrouiller qu'acquièrent si vite les jeunes Américains.

Six jeunes gens de quatorze à dix-sept ans, élèves de l'école de travail manuel de Chicago (dirigée par M. H. Belfield), habitaient chez leurs parents, aux environs de Jackson Park, mais dans un rayon assez considérable les uns des autres : on est voisins à de longues distances dans la « Ville Mammouth ». Au temps des vacances de juillet, alors que le thermomètre accuse pendant quinze jours ou trois semaines sans discontinuer de 96 à 98 degrés Fahrenheit, ennuyés de ne pouvoir se rencontrer aussi souvent qu'ils le désiraient, ils eurent l'idée d'établir une communication télégraphique et téléphonique entre leurs diverses maisons. Les parents n'y mettant point d'obstacle — d'ailleurs à Chicago garçons et filles de quinze ans ne consultent pas toujours leurs parents pour de telles vétilles, — on se mit à l'œuvre aussitôt. Les compagnies dont les fils traversaient les rues voisines autorisèrent sans difficulté l'usage de leurs poteaux, et les jeunes ingénieurs-ouvriers, achetant de leur poche et fabriquant de leurs mains, eurent établi en moins de trois semaines une ligne interfamiliale fonctionnant aussi régulièrement que les compagnies officielles des États-Unis. Il est probable qu'à l'heure qu'il est leur télégraphe s'est augmenté d'un téléphone, et je ne serais pas étonné d'apprendre qu'ils ont établi des bureaux-succursales chez tous les fournisseurs du quartier, ou qu'ils se proposent de transformer leur réseau interfamilial en une compagnie interscolaire dans tout Chicago.

Mentionnons aussi en passant que c'est une élève d'une *Manual Training School* d'ordre supérieur, miss Sophia G. Hayden, *graduate* de l'*Institute of Technology* de Boston, qui a été l'architecte d'un des plus remarquables palais de l'Exposition de Chicago en 1893, le *Woman's Building*.

Il est rare que les écoles de travail manuel soient mixtes quant au sexe. A Toledo, cependant, sur la rive occidentale du lac Erié, l'école manuelle est commune aux deux sexes. Mais les jeunes filles ne suivent avec les garçons que les classes de sculpture sur bois et de menuiserie légère. Les cours pratiques de couture, de coupe, de cuisine et d'économie domestique font pour elles le pendant du travail du fer pour les garçons.

Cette même école de Toledo nous offre un exemple d'une tentative faite dans plusieurs cités d'abaisser l'âge auquel les enfants sont admis à profiter des avantages de l'enseignement manuel en introduisant des cours de menuiserie dans la dernière année de la *Grammar School*. De cette façon le *Manual Training course* est de quatre ans.

Les promoteurs du travail manuel, Woodward, Belfield, Mac Alister, Runkle, etc., en limitaient la pratique aux élèves en âge d'entrer à la *High School*, c'est-à-dire aux jeunes gens de quatorze à dix-sept ans. Nous venons de voir que l'idée de son introduction dans les *grammar classes* commence aussi à faire du chemin. De là à conclure que le *Manual Training* devrait être également introduit dans le programme de toutes les écoles, depuis le *Kindergarten* jusqu'à l'université, il n'y a qu'un pas et ce pas a été franchi. Déjà la *Society for Ethical*

*Culture* de New York avait dès la fondation de son école type, la *Workingman's School*, inscrit au plan d'études le travail manuel pour toutes les classes, c'est-à-dire pour les élèves des deux sexes depuis six ans jusqu'à quatorze ans. Les plus jeunes enfants continuent le modelage et le cartonnage de l'école maternelle, ceux de huit à quatorze ans font de la menuiserie, travaillent au tour, et les garçons commencent même le travail du fer. Les *Schools reports* de la société rappellent avec orgueil que l'introduction du travail manuel dans leur école eut lieu avant même qu'on en parlât pour les écoles de Suède « et d'Allemagne ».

A Chicago, dans la *Jewish Training School*, qui, par beaucoup de points, ressemble à la *Workingman' School* (le directeur de celle-là fut dix ans à la tête de celle-ci), le travail manuel fait partie du programme pour les enfants des deux sexes dès l'âge de neuf ans. A ma connaissance, le travail manuel n'existe pas dans d'autres écoles élémentaires que celles que je viens de citer, et l'idée du *Manual Training* pour les tout jeunes enfants ne semble pas jusqu'ici avoir fait beaucoup de progrès.

Les plus chauds partisans de son excellence pour les jeunes gens de quatorze ans et au-dessus ont craint de voir ainsi compromettre le principe même du travail manuel par des essais malheureux. Ensuite il a paru très difficile d'établir des séries de travaux que pourraient exécuter des enfants de douze, dix et même huit ans. Enfin il est peut-être plus difficile encore de leur apprendre à manier les outils du menuisier ou du forgeron, trop lourds et trop embarrassants pour leurs petites mains.

Mais les convaincus ne se sont pas laissé arrêter par ces difficultés matérielles, et ils ont au contraire tenu à prouver qu'elles ne sont nullement insurmontables. Dans la *Workingman's School* et surtout dans la *Jewish Training School* de Chicago, on a adopté un système qui n'est à proprement parler qu'une modification du *slöjd* suédois.

J'ai devant les yeux une série complète des objets fabriqués par les élèves de cette dernière école, et je dois reconnaître que la graduation en est excellente et que les premiers numéros sont parfaitement exécutables par des enfants de huit a neuf ans. D'ailleurs j'ai eu le grand plaisir de les voir exécuter sous mes yeux par les heureux élèves de cette admirable école, et ce n'est pas sans attendrissement que je me sens retransporté dans cet atelier où bambins et fillettes maniaient avec aisance et en babillant joyeusement le ciseau et la scie, voire le rabot et la varlope d'acier.

A un fervent comme le directeur Gabriel Bamberger, rien n'est impossible; malheureusement le système qui, sous sa direction vivifiante, produit de merveilleux résultats, ne serait peut-être pas applicable autre part.

Un autre plan d'ensemble pour l'introduction du travail manuel dans toutes les classes de l'école primaire m'a paru réellement bien compris, pratique, acceptable partout, quoiqu'il n'ait pas encore été consacré par l'usage. C'est celui qu'avaient exposé à Chicago les membres du *Teachers'College* de New York (école primaire supérieure et école manuelle ouverte en 1892-93).

D'abord on ne donne comme matières aux commençants que du bois mince (3 millimètres 1/2 d'épaisseur) et leurs seuls outils sont une petite scie à découper et un ciseau à manche, analogue à un couteau; un mécanisme aussi simple qu'ingénieux permet d'adapter la scie sur le pupitre même de l'élève dans la salle de classe, de sorte que les leçons de travail manuel ne nécessitent pas d'atelier spécial dans les divisions élémentaires.

Les cours de dessin et de géométrie sont établis de manière à être en parfaite correspondance avec les exercices manuels, de sorte que les enfants n'exécutent rien sans l'avoir d'abord dessiné. Ce découpage — car c'est à cela que se réduit le travail manuel au début — est habilement gradué, et l'enfant, à mesure qu'il fait connaissance avec des figures géométriques plus compliquées, les découpe à l'aide de la scie et du ciseau de menuisier. Il y a là un mélange de géométrie, de dessin et de travail manuel qui est des plus avantageux pour chacune de ces études. La supériorité du bois sur le carton comme matériel est qu'il nécessite le maniement des outils du menuisier et familiarise ainsi l'enfant avec ces outils.

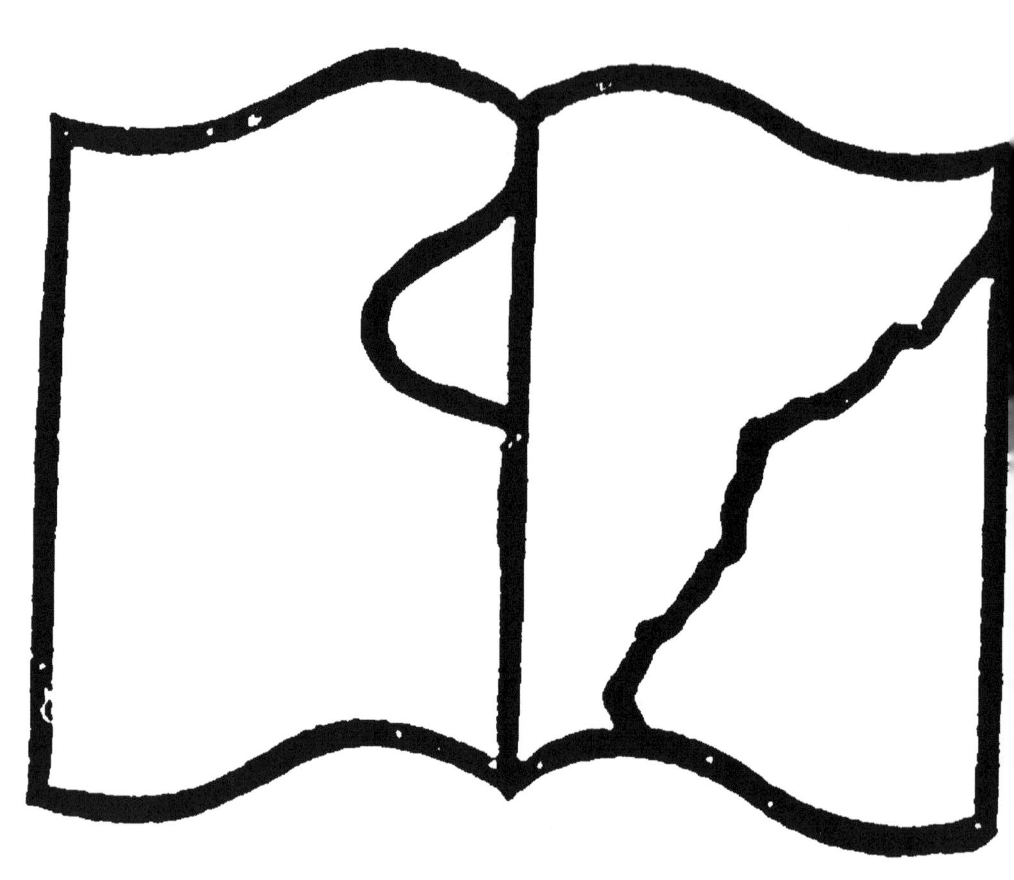

Texte détérioré — reliure défectueuse
NF Z 43-120-11

Quand l'enfant passe dans une division supérieure, il a à exécuter des dessins plus compliqués, en même temps qu'à les découper dans du bois plus épais (5 à 6 millimètres la deuxième année). Bientôt ces dessins comprendront des assemblages, des tenons, des joints, et quand l'enfant aura acquis avec l'âge la force de manier les outils de l'ouvrier, il sera déjà familiarisé avec les matériaux et avec les termes du métier. Il aura en même temps acquis beaucoup de dextérité de main, il saura sans peine lire un dessin, faire un croquis coté ou une épure, et les exécuter à l'établi.

A treize ans, le travail du tour commence et va de pair avec la suite du programme en menuiserie. Le travail du fer devra également trouver place dans le cours d'études complet, mais le programme n'en est pas encore établi.

Quelque peu d'écho qu'ait eu jusqu'ici cette idée d'introduction du travail manuel dans les programmes des écoles élémentaires, elle nous paraît cependant être le complément logique de l'adoption du *Manual Training System* pour les *High Schools*. Elle est encore neuve, elle a besoin d'être mûrie, mais on n'est pas long à passer de la théorie à la pratique, en Amérique, et avec les inépuisables trésors d'énergie, de confiance, de persévérance et de dévouement — sans parler des richesses monnayées — qui abondent dans les États-Unis, toute idée juste et bonne est sûre de porter rapidement ses fruits.

Aux congrès d'enseignement, à Chicago, j'ai entendu le D<sup>r</sup> Woodward lui-même revenir de ses préventions contre le travail manuel à l'école élémentaire, et, gagné par la conviction communicative de Gabriel Bamberger, se ranger à son avis.

Quant au principe même du travail manuel il est si solidement établi en Amérique et si universellement accepté, que ses adversaires les plus convaincus au début ne songent plus guère qu'à couvrir leur retraite de prétextes honorables pour se rallier à l'opinion générale.

Il serait présomptueux, me semble-t-il, de vouloir tirer aucune conclusion de cet exposé, forcément incomplet. Il me suffit de l'avoir fait aussi consciencieux que possible et de le présenter tel quel à la haute appréciation de ceux qui m'ont fait l'honneur de me déléguer en Amérique et à ceux de mes collègues, instituteurs, professeurs ou éducateurs, quel que soit leur titre, qui s'intéressent aux questions dont il traite.

E. MARTIN,

Ex-directeur de l'École primaire supérieure d'Hirson.<br>Délégué par M. le Ministre de l'Instruction publique à l'exposition<br>et aux congrès d'enseignement de Chicago.<br>Inspecteur primaire.

Montargis, le 30 avril 1894.

# TABLE DES MATIÈRES

Coulommiers. — Imp. P. BRODARD. — 381-95.